EN DEFENSA DE LA FELICIDAD

Matthieu Ricard

En defensa de la felicidad

Un auténtico tratado de la felicidad,
a la vez que una convincente guía para nuestros
individualismos carentes de puntos de referencia

EDICIONES URANO

Argentina - Chile - Colombia - España
Estados Unidos - México - Venezuela

Título original: *Plaidoyer pour le bonheur*
Editor original: NiL éditions, París
Traducción: Teresa Clavel

Aribau, 142, pral. - 08036 Barcelona
www.mundourano.com
www.edicionesurano.com

ISBN: 84-7953-589-X
Depósito legal: B. 2.771 - 2005

Fotocomposición: Ediciones Urano, S. A.
Impreso por Romanyà Valls S. A. - Verdaguer, 1 - 08786 Capellades (Barcelona)

Impreso en España - *Printed in Spain*

Dedicado a Jigmé Khyentsé Rimpoché, a mi hermana Ève,
que ha sabido extraer felicidad de la adversidad,
y a todos aquellos y aquellas que han inspirado las ideas de este libro.

Agradecimientos

Este libro es una ofrenda. He puesto en él todo mi corazón, pero no he inventado nada. Las ideas que he expuesto me las han inspirado el ejemplo vivo y las enseñanzas recibidas de mis maestros espirituales —Kyabjé Kangyur Rimpoché, Kyabjé Dudjom Rimpoché, Kyabjé Dilgo Khyentsé Rimpoché, Su Santidad el XIV Dalai Lama, Kyabjé Trulshik Rimpoché, Taklung Tsétrul Péma Wangyal Rimpoché, Shechen Rabjam Rimpoché, Jigmé Khyentsé Rimpoché y Dzigar Kongtrul Rimpoché—, así como de todas las personas con las que me he relacionado en este mundo y las experiencias que he vivido.

Expreso mi más profunda gratitud a todos los que me han ayudado pacientemente a preparar este libro: Carisse y Gérard Busquet, por las valiosas sugerencias que no han cesado de hacerme durante todo el proceso de redacción; Dominique Marchal; Christian Bruyat; Patrick Carré; Serge Bruna Rosso; mi madre, Yahne Le Toumelin; Yan Reneleau; Yann Devorsine; Raphaèle Demandre; Raphael Vignerot; Gérard Godet; Sylvain Pinard; Alain Thomas; Jill Heald; Caroline Francq, y muchos amigos más, cuyos comentarios y reflexiones han sido provechosos para formular y ordenar las ideas presentadas aquí.

Mi editora habitual, Nicole Lattès, ha desempeñado un papel fundamental en la concepción de esta obra y en que se haya llevado a término, dando los ánimos necesarios al escritor improvisado que soy. Los comentarios lúcidos y la bondadosa ayuda de Françoise Delivet, de Éditions Laffont, me han abierto los ojos sobre diferentes formas de iluminar el sentido y la formulación del texto. Si continúa siendo imperfecto, el único responsable soy yo.

Gracias asimismo a Pascal Bruckner, cuya obra *La euforia perpetua: sobre el deber de ser feliz*, dio a este libro el primer impulso, y a Catherine Bourgey, que, con su competencia y su amabilidad acostumbradas, se ha ocupado de presentar esta obra al público.

Por último, la presencia en mi vida del abad de Shechen, Rabjam Rimpoché, nieto de mi maestro Dilgo Khyentsé Rimpoché, y el hecho de que todos los beneficios que reporte la publicación de este libro se dediquen a la realización de los proyectos espirituales y humanitarios inspirados por él, constituyen para mí una constante fuente de alegría.

Índice

La felicidad no llega de forma automática,
no es una gracia que un destino venturoso puede
concedernos y un revés arrebatarnos; depende
exclusivamente de nosotros. No se consigue ser feliz
de la noche a la mañana, sino a costa de un trabajo
paciente, realizado día tras día. La felicidad se construye,
lo que exige esfuerzo y tiempo. Para ser feliz hay
que saber cambiarse a uno mismo.

LUCA Y FRANCESCO CAVALLI-SFORZA[1]*

* Las notas están al final de la obra.

1

¿Ha dicho felicidad?

Todo hombre quiere ser feliz; pero, para llegar a serlo, habría que empezar por saber qué es la felicidad.

JEAN-JACQUES ROUSSEAU[1]

Una amiga norteamericana, actualmente una gran editora de libros de fotografía, me contó que, al acabar la carrera, ella y un grupo de compañeros se preguntaron qué deseaban hacer en la vida. Cuando ella dijo: «Yo deseo ser feliz», se produjo un silencio embarazoso. Al cabo de un momento, una chica repuso: «¿Cómo es posible que la única ambición de alguien tan brillante como tú sea ser feliz?», a lo que mi amiga respondió: «No os he dicho cómo quiero ser feliz. Hay infinidad de maneras de acceder a la felicidad: fundar una familia, tener hijos, hacer carrera, vivir aventuras, ayudar a los demás, encontrar la serenidad interior... Cualquiera que sea la actividad que escoja, espero de la vida una felicidad auténtica».

Para el Dalai Lama, «la felicidad es el objetivo de la existencia». En cambio, el ensayista Pascal Bruckner afirma: «La felicidad no me interesa».[2] ¿Cómo es posible tener dos visiones tan opuestas de lo que para la mayoría de nosotros es un componente fundamental de la existencia? ¿Hablan esas dos personas de lo mismo? ¿No se tratará de un profundo malentendido sobre la definición de la felicidad?

¿Acaso la palabra está tan manida que, asqueados por todas las ilusiones y cursilerías que inspira, nos provoca rechazo? Para algunos es casi de mal gusto hablar de búsqueda de la felicidad. Cubiertos por un caparazón de suficiencia intelectual, se burlan de ella igual que de las novelas rosa.

¿Cómo se ha podido llegar a semejante devaluación? ¿Se debe quizás al aspecto ficticio de la felicidad que nos ofrecen los medios de comunicación y los paraísos artificiales? ¿Indica el fracaso de los desacertados medios empleados con vistas a alcanzar una verdadera felicidad? ¿Debemos ceder a la angustia, en lugar de hacer un esfuerzo sincero e inteligente para desenredar la madeja de la felicidad y del sufrimiento?

Según Henri Bergson, «llamamos felicidad a algo complejo y confuso, a uno de esos conceptos que la humanidad ha querido dejar en el terreno de la vaguedad para que cada cual lo precise a su manera».[3] Desde un punto de vista práctico, dejar la comprensión de la felicidad en el terreno de la vaguedad no sería demasiado grave si habláramos como mucho de un sentimiento fugaz y sin consecuencias, pero nada más lejos de eso, puesto que se trata de una manera de estar que determina la calidad de cada instante de la vida. Pero ¿qué es la felicidad?

Una variedad sorprendente

Los sociólogos —más adelante hablaremos de ellos— definen la felicidad como «el grado según el cual una persona evalúa positivamente la calidad de su vida tomada en conjunto. En otras palabras, la felicidad expresa hasta qué punto le gusta a una persona la vida que lleva».[4] Todo depende, por supuesto, de si «gustar la vida» se refiere a una satisfacción profunda o se reduce a una simple apreciación de las condiciones exteriores en las que se desarrolla la existencia. Para algunos, parece ser que la felicidad es simplemente una «impresión ocasional, fugaz, cuya intensidad y duración varían según la disponibilidad de los bienes que la hacen posible».[5] Una felicidad, pues, inasequible, totalmente dependiente de circunstancias que escapan a nuestro control. Para el filósofo Robert Misrahi, por el contrario, la felicidad es «la proyección de la alegría sobre la totalidad de la existencia o sobre la parte más viva de su pasado activo, de su presente actual y de su futuro concebible».[6] ¿Podría constituir, en consecuencia, un estado duradero? Según André Comte-Sponville, «podemos llamar felicidad a todo espacio de tiempo en que la alegría parece inmediatamente posible».[7] ¿Es posible, entonces, incrementar esa duración? Existen mil concepciones distintas de la felicidad, e innumerables filósofos han tratado de exponer la suya. Según san Agustín, por ejemplo, la felicidad es «la alegría que nace de la verdad».[8] Para Immanuel Kant, la felicidad debe ser racional e independiente de toda inclinación personal, mientras que para Marx consiste en realizarse mediante el trabajo. Mi objetivo no es enumerarlas, sino señalar lo mucho que difieren entre sí y, en bastantes casos, se contradicen. «Sobre la naturaleza de la felicidad —escribía Aristóteles—, no nos ponemos de acuerdo, y las explicaciones de los sabios y del vulgo no coinciden».[9]

Pero ¿qué hay de la sencilla felicidad que produce la sonrisa de un niño o una buena taza de té después de un paseo por el bosque? Esos destellos, por intensos y estimulantes que sean, no pueden iluminar el conjunto de nuestra vida. La felicidad no se reduce a unas cuantas sensaciones agradables, a un placer intenso, a una explosión de alegría o a un bienestar fugaz, a un día de buen humor o un momento mágico que nos sorprende en el dédalo de la existencia. Todas estas facetas no pueden constituir por sí solas una imagen fiel de la dicha profunda que caracteriza la verdadera felicidad.

* * *

Una primera impresión de la felicidad

Pese a sus treinta años, había momentos en los que a Bertha Young le entraban ganas de correr en vez de caminar, de esbozar unos pasos de baile subiendo y bajando de la acera, de jugar al aro, de lanzar

algo al aire para atraparlo al vuelo, de reír de nada en concreto, así, sin más. ¿Qué puedes hacer si tienes treinta años y, al volver la esquina de tu calle, sientes que te invade de pronto una sensación de felicidad —una felicidad absoluta—, como si te hubieras tragado un fragmento luminoso del sol de ese atardecer, y te quemara hasta lo más profundo de tu ser y disparara una lluvia de rayos contra cada parcela de ti, cada dedo de tus manos y tus pies?

KATHERINE MANSFIELD[10]

Pida a varias personas que le cuenten episodios de felicidad «perfecta». Unos hablan de momentos de profunda paz sentida en un entorno natural armonioso, en un bosque donde se filtran rayos de sol, en la cima de una montaña frente a un vasto horizonte, a orillas de un lago tranquilo, durante una marcha nocturna por la nieve bajo un cielo estrellado, etc. Otros mencionan un acontecimiento largamente esperado: aprobar un examen, vencer en una prueba deportiva, estar con una persona a la que se deseaba ardientemente conocer, tener un hijo. Otros, por último, destacan un momento de plácida intimidad vivido en familia o en compañía de un ser querido, o el hecho de haber contribuido de manera decisiva a la felicidad de alguien.

Parece ser que el factor común a estas experiencias, fértiles pero fugaces, es la desaparición momentánea de conflictos interiores. La persona se siente en armonía con el mundo que la rodea y consigo misma. Para quien vive una experiencia de este tipo, como pasear por un paraje nevado, los puntos de referencia habituales se desvanecen: aparte del simple acto de caminar, no espera nada especial. Simplemente «está», aquí y ahora, libre y abierto.

Por espacio de unos instantes, los pensamientos del pasado dejan de surgir, los proyectos del futuro dejan de agolparse en la mente y el momento presente queda liberado de toda construcción mental. Ese momento de tregua, durante el cual todo estado de emergencia emocional desaparece, se percibe como una profunda paz. Cuando se alcanza un objetivo, se acaba una obra o se obtiene una victoria, la tensión presente durante un período más o menos largo cesa. La relajación que sigue es sentida como una profunda calma, totalmente libre de esperas y de conflictos.

Pero se trata de una mejoría efímera producida por circunstancias concretas. La llamamos momento mágico, estado de gracia, y sin embargo, la diferencia entre esos instantes de felicidad atrapados al vuelo y la serenidad inmutable —la del sabio, por ejemplo— es tan grande como la que separa el cielo visto a través del ojo de una aguja de la extensión ilimitada del espacio. Esos dos estados no poseen ni la misma dimensión, ni la misma duración, ni la misma profundidad.

No obstante, es posible sacar provecho de esos instantes fugaces, de esas treguas en nuestras incesantes luchas, en la medida en que nos dan una idea de lo que puede ser la verdadera plenitud y nos incitan a reconocer las condiciones que la favorecen.

* * *

Una manera de ser

Entenderé aquí por felicidad un estado adquirido de plenitud subyacente en cada instante de la existencia y que perdura a lo largo de las inevitables vicisitudes que la jalonan. En el budismo, el término *sukha* designa un estado de bienestar que nace de una mente excepcionalmente sana y serena. Es una cualidad que sostiene e impregna cada experiencia, cada comportamiento, que abarca todas las alegrías y todos los pesares, una felicidad tan profunda que «nada puede alterarla, como esas extensiones de agua en calma bajo la tormenta».[11] Es, asimismo, un estado de sabiduría, liberada de los venenos mentales, y de conocimiento, libre de ceguera sobre la verdadera naturaleza de las cosas.

Es interesante señalar que los términos sánscritos *sukha* y *ananda*, generalmente traducidos, a falta de algo mejor, como «felicidad» y «alegría», en realidad no tienen equivalente en las lenguas occidentales. La palabra «bienestar» sería el equivalente más cercano al concepto de *sukha*, si no hubiera ido perdiendo fuerza hasta designar simplemente un confort exterior y un sentimiento de satisfacción bastante superficiales. En cuanto al término *ananda*, más que la alegría, designa el resplandor de *sukha*, que ilumina de dicha el instante presente y se perpetúa en el instante siguiente hasta formar un continuo que podríamos llamar «alegría de vivir».

Sukha está estrechamente vinculado a la comprensión de la manera en que funciona nuestra mente y depende de nuestra forma de interpretar el mundo pues, si bien es difícil cambiar éste, en cambio es posible transformar la manera de percibirlo.

Recuerdo una tarde que estaba sentado en la escalera de nuestro monasterio de Nepal. Las lluvias monzónicas habían convertido el terreno circundante en una extensión de agua fangosa y habíamos dispuesto ladrillos para poder desplazarnos. Una amiga contempló la escena con cara de asco y empezó a cruzar el barrizal refunfuñando cada vez que pasaba de un ladrillo a otro. Cuando llegó donde yo estaba, exclamó, alzando los ojos al cielo: «¡Puaf!... ¿Te imaginas si llego a caer en ese lodazal? ¡En este país está todo tan sucio!» Conociéndola, preferí asentir prudentemente, esperando que mi simpatía muda le ofreciera algún consuelo. Al cabo de un momento, otra amiga, Raphaèle, apareció en la entrada de la charca. Me hizo un gesto de saludo y comenzó a saltar de ladrillo en ladrillo canturreando. «¡Qué divertido! —exclamó, con los ojos chispeantes de alegría, al aterrizar en tierra firme—. Lo bueno que tiene el monzón es que no hay polvo.» Dos personas, dos visiones de las cosas; seis mil millones de seres humanos, seis mil millones de mundos.

En un registro más grave, Raphaèle me contó que, en su primer viaje al Tíbet en 1986, conoció a un hombre que había sufrido terribles penalidades durante la invasión china: «Me hizo sentar en una banqueta y me sirvió té de un gran termo. Era la primera vez que hablaba con una occidental. Nos reímos mucho; era realmente adorable. Mientras aparecían y desaparecían tímidamente niños que nos contemplaban con mirada atónita, me hizo infinidad de preguntas. Después me contó que los invasores chinos lo habían tenido doce años encarcelado, condenado a tallar piedras para construir una presa en el valle de Drak Yerpa. Una presa absolutamente inútil, pues el torrente estaba casi siempre seco. Todos sus compañeros habían muerto, uno tras otro, de hambre y de agotamiento. Pese al horror de su relato, me resultaba imposible descubrir el menor rastro de odio en sus ojos, rebosantes de bondad. Esa noche, mientras me dormía, me pregunté cómo un hombre que había sufrido tanto podía parecer tan feliz».

Así pues, quien experimenta la paz interior no se siente ni destrozado por el fracaso ni embriagado por el éxito. Sabe vivir plenamente esas experiencias en el contexto de una serenidad profunda y vasta, consciente de que son efímeras y de que no tiene ningún motivo para aferrarse a ellas. No «decae» cuando las cosas toman un mal giro y debe hacer frente a la adversidad. No se hunde en la depresión, pues su felicidad reposa sobre sólidos cimientos. La conmovedora Etty Hillesum afirma, un año antes de su muerte en Auschwitz: «Cuando tienes vida interior, es indiferente a qué lado de las verjas del campo estás [...]. Ya he sufrido mil muertes en mil campos de concentración. Estoy al corriente de todo. Ninguna información nueva me angustia ya. De una u otra forma, lo sé todo. Y sin embargo, la vida me parece hermosa y llena de sentido. En todos y cada uno de los instantes».[12]

La experiencia de *sukha* va acompañada, efectivamente, de una disminución de la vulnerabilidad ante las circunstancias, sean buenas o malas. Una fortaleza altruista y tranquila reemplaza en tales casos la sensación de inseguridad y de pesimismo que aflige a tantas personas. Lo cual no impide al sociólogo polaco Wladislow Tatarkiewicz,[13] un «especialista» en la felicidad, afirmar que es imposible ser feliz en la cárcel, pues, según él, la felicidad que podríamos experimentar en semejantes condiciones no está «justificada». Así que dese por enterado: si es usted feliz en unas condiciones difíciles, es que ha perdido la razón. Esta visión de las cosas revela una vez más la importancia exclusiva que se concede a las condiciones externas de la felicidad.

Sabemos hasta qué punto algunas prisiones pueden ser un infierno en el que la propia noción de felicidad y de bondad casi se ha olvidado. El preso pierde todo control sobre el mundo exterior. En las penitenciarías más duras, esa pérdida a menudo se compensa mediante la hegemonía total y violenta que ejercen los gánsters, los cabecillas de bandas y los guardias, lo que crea una prisión en el interior de la prisión. La mayoría de los detenidos sólo experimenta odio, venganza y voluntad de poder, que se ejercen con una crueldad insólita. Mogamad Benjamin, que ha pasado la mayor parte de su vida en cárceles de Suráfrica, ya no recuerda a cuántas personas mató en ellas. Llegó a comerse el corazón de un preso al que acababa de asesinar.[14] Así pues, el odio crea una tercera prisión en su interior, aunque, de ésta, es posible encontrar las llaves.

Fleet Maul, un norteamericano condenado en 1985 a veinticinco años de reclusión por tráfico de drogas, cuenta su historia: «Era un medio realmente infernal: una especie de cajón de acero en el interior de un edificio de tejado plano de hormigón. No había ninguna ventana, no había ventilación, no había un lugar donde caminar un poco. Las celdas estaban superpobladas y hacía un calor increíble. Siempre había ruido; era la anarquía. La gente discutía, gritaba. Había cuatro o cinco televisores encendidos al mismo tiempo, las veinticuatro horas del día. Allí fue donde empecé a sentarme y meditar todos los días. Acabé meditando cuatro o cinco horas diarias en la litera superior de una celda concebida originalmente para dos personas. El sudor me resbalaba por la frente y se me metía en los ojos. Al principio me resultaba muy difícil, pero perseveré». Al cabo de ocho años de encierro, declaró que toda esa experiencia lo había convencido de la «doble verdad de la práctica espiritual, unida a la fuerza de la compasión, y de la ausencia de realidad del "yo". Es indiscutible; no es una simple idea romántica. Es mi experiencia directa».[15]

Un día, recibió un mensaje informándole de que el estado de salud de un prisionero hospitalizado, con el que había trabajado, se había agravado. Durante los cinco días siguientes, entre intensas sesiones de meditación, pasó horas sentado junto al prisionero, asistiéndole en su agonía: «Tenía muchas dificultades para respirar y vomitaba sangre y bilis; yo lo ayudaba a mantenerse limpio [...]. Desde aquellos días, he sentido con frecuencia una inmensa libertad y una gran alegría. Una alegría que trasciende todas las circunstancias, porque no viene de fuera y, evidentemente, aquí no hay nada que pueda alimentarla. Esa alegría ha hecho nacer una confianza renovada en mi práctica: he experimentado algo indestructible ante el espectáculo de un sufrimiento y de una depresión que superan todo lo que normalmente se puede soportar».

Este ejemplo muestra de manera palpable que la felicidad depende ante todo del estado interior. Si no fuera así, esa plenitud serena —*sukha*— sería inconcebible en semejante situación.

Lo contrario de *sukha* se expresa mediante el término sánscrito *dukha*, traducido generalmente como sufrimiento, desgracia o, de un modo más preciso, «malestar». No define una simple sensación desagradable, sino que refleja una vulnerabilidad fundamental al sufrimiento que puede llegar hasta la aversión a la vida, el sentimiento de que no vale la pena vivir porque nos resulta imposible encontrarle sentido a la vida. En *La náusea*, Sartre pone en boca del protagonista estas palabras: «Si me hubieran preguntado qué era la existencia, habría respondido de buena fe que no era nada, apenas una forma vacía [...]. Éramos un montón de existencias molestas, incómodas consigo mismas, ni unos ni otros teníamos ninguna razón para estar aquí, cada ser, confuso, vagamente inquieto, se sentía de más en relación con los otros. [...] *Yo también estaba de más* [...]. Pensaba vagamente en eliminarme para aniquilar al menos una de esas existencias superfluas».[16] El hecho de considerar que el mundo sería mejor sin nosotros es una causa frecuente de suicidio.[17]

Un día, durante un encuentro público en Hong Kong, un joven se levantó entre los asistentes y me preguntó: «¿Podría darme una razón por la que debería continuar viviendo?» Esta obra es una humilde respuesta, pues la felicidad es ante todo el placer de vivir. No tener ninguna razón para seguir viviendo abre el abismo del «malestar». Ahora bien, por mucho que puedan influir las condiciones externas, ese malestar, al igual que el bienestar, es esencialmente un estado interior. Comprender eso es el preliminar indispensable para llevar una vida que merezca la pena ser vivida. ¿En qué condiciones va a minar la mente nuestra alegría de vivir? ¿En qué condiciones va a alimentarla?

Cambiar la visión del mundo no implica un optimismo ingenuo, ni tampoco una euforia artificial destinada a compensar la adversidad. Mientras la insatisfacción y la frustración provocadas por la confusión que reina en nuestra mente sean nuestra realidad cotidiana, repetirse hasta la saciedad «¡Soy feliz!» es un ejercicio tan fútil como pintar una y otra vez una pared en ruinas. La búsqueda de la felicidad no consiste en ver la vida «de color rosa» ni en taparse los ojos ante los sufrimientos y las imperfecciones del mundo.

La felicidad tampoco es un estado de exaltación que hay que perpetuar a toda costa, sino la eliminación de toxinas mentales como el odio y la obsesión, que envenenan literalmente la mente. Para ello, es preciso aprender a conocer mejor cómo funciona ésta y a tener una percepción más cabal de la realidad.

* * *

Realidad y conocimiento

¿Qué debe entenderse por realidad? Para el budismo, se trata de la naturaleza verdadera de las cosas, no modificada por las elaboraciones mentales que le superponemos. Estas últimas abren un abismo entre nuestras percepciones y esa realidad, lo que provoca un conflicto permanente con el mundo. «Interpretamos mal el mundo y decimos que nos engaña», escribe Rabindranath Tagore.[18] Tomamos por permanente lo que es efímero, y por felicidad, lo que no es sino fuente de sufrimiento: el ansia de riqueza, de poder, de fama y de placeres obsesivos. Según Chamfort, «el placer puede apoyarse en la ilusión, pero la felicidad reposa sobre la verdad».[19] Stendhal, por su parte, escribe: «Creo, y a continuación lo demostraré, que toda desdicha proviene del error y que toda dicha nos es proporcionada por la verdad».[20] El conocimiento de la verdad es, pues, un componente fundamental de *sukha*.

Por conocimiento entendemos no el dominio de una masa de información y de saber, sino la comprensión de la naturaleza verdadera de las cosas. Habitualmente percibimos el mundo exterior como un conjunto de entidades autónomas a las que atribuimos unas características que nos parece que le son propias. A tenor de nuestra experiencia cotidiana, vemos las cosas como «agradables» o «desagradables» en sí mismas y a las personas como «buenas» o «malas». El «yo» que las percibe nos parece igualmente real y concreto. Este engaño —que el budismo llama ignorancia— engendra poderosos reflejos de apego y de aversión que por lo general conducen al sufrimiento. Como expresa con concisión Etty Hillesum: «El gran obstáculo es siempre la representación, no la realidad».[21] El *samsara*, el mundo de la ignorancia y del sufrimiento, no es una condición fundamental de la existencia, sino un universo mental basado en la idea falsa que nos hacemos de la realidad.

Según el budismo, el mundo de las apariencias es el resultado de la acumulación de un número infinito de causas y de condiciones permanentemente cambiantes. Como un arco iris, que se forma cuando el sol brilla sobre una cortina de lluvia y se esfuma en cuanto uno de los factores que contribuyen a su formación desaparece, los fenómenos existen en un mundo esencialmente interdependiente y no de existencia autónoma y permanente. Así pues, la realidad última es lo que el budismo llama la vacuidad de existencia propia de los fenómenos, animados e inanimados. Todo es relación, nada existe en sí mismo y por sí mismo. Cuando se comprende e interioriza esa noción esencial, la percepción errónea que se tenía del mundo deja paso a una comprensión ajustada de la naturaleza de las cosas y de los seres: el conocimiento. El conocimiento no es una simple construcción filosófica; resulta de un proceso esencial que permite eliminar progresivamente la ceguera mental y las emociones perturbadoras que se derivan de ellas, es decir, las causas principales de nuestro «malestar».

Desde el punto de vista del budismo, cada ser lleva en sí mismo un potencial de perfección, del mismo modo que cada semilla de sésamo está impregnada de aceite. En este campo, la ignorancia consiste en no ser consciente de ello, como el mendigo, a la vez pobre y rico, que ignora que hay un tesoro enterrado bajo su cabaña. Actualizar nuestra verdadera naturaleza, tomar posesión de esa riqueza olvidada, nos permite vivir una vida llena de sentido. Ése es el medio más seguro de encontrar la serenidad y de desarrollar el altruismo en nuestra mente.

* * *

En resumen, *sukha* es el estado de plenitud duradera que se manifiesta cuando nos hemos liberado de la ceguera mental y de las emociones conflictivas. Es, asimismo, la sabiduría que permite percibir el mundo tal como es, sin velos ni deformaciones. Es, por último, la alegría de caminar hacia la libertad interior y la bondad afectuosa que emana hacia los demás.

2

¿Es la felicidad el objetivo de la existencia?

Debemos meditar sobre lo que proporciona la felicidad, pues, estando ella presente, lo tenemos todo, y estando ausente, lo hacemos todo para alcanzarla.

EPICURO[1]

¿Quién desea sufrir? ¿Quién se levanta por la mañana pensando: «¡Ojalá me sienta mal conmigo mismo todo el día!»? Consciente o inconscientemente, con acierto o sin él, todos aspiramos a «estar mejor», ya sea mediante el trabajo o el ocio, mediante las pasiones o la tranquilidad, mediante la aventura o la rutina diaria.

Todos los días de nuestra vida emprendemos innumerables actividades para vivir intensamente, tejer lazos de amistad y de amor, explorar, descubrir, crear, construir, enriquecernos, proteger a nuestros seres queridos y preservarnos de los que nos perjudican. Consagramos nuestro tiempo y nuestra energía a esas tareas con la idea de obtener de ellas una satisfacción, un «mejor estar» para nosotros o para otras personas. Querer lo contrario sería absurdo.

Sea cual sea la manera de buscarla, y se llame alegría de vivir o deber, pasión o satisfacción, ¿no es la felicidad el fin de todos los fines? Tal era el parecer de Aristóteles, según el cual «es el único objetivo que siempre escogemos por sí mismo y nunca para conseguir otro fin».[2] La persona que declara desear otra cosa no sabe realmente lo que quiere: persigue la felicidad con otro nombre.

A los que le preguntan si es feliz, Xavier Emmanuelli, fundador de la ONG Samu Social, responde: «No está en el programa. Para mí, lo que está en el programa es la acción. Tengo proyectos que sacar adelante. Lo que cuenta es lo que tiene algún sentido [...]. La felicidad es el sentido y es el Amor».[3] La felicidad no figura en el programa, pero de todos modos vamos a parar a ella.

En el mismo orden de ideas, Steven Kosslyn, un amigo que se dedica a la investigación de imágenes mentales en la Universidad de Harvard, me decía que lo que le venía a la mente al empezar el día no era el deseo de ser feliz, sino el sentimiento del deber, el sentido de responsabilidad para con su familia, con el equipo que dirige y con su trabajo. La felicidad, insistía, no formaba parte de sus preocupaciones. Sin embargo, si se piensa en ello, en la satisfacción de hacer lo que parece digno de ser hecho, a costa de un esfuerzo a largo plazo sembrado de dificultades, en esa adecuación a uno mismo, figuran indiscutiblemente ciertos aspectos de la felicidad verdadera, de *sukha*. Cumpliendo con su «deber», y aun cuando considere que «el sufrimiento y las dificultades forman el carácter», es evidente que la finalidad de ese hombre no es construir su propia desgracia ni la de la humanidad.

En este caso se trata del sentimiento de responsabilidad y no del deber paralizador que socava toda libertad interior y es fruto de presiones, de obligaciones inculcadas por nuestros allegados y por la sociedad: hay que «hacer esto o aquello», o incluso ser perfecto, para ser aceptado y amado. El «deber» sólo tiene sentido si resulta de una elección y es fuente de un bien mayor.

El drama es que con frecuencia nos equivocamos al escoger los medios para llevar a cabo ese bien. La ignorancia desvirtúa nuestra aspiración a estar mejor. Como explica el maestro tibetano Chögyam Trungpa: «Cuando hablamos de ignorancia, no nos referimos en absoluto a la estupidez. En cierto sentido, la ignorancia es muy inteligente, pero se trata de una inteligencia de sentido único. Es decir, que sólo reaccionamos a nuestras propias proyecciones en lugar de ver simplemente lo que es».[4]

En el sentido en que la entiende el budismo, la ignorancia es, pues, el desconocimiento de la naturaleza verdadera de las cosas y de la ley de causa y efecto que rige la felicidad y el sufrimiento. Los partidarios de la limpieza étnica afirman querer construir el mejor mundo posible y algunos de ellos parecen íntimamente convencidos de la pertinencia de tal abominación. Por paradójico y malsano que parezca, los individuos que satisfacen sus pulsiones egoístas sembrando la muerte y la desolación a su alrededor esperan de sus actos una forma de gratificación. La maldad, la ceguera, el desprecio y la arrogancia no son en ningún caso medios de acceder a la felicidad; pero, aunque se apartan radicalmente de ella, lo que persiguen los malos, los ofuscados, los orgullosos y los fatuos es precisamente la felicidad. Asimismo, el suicida que pone fin a una angustia insoportable aspira desesperadamente a la felicidad.

Del análisis a la contemplación

¿Cómo acabar con esa ignorancia fundamental? El único medio es llevar a cabo una introspección lúcida y sincera, para lo cual se puede recurrir a dos métodos, uno analítico y el otro contemplativo. El análisis consiste en evaluar honradamente y a fondo nuestros sufrimientos, así como los que infligimos a los demás. Eso implica comprender qué pensamientos, palabras y actos engendran indefectiblemente sufrimiento y cuáles contribuyen a estar mejor. El paso previo es, por supuesto, haber tomado conciencia de que algo no funciona en nuestra manera de ser y de actuar. A continuación hay que aspirar ardientemente a cambiar.

La actitud contemplativa es más subjetiva. Consiste en dejar a un lado por un momento la efervescencia de los pensamientos para mirar serenamente el fondo de nosotros mismos, como si contempláramos un paisaje interior, a fin de descubrir lo que encarna nuestra aspiración más querida. Para unos puede ser vivir intensamente cada instante, paladear los mil y un sabores del placer. Para otros, alcanzar sus objetivos: una familia, el éxito social, diversiones o algo más modesto, como vivir sin sufrir demasiado. Pero esas formulaciones son parciales. Si profundizamos más en nosotros mismos, ¿no acabamos por constatar que la aspiración primera, la que subyace a todas las demás, es el deseo de una satisfacción lo bastante poderosa para alimentar nuestro gusto por vivir? Es este deseo: «¡Ojalá cada instante de mi vida y de la de los demás pueda ser un instante de alegría y de paz interior!»

¿AMAR EL SUFRIMIENTO?

Algunos piensan que a veces hay que sentirse a disgusto, que en la vida debe haber «días nulos» para apreciar mejor la riqueza de los instantes de dicha y «beneficiarse de lo agradable del contraste».[5] Pero ¿son sinceros los que afirman cansarse de una felicidad duradera? ¿De qué clase de felicidad hablan? ¿De la euforia que degenera en aburrimiento, de los placeres que decaen, de los goces que languidecen? «Me gusta demasiado la vida para querer solamente ser feliz»,[6] escribe también Pascal Bruckner. En la misma línea, un adolescente parisino me confesaba: «Es como cuando te drogas: si no estás un poco deprimido entre un chute y otro, aprecias menos la diferencia. Yo acepto los períodos duros de verdad por los momentos de euforia. Como no sé librarme del sufrimiento, prefiero tenerle apego. La idea de construir una felicidad interior me produce rechazo, porque cuesta demasiado tiempo y esfuerzo. Tardas años, y no parece muy divertido. La vida es dura, y yo no soy Jesucristo. Prefiero tener una felicidad inmediata, aunque no sea real y aunque, a fuerza de repeticiones, no sea tan intensa como la primera vez». Por eso se concede preeminencia a las sensaciones y los placeres del momento, y se relega al dominio de la utopía la búsqueda de una serenidad profunda y duradera. Sin embargo, aunque esos momentos «nulos» o desdichados permitan dar más «relieve» a la existencia, nunca son buscados por sí mismos, sino por contraste, con vistas al cambio que prometen.

Esta actitud ambivalente ante el sufrimiento también refleja la influencia persistente del sentimiento de culpabilidad asociado al pecado original en la civilización judeocristiana. Si un Dios que nos ama quiere ponernos a prueba mediante el sufrimiento, entonces hay que amar ese sufrimiento. Se puede llegar aún más lejos. Para el escritor Dominique Noguez, la desgracia es más interesante que la felicidad, pues «posee una chispa, una intensidad sumamente fascinante, luciferina. Tiene la enorme ventaja [...] de no ser un fin en sí misma, de dejar siempre algo que esperar (la felicidad)».[7] Adelante, otra vuelta de tuerca: no se impaciente, sufra un poquito más antes de ser feliz. Semejantes posturas son comparables a la del loco que se da martillazos en la cabeza a fin de sentir alivio cuando para. Valoramos esas oposiciones por el relieve y el color que dan a la existencia, pero ¿quién querría cambiar unos instantes de plenitud por unos instantes de malestar?

Parece más ingenioso, en cambio, por no decir sensato, utilizar el sufrimiento como base de transformación para abrirse con compasión a los que sufren como nosotros, o incluso más que nosotros. Únicamente en este sentido podemos comprender a Séneca cuando afirma: «El sufrimiento hace daño, pero no es un mal». No es un mal cuando, no pudiendo evitarlo, lo aprovechamos para aprender y transformarnos, al tiempo que reconocemos que nunca es un bien en sí mismo.

Por el contrario, «el deseo de felicidad es esencial en el hombre; es el móvil de todos nuestros actos. Lo más venerable del mundo, lo más comprensible, lo más nítido, lo más constante no es sólo que queramos ser felices, sino que sólo queremos ser eso. Es a lo que nos fuerza nuestra naturaleza», escribe san Agustín.[8] Ese deseo inspira de un modo tan natural cada uno de nuestros actos, cada una de nuestras palabras y de nuestros pensamientos, que ni siquiera lo percibimos, como el oxígeno que respiramos durante toda la vida sin darnos cuenta. Es una evidencia, más aún, una banalidad, «porque la felicidad interesa, casi por definición, a todo el mundo», escribe André Comte-Sponville.[9] Bueno, parece ser que no absolutamente a todos, puesto que Pascal Bruckner, por ejemplo, considera «que no es cierto que todos busquemos la felicidad, valor occidental e históricamente datado. Hay otros —la libertad, la justicia, el amor, la amistad— que pueden primar sobre aquél».[10] Al igual que monsieur Jourdain* escribía prosa sin saberlo, quien tiene fe en estos valores no es consciente de que son diferentes aspectos de la felicidad y diferentes caminos para alcanzarla. Cuando la felicidad cae en el anonimato, se pierde entre una multitud de dobles llamados placer, diversión, embriaguez, voluptuosidad y otros espejismos efímeros. Cada cual es libre de buscar la felicidad con el nombre que quiera, pero no basta disparar flechas al azar en todas direcciones. Aunque es posible que algunas den en el blanco sin que se sepa muy bien por qué, la mayoría de ellas se perderán en la naturaleza, dejándonos sumidos en un doloroso desasosiego.

¿Tenerlo todo para ser feliz?

Considerar que la felicidad es conseguir que se materialicen todos nuestros deseos y pasiones, y sobre todo concebirla únicamente de un modo egocéntrico, es confundir la aspiración legítima a la plenitud con una utopía que desemboca inevitablemente en la frustración. Afirmando que «la felicidad es la satisfacción de todas nuestras inclinaciones» en toda su «variedad», su «intensidad» y su «duración»,[11] Kant la relega directamente al terreno de lo irrealizable. Cuando afirma que la felicidad es el estado de un ser «al que, en el transcurso de toda su existencia, todo le sucede según su deseo y su voluntad»,[12] uno se pregunta por qué arte de magia todo «va a suceder» según sus deseos y su voluntad. Esto me recuerda un diálogo de una película de mafiosos:

«—Quiero lo que me corresponde.

»—¿Ah, sí? ¿Y qué es?

* Protagonista de la comedia de Molière *El burgués gentilhombre*. (*N. de la T.*)

»—El mundo, Chico, el mundo y todo cuanto hay en él...»

Volvemos a encontrar aquí la voluntad ciega del ego, que querría que el mundo fuera a imagen y semejanza de sus deseos. Aunque, idealmente, la satisfacción de todas nuestras inclinaciones fuera realizable, no conduciría a la felicidad, sino a la producción de nuevos deseos o, lo que viene a ser lo mismo, a la indiferencia, al hastío, incluso a la depresión. ¿Por qué a la depresión? Si hemos imaginado que satisfaciendo todas nuestras inclinaciones seríamos felices, el fracaso de esta iniciativa nos hace dudar de la propia existencia de la felicidad. Si «lo tengo todo para ser feliz» y no lo soy, entonces la felicidad es imposible. Esto demuestra lo mucho que podemos llegar a engañarnos sobre las causas de la felicidad. De hecho, si no hay paz interior y sabiduría, no se tiene nada para ser feliz. Si llevamos una vida en la que se alterna la esperanza y la duda, la excitación y el tedio, el deseo y la lasitud, es fácil dilapidarla poco a poco sin siquiera darnos cuenta, corriendo en todas direcciones para no llegar a ninguna parte. La felicidad es un estado de realización interior, no el cumplimiento de deseos ilimitados que apuntan hacia el exterior.

El sol detrás de las nubes

Engendrando una felicidad auténtica —*sukha*— no hacemos sino manifestar, o despertar, un potencial que siempre hemos llevado dentro. Es lo que el budismo llama la «naturaleza de Buda» presente en todos los seres. Lo que aparece como una construcción o un desarrollo no es sino la eliminación gradual de todo lo que enmascara ese potencial y obstaculiza la difusión del conocimiento y de la alegría de vivir. El resplandor del sol nunca es oscurecido por las nubes que nos lo ocultan. Esa eliminación consiste, como veremos, en liberar la mente de todas las toxinas que la envenenan, entre ellas el odio, la avidez y la confusión.

Nuestra felicidad necesita la de los demás

¿La felicidad sólo para uno? ¿Sería posible desentendiéndose de la de los demás o, peor aún, intentando construirla sobre su desdicha? Una «felicidad» elaborada en el reino del egoísmo no puede sino ser falsa, efímera y frágil, como un castillo construido sobre un lago helado, que se vendrá abajo en cuanto se produzca el deshielo. Así pues, entre los métodos torpes, ciegos o incluso desmesurados que se utilizan para construir la felicidad, uno de los más estériles es el egocentrismo. «Cuando la felicidad egoísta es el único objetivo de la vida, la vida no tarda en quedarse sin objetivo»,[13] escribe Romain Rolland. Aunque las apariencias sean de felicidad, no se puede ser realmente feliz desinteresándose de la felicidad de los demás.

Shantideva, filósofo budista indio del siglo VII, se pregunta: «Puesto que todos tenemos la misma necesidad de ser felices, ¿qué privilegio podría convertirme en el objeto único de mis esfuerzos en busca de la felicidad?»[14] Yo soy uno y los demás son innumerables. Sin embargo, para mí, yo cuento más que todos los demás. Ésta es la extraña aritmética de la ignorancia. ¿Cómo ser feliz si todos los que me rodean sufren? Y si son felices, ¿no me parecen mis propios tormentos más leves?

Shantideva concluye: «El cuerpo, pese a la diversidad de los miembros, es protegido como un ser único; así debe ser también en este mundo, en que los diversos seres, vivan en el dolor o en la alegría, tienen en común conmigo el deseo de felicidad».[15] Esto no significa en absoluto que tengamos que descuidar nuestra propia felicidad. Nuestra aspiración a la felicidad es tan legítima como la de cualquier ser, y para gustar a los demás hay que saber gustarse a uno mismo. Esto no significa alardear del color de los ojos, de la figura o de determinados rasgos de la personalidad, sino reconocer en su justo valor la aspiración a vivir cada momento de la existencia como un momento de plenitud. Gustarse a sí mismo quiere decir que a uno le gusta vivir. Es esencial comprender que actuando para conseguir la felicidad de los demás se consigue la propia; cuando se siembra un campo de trigo, la finalidad es cosechar grano, pero al mismo tiempo se obtiene, sin hacer un esfuerzo especial, paja y salvado.

En resumen, la finalidad de la existencia es esa plenitud de todos los instantes acompañada de un amor por todos los seres, y no ese amor individualista que la sociedad actual nos inculca permanentemente. La verdadera felicidad procede de una bondad esencial que desea de todo corazón que cada persona encuentre sentido a su existencia. Es un amor siempre disponible, sin ostentación ni cálculo. La sencillez inmutable de un corazón bueno.

3

Un espejo de dos caras

Donde se habla del exterior y del interior

Buscar la felicidad fuera de nosotros es como esperar el sol en una gruta orientada al norte.

ADAGIO TIBETANO

Aunque todas las personas intentan de uno u otro modo ser felices, hay una gran distancia entre la aspiración y la realización. Ése es el drama de los seres vivos. Temen la desgracia, pero corren hacia ella. Quieren la felicidad, pero le dan la espalda. Los propios medios para paliar el sufrimiento a menudo sirven para alimentarlo. ¿Cómo es posible que se produzca ese trágico engaño? Porque no sabemos lo que hay que hacer. Cometemos la torpeza de buscar la felicidad fuera de nosotros, cuando es esencialmente un estado interior. Si se originase en el exterior, siempre estaría fuera de nuestro alcance. Nuestros deseos son ilimitados, y nuestro control del mundo, restringido, temporal y casi siempre ilusorio.

Tejemos vínculos de amistad, formamos una familia, vivimos en sociedad, logramos mejorar las condiciones materiales de nuestra existencia... ¿Basta eso para definir la felicidad? No. Se puede ser muy desdichado teniéndolo, aparentemente, «todo para ser feliz», y a la inversa, permanecer sereno en la adversidad. Es muy ingenuo creer que las condiciones externas garantizarán por sí solas la felicidad. Despertar de ese sueño puede resultar muy doloroso. Como decía el Dalai Lama: «Si alguien que se instala en un piso de lujo, en la planta cien de un edificio completamente nuevo, no es feliz, lo único que buscará es una ventana por la que tirarse».[1] ¿Acaso no se ha repetido bastante que el dinero no da la felicidad, que el poder corrompe a los más honrados, que los donjuanes terminan hastiados de sus conquistas y que la fama acaba con el menor rastro de vida privada? El fracaso, la ruina, la separación, la enfermedad y la muerte están en todo momento dispuestos a reducir a cenizas nuestro pequeño rincón de paraíso.

No dudamos en estudiar durante quince años, en formarnos profesionalmente a veces durante varios años más, en hacer gimnasia para mantenernos sanos, en pasar gran parte de nuestro tiempo mejorando nuestro confort, nuestras riquezas y nuestra posición social. A todo eso dedicamos muchos esfuerzos. ¿Por qué dedicamos tan pocos a mejorar nuestra situación interior? ¿No es ella la que determina la calidad de nuestra vida? ¿Qué extraño temor, indecisión o inercia nos impide mirar dentro de nosotros, tratar de comprender la naturaleza profunda de la alegría y de la tristeza, del deseo y del odio? Se impone el miedo a lo desconocido, y la audacia de explorar el mundo interior se detiene en la frontera de nuestra mente. Un astrónomo japonés me dijo un día: «Hace falta mucho valor para mirar dentro de uno mismo». Esta observación de un sabio en la plenitud de la madurez, de una mente estable y abierta, me intrigó. ¿Por qué semejante indecisión ante una búsqueda que resulta tremendamente apasionante? Como decía Marco Aurelio: «Mira dentro de ti; ahí es donde está la fuente inagotable del bien».[2]

Sin embargo, cuando, desamparados frente a ciertos sufrimientos interiores, no sabemos cómo aliviarlos, nuestra reacción instintiva es volvernos hacia el exterior. Nos pasamos la vida «chapuceando» soluciones improvisadas, intentando reunir las condiciones adecuadas para hacernos felices. Con ayuda de la fuerza de la costumbre, esa manera de funcionar se convierte en la norma, y el «¡así es la vida!» en la divisa. Aunque la esperanza de encontrar un bienestar temporal a veces se ve coronada por el éxito, lo cierto es que nunca es posible controlar las circunstancias externas en términos de cantidad, de calidad y de duración. Esto es aplicable a casi todas las esferas de la existencia: amor, familia, salud, riqueza, poder, confort, placeres. Mi amigo el filósofo norteamericano Alan Wallace escribe: «Si apuesta que será feliz encontrando el cónyuge perfecto, poseyendo un bonito coche, una gran casa, la mejor póliza de seguros, una reputación intachable y una situación envidiable, si son ésas sus prioridades, también debe esperar de todo corazón que le toque el primer premio en la lotería de la existencia».[3] Si nos pasamos el tiempo tratando de llenar toneles agujereados, descuidamos los *métodos* y, sobre todo, la *manera* de ser que permiten descubrir la felicidad en nuestro interior.

El principal culpable es nuestra visión confusa de la dinámica de la felicidad y del sufrimiento. Nadie discute que es particularmente deseable vivir mucho y gozando de buena salud, en libertad, en un país donde reine la paz y se respete la justicia, amar y ser amado, contar con medios de subsistencia suficientes, poder viajar por el mundo, contribuir lo máximo posible al bienestar de los demás y proteger el medio ambiente. Estudios sociológicos realizados con poblaciones enteras muestran claramente (más adelante volveremos sobre esta cuestión) que los seres humanos aprecian más su calidad de vida en tales condiciones. ¿Quién desearía lo contrario? Pero, situando todas nuestras esperanzas fuera de nosotros, no podemos por menos de sentirnos decepcionados.

Cuando esperamos, por ejemplo, que las riquezas nos hagan más felices, nos esforzamos en adquirirlas; una vez adquiridas, estamos constantemente preocupados por la manera de hacerlas fructificar, y si acabamos por perderlas, sufrimos. Un amigo de Hong Kong me dijo un día que se había prometido amasar un millón de dólares y dejar de trabajar para disfrutar de la vida y de este modo encontrar la felicidad. Diez años más tarde, poseía no uno sino tres millones de dólares. ¿Y la felicidad? Su respuesta fue breve y concisa: «He perdido diez años de mi vida».

Si la felicidad es, en cambio, un estado que depende de condiciones interiores, cada uno es responsable de reconocer y reunir esas condiciones. Nadie nos regala la felicidad, ni tampoco nadie nos impone la desdicha. Estamos permanentemente en un cruce de caminos, y nos corresponde a nosotros decidir qué dirección queremos tomar.

¿SE PUEDE CULTIVAR LA FELICIDAD?

«¡Cultivar la felicidad! —le dije con sequedad al médico—. ¿Usted cultiva la felicidad? ¿Y cómo lo hace?... La felicidad no es una patata que se planta en la tierra y se abona con estiércol.»[4] Estas palabras de Charlotte Brontë están llenas de humor; no obstante, es preferible no subestimar el poder de transformación de la mente. Si se aplica durante años, con discernimiento y perseverancia, a ordenar los pensamientos conforme surgen, a preparar antídotos apropiados para las emociones negativas y a desarrollar las emociones positivas, el esfuerzo dará sin duda unos resultados que a primera vista parecían fuera de nuestro alcance. Nos maravilla la idea de que un atleta salte 2,40 metros de altura, pero, si no lo hubiéramos visto en la televisión, nos parecería imposible semejante hazaña, puesto que la mayoría de nosotros apenas somos capaces de saltar 1,20. Ahora bien, aunque en el caso de una prueba física enseguida topamos con límites casi infranqueables, la mente es mucho más flexible. No resulta muy comprensible que el amor y la bondad, por ejemplo, tengan un límite.

Curiosamente, Pascal Bruckner se rebela contra «la construcción de uno mismo como tarea infinita».[5] Si tuviéramos que renunciar, en principio, a toda obra de larga duración, las propias nociones de aprendizaje, educación, cultura y perfeccionamiento de uno mismo carecerían de sentido. Sin hablar de camino espiritual, ¿por qué continuar leyendo libros, hacer investigación científica o informarse acerca del mundo? La adquisición de conocimientos es también una tarea infinita. ¿Por qué aceptar ésta y desdeñar la construcción de uno mismo, que determina la calidad de nuestras vivencias? ¿No es así como se termina entre los desechos?

Como escribe el psiquiatra Christophe André: «Las felicidades repetidas suelen ser fruto de una ascesis. No en el sentido cristiano de "privación", sino en el sentido etimológico del término, derivado del griego *askesis*, que significa "ejercicio". La felicidad no se decreta, no se convoca, sino que se cultiva y se construye poco a poco, a lo largo del tiempo».[6]

¿HABRÍA QUE CONFORMARSE CON SER UNO MISMO?

No obstante, a algunos les parece inútil cultivar la felicidad, pues piensan que para ser realmente felices simplemente debemos aprender a querernos tal como somos. Todo depende de lo que entendamos por «ser uno mismo». ¿Abandonarse a un perpetuo movimiento de vaivén entre la satisfacción y el descontento, la calma y el nerviosismo, el entusiasmo y la apatía? Como escribe Alain: «Aun sin ser brujos, nos lanzamos una especie de maleficio a nosotros mismos al decir "yo soy así, no puedo evitarlo"».[7] Resignarse a pensar de este modo, dejando que nuestras pulsiones y tendencias se manifiesten, tiene muchas posibilidades de ser una solución fácil, de compromiso, y de resultar un fracaso.

Innumerables recetas de la felicidad afirman que «hay que saber aceptar tanto los defectos como las cualidades propios». Según esta visión, si dejáramos de rebelarnos contra nuestras limitaciones e hiciéramos las paces con nosotros mismos, podríamos resolver la mayoría de los conflictos interiores y abordar todos los días de la vida con confianza y tranquilidad. Dejar que se expresara nuestra naturaleza constituiría la mejor guía; refrenarla no haría sino agravar nuestros problemas. Es cierto que, puestos a elegir, más vale vivir con espontaneidad que pasarse el tiempo reprimiéndose, aburriéndose mortalmente o detestándose. Pero ¿no se reduce eso a poner un bonito envoltorio a los hábitos? Aunque admitamos que «expresarse» dando libre curso a las pulsiones «naturales» permite una relajación pasajera de las tensiones interiores, eso no impide ser menos prisionero del conjunto poco lucido de las propias tendencias. Esta actitud laxa no resuelve ningún problema de fondo, pues, siendo comúnmente uno mismo, no se deja de ser común.

Nos parecemos mucho a esos pájaros que han vivido largo tiempo enjaulados y, cuando tienen la posibilidad de volar libremente, vuelven a su jaula. Estamos acostumbrados desde hace tanto tiempo a nuestros defectos que nos cuesta imaginar lo que sería la vida sin ellos: el horizonte del cambio nos produce vértigo.

Sin embargo, no es que nos falte energía. Como hemos dicho, no cesamos de hacer esfuerzos considerables en innumerables terrenos. De los que se afanan día y noche en realizar interminables actividades, un proverbio tibetano dice: «El cielo estrellado es su sombrero y la escarcha sus botas», ya que se acuestan muy tarde y se levantan antes de que amanezca. Pero, si se nos ocurre pensar: «Debería tratar de desarrollar el altruismo, la paciencia, la humildad», vacilamos y acabamos por decirnos que esas cualidades vendrán de forma natural con el tiempo. O que no es tan importante; al fin y al cabo, hemos vivido sin ellas hasta ahora. Sin duda tenemos mucho que aprender de las tribulaciones de la vida, pero, sin hacer esfuerzos decididos, ¿quién va a saber interpretar a Mozart si no es tocando con dos dedos? La felicidad es una manera de ser, y las maneras se aprenden. Como dice un proverbio persa: «Con paciencia, el vergel se convierte en confitura».

4

Los falsos amigos

Los que esperan la felicidad y sólo ansían placeres,
riquezas, gloria, poder y heroísmo son tan ingenuos
como el niño que intenta atrapar un arco iris
para hacerse una capa.

DILGO KHYENTSÉ RIMPOCHÉ[1]

A fin de determinar aquellos factores externos y actitudes mentales que favorecen *sukha* y aquellos que lo perjudican, conviene en primer lugar establecer una distinción entre la felicidad y ciertos estados aparentemente similares, pero en realidad muy distintos. Suele resultar difícil reconocer el verdadero bienestar en el seno de una multitud de estados mentales y físicos que se le parecen superficialmente.

FELICIDAD Y PLACER: LA GRAN CONFUSIÓN

El error más común consiste en confundir placer y felicidad. El placer, dice un proverbio indio, «no es sino la sombra de la felicidad». Está directamente causado por estímulos agradables de orden sensorial, estético o intelectual. La experiencia evanescente del placer depende de las circunstancias y de los lugares, así como de momentos privilegiados. Su naturaleza es inestable y la sensación que produce puede volverse rápidamente neutra o desagradable. Asimismo, su repetición a menudo acaba por restarle atractivo e incluso por provocar rechazo: degustar un manjar delicioso es fuente de auténtico placer, pero, una vez saciados, deja de apetecernos, y si continuamos comiendo terminaremos asqueados. Lo mismo ocurre con un buen fuego de leña: cuando estás tiritando, notar su calor es un goce indescriptible, pero al cabo de un rato tienes que apartarte porque te quemas.

El placer se agota a medida que disfrutamos de él, al igual que una vela encendida se consume. Casi siempre va unido a una acción y produce cansancio por el simple hecho de repetirse. Escuchar con gusto un preludio de Bach requiere un esfuerzo de atención que, por mínimo que sea, no se puede mantener eternamente. Al cabo de un rato, el cansancio hace que la escucha pierda encanto; si nos la impusieran durante días, se volvería insoportable.

Por lo demás, el placer es una experiencia individual, esencialmente centrada en uno mismo, razón por la cual se puede asociar con facilidad con el egocentrismo y entrar en conflicto con el bienestar de los otros. Podemos sentir placer en detrimento de los demás, pero eso no nos proporciona felicidad. El placer puede ir unido a la maldad, la violencia, el orgullo, la avidez y otros estados mentales incompatibles con una felicidad verdadera. «El placer es la felicidad de los locos, la felicidad es el placer de los sensatos»,[2] escribe Barbey d'Aurevilly. A algunos les produce placer vengarse de otros seres humanos y torturarlos. Dejando a un lado la satisfacción malsana y momentánea que tales actos producen a una mente perturbada, el hecho de que el sufrimiento infligido a un ser vivo sea una fuente de plenitud duradera resulta inconcebible. Un verdugo o un tirano sin duda disfruta con la dominación violenta que ejerce sobre sus víctimas, pero, si se tomara la molestia de mirar en el fondo de sí mismo, ¿encontraría un poco de serenidad? Sabemos, por ejemplo, que Hun Sen, el dirigente dictatorial de Camboya, vive con miedo, replegado en sí mismo, constantemente vigilado por sus esbirros, como muchos otros dictadores.

De manera análoga, se da el caso de que un hombre de negocios se alegre de la ruina de un competidor, que un atracador se frote las manos contemplando el botín o que el espectador de una corrida se entusiasme viendo cómo matan a un toro, pero son estados de exaltación pasajera, en ocasiones enfermiza, que, como los momentos de euforia positiva, no tienen nada que ver con *sukha*.

La búsqueda exacerbada y casi mecánica de los placeres de los sentidos es otro ejemplo de goce que corre paralelo con la obsesión, la avidez, la inquietud y, finalmente, el desencanto. El placer casi nunca cumple sus promesas, como expresa el poeta tibetano del siglo XX Guédun Choephel:

> *Los placeres parecen amapolas,*
> *mueren nada más ser cogidos;*
> *copos de nieve que caen sobre un río,*
> *destellos blancos para siempre desaparecidos.*[3]

Y sin embargo, casi siempre preferimos el placer y sus secuelas de saciedad a la gratificación de un bienestar duradero.

Sukha, al contrario que el placer, nace del interior. Si bien puede sufrir la influencia de las circunstancias, no se halla sometido a ellas. Lejos de transformarse en su contrario, perdura y crece a medida que se experimenta. Engendra un sentimiento de plenitud que, con el tiempo, se convierte en un rasgo fundamental de nuestro temperamento.

Sukha no está ligado a la acción, es un «estado de ser», un profundo equilibrio emocional fruto de una comprensión sutil del funcionamiento de la mente. Mientras que los placeres corrientes se producen al entrar en contacto con objetos agradables y terminan en cuanto cesa el contacto, *sukha* se siente todo el tiempo que permanecemos en armonía con nuestra naturaleza profunda. Su componente natural es el altruismo, que se proyecta hacia el exterior en vez de estar centrado en sí mismo. Quien esté en paz consigo mismo contribuirá espontáneamente a que reine la paz en su familia, en su vecindario, en su pueblo y, si las circunstancias son favorables, en su país y en el mundo entero. Gracias a su proyección espiritual, su serenidad y su plenitud, el sabio y el hombre feliz facilitan naturalmente el bienestar de la sociedad en la que viven. Según Alain: «No nos cansaremos de decir que lo mejor que podemos hacer por los que nos quieren es seguir siendo felices».[4]

En resumen, tal como concluye el ensayista Christian Boiron: «No hay relación directa entre el placer y la felicidad. El placer de tener una familia, una casa, el placer de ser admirado, de ser rico, el placer de gozar de buena salud, el placer de vivir en pareja, el de comer bien, el placer de tener un trabajo, el de no trabajar, el placer de bañarse en el mar, de tomar el sol, etc., todos esos placeres son agradables, desde luego, pero no dan —y no son— la felicidad. En cualquier caso, la felicidad definida como esa sensación de plenitud originada por la ausencia de un estado de urgencia crónico. Se puede ser feliz y al mismo tiempo estar enfermo, o incluso a punto de morir, se puede ser a la vez pobre y feliz, feo y feliz [...]. El placer y la felicidad son sensaciones de diferente naturaleza y ámbito».[5]

Esta distinción entre placer y felicidad no implica que haya que abstenerse de buscar sensaciones agradables. No hay ninguna razón para privarse de la visión de un magnífico paisaje, de un sabor delicioso, del perfume de una rosa, de la suavidad de una caricia o de un sonido melodioso, siempre y cuando no nos alienen. Según las palabras del sabio budista indio Tilopa, del siglo IX: «No son las cosas las que te atan, sino tu apego a las cosas». Los placeres sólo se convierten en obstáculos cuando rompen el equilibrio de la mente y provocan una obsesión por el goce o una aversión por lo que los contraría. Entonces se oponen directamente a la experiencia de *sukha*. En otro capítulo veremos cómo se explica, desde el punto de vista de la fisiología del cerebro, el hecho de que podamos desear algo sin quererlo o quererlo sin desearlo.

Así pues, el placer, pese a ser por naturaleza diferente de la felicidad, no es enemigo de ésta. Todo depende de la manera de vivirlo. Si obstaculiza la libertad interior, impide acceder a la felicidad; vivido con una libertad interior total, la adorna sin oscurecerla. Una experiencia sensorial agradable, ya sea visual, auditiva, táctil, olfativa o gustativa, sólo tendrá un efecto contrario a *sukha* si está teñida de apego y engendra avidez y dependencia. El placer se vuelve sospechoso desde el momento en que produce una necesidad insaciable de repetirlo.

En cambio, vivido en el instante presente, a semejanza de un pájaro que pasa por el cielo sin dejar rastro, no desencadena ninguno de los mecanismos de obsesión, sujeción, cansancio y desilusión que acostumbran a acompañar la atadura a los placeres de los sentidos. El no apego, del que hablaremos más adelante, no es un rechazo, sino una libertad que prevalece cuando dejamos de aferrarnos a las causas del sufrimiento. Por lo tanto, en un estado de paz interior, de conocimiento lúcido del modo de funcionar de nuestra mente, un placer que no oscurece *sukha* no es ni indispensable ni temible.

* * *

¡Viva la intensidad!

«¡No os durmáis, espabilad, acelerad, pisotead, lanzaos!» Como expresa tan poéticamente esta canción rap, la exhortación «¡vivid intensamente!» se ha convertido en el *leitmotiv* del hombre moderno. Una hiperactividad compulsiva en la que no debe haber el menor «blanco», el menor vacío, por miedo a encontrarse con uno mismo. El sentido es lo de menos, con tal de que haya intensidad. De ahí el gusto y la fascinación por la violencia, las proezas, la excitación máxima de los sentidos, los deportes de riesgo. Hay que bajar las cataratas del Niágara dentro de un barril, abrir el paracaídas a unos metros escasos del suelo, bucear sin oxígeno a una profundidad de cien metros. Hay que exponerse a morir por algo que no vale la pena ser vivido, acelerar para no ir a ningún sitio, cruzar la barrera del sonido de lo inútil y poner de relieve el vacío. Así que pongamos a todo volumen cinco radios y diez televisores al mismo tiempo, démonos de cabezazos contra la pared y revolquémonos en la grasa. ¡Eso es vivir plenamente!

¡Ah, los sortilegios de la existencia!

En ese maremoto sensorial, la alternancia de placer y dolor pintarrajea de colores fluorescentes la fachada de nuestra vida. Hoguera de papel, sin calor ni duración. Hay que hacer vibrar lo absurdo para darle una dimensión. Como escribe Christian Boiron: «Leemos libros y vemos películas que hacen llorar, vamos a vibrar a los estadios para excitar nuestra agresividad o a los circos para exaltar nuestro miedo. Estas emociones no se viven como alternativas a la felicidad, sino que, por el contrario, casi siempre son presentadas como señales indispensables de una vida. Sin ellas, la vida sería mortalmente aburrida».[6]

Jean, un amigo, afirma que no puede vivir sin estímulos emocionales y psicológicos muy intensos. «Necesita» tener aventuras amorosas y acepta el sufrimiento que se deriva de ellas porque representa la contrapartida inevitable del amor. No puede prescindir de la intensidad: «Quiero vivir apasionadamente, vibrar, aunque tema encender la vela por los dos extremos». Jean está perpetuamente enamorado, pero las cosas nunca van bien, pues sus exigencias, demasiado inmediatas y posesivas, agobian a su pareja. No obstante, soporta el dolor y el vacío de los desengaños que él mismo provoca porque los ve como el contrapunto de la euforia amorosa. Una paz interior fuera de ese círculo pasional no le interesa. Exigiría una disciplina, y le parece demasiado lejana, inalterable y sin relieve. Un día que hablábamos de esto, me dijo: «Reconozco que tienes razón, pero pese a todo prefiero mi intensidad. Yo funciono de un modo un poco dramático, pero me gusta ese drama. No tengo valor para esforzarme. Aunque pase por momentos duros, de grandes sufrimientos psicológicos, me gustan esos momentos».

Esa necesidad constante de actividad, esa agitación, ¿no se deberán a que no nos hemos tomado la molestia de conocer mejor el funcionamiento de nuestra mente? Escuchemos a Séneca: «Basta que se encuentren desocupados, para que se vuelvan febriles porque están abandonados a sí mismos».[7] Unos amigos que trabajan como guías de recorridos culturales por Asia me han contado que los clientes no soportan que haya el menor «hueco» en el programa. «¿De verdad no hay nada previsto para hacer entre las 5 y las 7 de la tarde?», preguntan, preocupados. Tememos dirigir la mirada hacia nuestro interior. Tenemos que vivir intensamente, pero esa intensidad está totalmente ligada al mundo exterior, a las sensaciones visuales, auditivas, gustativas, táctiles y olfativas. Cuando nos interesamos por el interior, se trata de ensoñaciones o de fantasmas: rememoramos el pasado o nos perdemos en la vana imaginación del futuro.

¿Es realmente eso lo que constituye la riqueza de nuestra existencia? ¿No es una ingenuidad creer que semejante escapada hacia delante puede garantizar su calidad? Una verdadera sensación de plenitud asociada a la libertad interior también ofrece intensidad a cada instante, pero de una calidad muy distinta. Es un centelleo vivido en la paz interior, en la que somos capaces de maravillarnos de la belleza de cada cosa. Es saber disfrutar del momento presente, libre de la alternancia de excitación y cansancio mantenida por los estímulos invasores que acaparan nuestra atención. Pasión, sí, pero no la que nos aliena, nos destruye, oscurece nuestra mente y nos hace malgastar los preciosos días de nuestra vida. Más bien alegría de vivir, entusiasmo por engendrar altruismo, serenidad, y por desarrollar lo mejor de nuestro ser: la transformación de nosotros mismos que permite transformar mejor el mundo.

* * *

La euforia de pacotilla

Podríamos esperar que un acceso inesperado a la gloria o la riqueza hiciera que se cumpliesen todos nuestros deseos, pero la satisfacción que producen tales acontecimientos casi siempre es de corta duración y no incrementa en absoluto nuestro bienestar. Conocí a una célebre cantante taiwanesa que, después de habernos descrito el malestar y el hastío que le producían la riqueza y la gloria, exclamó, deshecha en lágrimas: «¡Ojalá no me hubiera hecho famosa!» Un estudio ha demostrado que unas circunstancias inesperadas (que te toque el primer premio de la lotería, por ejemplo) producen un cambio temporal del nivel de placer, pero pocas modificaciones a largo plazo en el temperamento feliz o desdichado de los sujetos afectados.[8] En el caso de los agraciados con un premio de la lotería, resultó que la mayoría de ellos atravesaron un período de júbilo inmediatamente después de su golpe de suerte, pero que un año más tarde habían recuperado su grado de satisfacción habitual. Y en ocasiones, un acontecimiento como ése, a priori envidiable, desestabiliza la vida del «feliz ganador». El psicólogo Michael Argyle cita el caso de una inglesa de veinticuatro años a la que le tocó el premio gordo, más de un millón de libras esterlinas. Dejó de trabajar y acabó por aburrirse; se compró una casa nueva en un barrio elegante, lo que la alejó de sus amigos; se compró un buen coche aunque no sabía conducir; se compró infinidad de ropa, gran parte de la cual no salió nunca de los armarios; iba a restaurantes de lujo, pero prefería comer varitas de pescado frito. Al cabo de un año, empezó a padecer depresión, ya que encontraba su existencia vacía y desprovista de satisfacciones.[9]

Hay, pues, una clarísima diferencia de naturaleza entre la alegría profunda, que es una manifestación natural de *sukha*, y la euforia, la exaltación jubilosa resultante de una excitación pasajera. Toda jovialidad superficial que no reposa sobre una satisfacción duradera va invariablemente acompañada de una recaída en el abatimiento. A nadie se le escapa que la sociedad de consumo se las ingenia para inventar incesantemente infinidad de placeres falsos, euforizantes y laboriosamente repetidos, destinados a mantener un estado de alerta emocional que desencadena bastante «diabólicamente» una forma de anestesia del pensamiento. ¿Acaso no hay un abismo que separa esas «felicidades en lata» de la dicha interior? Observe en la televisión a los que participan en los programas de la noche del sábado, que saltan de alegría aplaudiendo a un presentador de sonrisa mecánica, a esos «cruzados de la chispa», como los llama Pascal Bruckner. ¿Cómo no sentirse desconsolado ante tales demostraciones escandalosas de una euforia tan alejada de la felicidad verdadera?

Las drogas blandas y duras son otro medio de provocar un éxtasis que quisiéramos que fuese inconmensurable. Sin embargo, la búsqueda de paraísos artificiales casi siempre conduce al infierno de la dependencia y a la depresión, o incluso a la peligrosa satisfacción egocéntrica de creernos únicos, al margen de una sociedad que rechazamos pero que, a nuestra manera, hacemos que funcione a la perfección. El alcohol y el cannabis, las drogas más aceptadas socialmente, conducen a una forma de evasión y de embotamiento que presenta muy diversos grados, desde el simple esparcimiento del aperitivo hasta el coma etílico, desde «el porro de la noche» hasta el embrutecimiento cerebral sistemático. La embriaguez puede responder a diferentes necesidades: relajación de las tensiones, olvido momentáneo de un dolor psicológico, huida de la realidad. Todo lo anterior son treguas ficticias cuya repetición desemboca en la dependencia. Fingir felicidad no hace sino reforzar el malestar. Y una alegría duradera no puede ser causada por adyuvantes externos.

La felicidad y la alegría

La diferencia entre la alegría y la felicidad es más sutil. *Sukha* se difunde espontáneamente en forma de alegría. Una alegría serena, interior, no se manifiesta forzosamente de forma exuberante, sino mediante una apreciación ligera y luminosa de la riqueza del momento presente. *Sukha* también puede verse enriquecido por sorpresas, alegrías intensas e inesperadas que son para él lo que las flores para la primavera. Pero todas las formas de alegría no proceden, ni mucho menos, de *sukha*. Como subraya Christophe André en su reconfortante obra sobre la psicología de la felicidad: «Existen alegrías malsanas que distan mucho de la serenidad de la felicidad, como la que proporciona la venganza [...]. También existen felicidades tranquilas, en ocasiones muy alejadas de la excitación inherente a la alegría [...]. Damos saltos de alegría, no de felicidad».[10]

Hemos visto lo difícil que resulta ponerse de acuerdo acerca de la definición de «felicidad», y también hemos precisado lo que representa para nosotros la felicidad auténtica. La palabra «alegría» es igual de vaga, pues, como describe el psicólogo Paul Ekman,[11] se halla asociada a emociones tan variadas como los placeres de los cinco sentidos: la diversión (desde la leve sonrisa hasta la risa a carcajadas), el contento (satisfacción más tranquila), la excitación (ante una novedad o un desafío), el alivio (que sigue a otra emoción, como el miedo, la inquietud y a veces incluso el placer), la maravilla (ante lo que llena de asombro y de admiración, o sobrepasa nuestro entendimiento), el éxtasis (que nos transporta fuera de nosotros mismos), la exultación (por haber conseguido hacer una tarea difícil, realizado una hazaña), el orgullo legítimo (cuando nuestros hijos reciben una distinción excepcional), la elevación (cuando somos testigos de actos de una gran bondad, generosidad y compasión), la gratitud (la apreciación de un acto altruista del que somos beneficiarios) y el júbilo malsano (cuando disfrutamos con el sufrimiento de los demás, vengándonos, por ejemplo), a los que se puede añadir, además, el alborozo, el deleite, el arrobamiento, etc.

Cada una de las emociones de este catálogo posee un componente de alegría, la mayoría hace sonreír y se manifiesta mediante una expresión y un tono de voz peculiares.[12] Sin embargo, para que participen de la felicidad o contribuyan a ella, deben estar libres de toda emoción negativa. Cuando la cólera o los celos irrumpen, la alegría desaparece de forma súbita. Cuando el apego, el egoísmo o el orgullo hacen amago de aparecer, se apaga lentamente.

Para que la alegría dure y madure serenamente, para que sea, como decía Corneille, una «expansión del corazón»,[13] debe estar asociada a los demás componentes de la felicidad verdadera: la lucidez, la bondad, el debilitamiento gradual de las emociones negativas y el cese de los caprichos del ego.

Disipar las ilusiones

La mayor parte del tiempo, nuestra búsqueda instintiva y torpe de la felicidad se basa más en añagazas y en ilusiones que en la realidad. Pero ¿no valdría más transformar nuestra mente que agotarnos modelando el mundo a imagen y semejanza de nuestros fantasmas o modificando artificialmente nuestros estados de conciencia? ¿Es posible semejante transformación radical y definitiva de la mente? La experiencia muestra que un entrenamiento prolongado y una atención vigilante permiten identificar y manejar las emociones y los acontecimientos mentales a medida que sobrevienen. Este entrenamiento incluye el incremento de emociones sanas, como la empatía, la compasión y el amor altruista. Asimismo, exige cultivar sistemáticamente la lucidez, la cual permitirá reducir la distancia entre la realidad y los pensamientos que proyectamos sobre ella. Cambiar nuestra interpretación del mundo y nuestra forma de vivir las emociones momentáneas engendra una modificación de los estados de ánimo que conduce a una transformación duradera del temperamento. Esta «terapia» no está destinada a curar «enfermedades» mentales específicas, sino que guarda relación con los sufrimientos que afectan a la mayoría de los seres. Su finalidad es reducir *dukha*, el «malestar», y aumentar *sukha*, el «bienestar»; es permitir un desarrollo óptimo del ser humano.

Aun cuando unas condiciones externas favorables nos ofrezcan más libertad de acción y mejor disponibilidad mental, tales condiciones, como explica el Dalai Lama, no pueden engendrar por sí mismas ese estado de plenitud:

> Si observamos las diferentes sensaciones físicas o mentales de placer y de sufrimiento, constatamos que todo lo que se desarrolla en la mente posee más fuerza. Si estamos preocupados o

> deprimidos, apenas prestamos atención al más espléndido marco exterior. Y a la inversa, cuando nos sentimos profundamente felices, hacemos frente fácilmente a las situaciones más difíciles.[14]

Antes pusimos el ejemplo de las personas a las que les toca la lotería, cuyo grado de felicidad varía poco después del golpe de suerte. Pues bien, en contra de toda expectativa, lo mismo les sucede a la mayoría de los seres que viven acontecimientos trágicos. Dejando a un lado a las víctimas de experiencias especialmente traumatizantes, como la tortura o la violación, la mayoría de los que se quedan ciegos o paralíticos recuperan rápidamente el grado de felicidad anterior a su cambio de estado. En un estudio realizado con ciento veintiocho tetrapléjicos, la mayoría reconocieron que al principio habían pensado en suicidarse. Un año más tarde, sólo el 10 por ciento consideraba su vida miserable; a la mayoría le parecía buena.[15] Los estudiantes de la Universidad de Illinois, en Estados Unidos, que no habían tenido ninguna vivencia semejante se declaraban felices el 50 por ciento del tiempo, desdichados el 22 por ciento, y ni lo uno ni lo otro el 29 por ciento. Las valoraciones hechas por los estudiantes con minusvalías son las mismas, con un margen de variación del 1 por ciento.[16]

Sufrimiento y desdicha

Al igual que hemos distinguido la felicidad del placer, también hay que establecer la diferencia entre sufrimiento y desdicha. El sufrimiento se *padece* pero la desdicha se *crea*. Los sufrimientos son desencadenados por una multiplicidad de causas sobre las que algunas veces tenemos cierto poder y en la mayoría de los casos ninguno. Nacer con una minusvalía, contraer una enfermedad, perder a un ser querido, verse involucrado en una guerra o ser víctima de una catástrofe natural son circunstancias que escapan a nuestra voluntad. Otra cosa es la desdicha, es decir, *la forma en que vivimos* esos sufrimientos. La desdicha, por supuesto, puede estar asociada a dolores físicos y morales provocados por condiciones externas, pero no se halla *esencialmente* vinculada a éstos. En la medida en que es la mente la que convierte el sufrimiento en desdicha, le corresponde a ella controlar su percepción. La mente es maleable; nada en ella impone un sufrimiento irremediable. Un cambio, por mínimo que sea, en la manera de encauzar nuestros pensamientos, de percibir y de interpretar el mundo, puede transformar considerablemente nuestra existencia.

¿Cómo no concebir, entonces, que quien ha dominado su mente y desarrollado una profunda paz interior pueda volverse prácticamente invulnerable a las circunstancias exteriores? Aunque tales personas no abunden, el simple hecho de que existan reviste un significado considerable para la dirección y la orientación de nuestra vida.

5

La alquimia del sufrimiento

Si hay un medio de liberarse del sufrimiento
conviene invertir cada instante en obtenerlo.
Tan sólo los idiotas desean sufrir más.
¿No es triste ingerir veneno a sabiendas?

VII DALAI LAMA

Hace mucho tiempo, el hijo de un rey de Persia fue criado con el hijo del gran visir y su amistad se hizo legendaria. Cuando el príncipe accedió al trono, le dijo a su amigo:

—Por favor, mientras yo me dedico a los asuntos del reino, escribe para mí la historia de los hombres y del mundo, a fin de que extraiga las enseñanzas necesarias y sepa cómo es conveniente actuar.

El amigo del rey consultó a los historiadores más célebres, a los estudiosos más eruditos y a los sabios más respetados. Al cabo de cinco años, se presentó muy orgulloso en palacio:

—Señor —dijo—, aquí tenéis treinta y seis volúmenes en los que se relata toda la historia del mundo, desde la creación hasta vuestro advenimiento.

—¡Treinta y seis volúmenes! —exclamó el rey—. ¿Cómo voy a tener tiempo de leerlos? Tengo muchas cosas que hacer para administrar mi reino y ocuparme de las doscientas reinas de mi palacio. Por favor, amigo, resume la historia.

Dos años después, el amigo regresó a palacio con diez volúmenes. Pero el rey estaba en guerra contra el monarca vecino y tuvo que ir a buscarlo a la cima de una montaña, en el desierto, desde donde dirigía la batalla.

—La suerte de nuestro reino está en juego. ¿De dónde quieres que saque tiempo para leer diez volúmenes? Abrevia más la historia de los hombres.

El hijo del visir se fue de nuevo y trabajó tres años para elaborar un volumen que ofreciera una visión correcta de lo esencial. El rey estaba ocupado ahora legislando.

—Tienes mucha suerte de disponer de tiempo para escribir tranquilamente. Mientras tanto, yo debo discutir sobre los impuestos y su recaudación. Tráeme la décima parte de páginas y dedicaré una provechosa velada a leerlas.

Así se hizo, dos años más tarde. Pero, cuando el amigo regresó con sesenta páginas, encontró al rey en cama, agonizando como consecuencia de una grave congestión. El amigo tampoco era joven ya; las arrugas surcaban su rostro, aureolado de cabellos blancos.

—¿Y bien? —murmuró el rey, entre la vida y la muerte—. ¿Cuál es la historia de los hombres?

Su amigo lo miró largamente y, en vista de que el soberano iba a expirar, le dijo:

—Sufren, señor.[1]

En efecto, sufren, todos los instantes y en el mundo entero. Unos seres mueren nada más nacer, otros, nada más dar a luz. Cada segundo, unos seres son asesinados, torturados, golpeados, mutilados, separados de sus seres queridos. Otros son abandonados, engañados, expulsados, rechazados. Unos matan a otros por odio, codicia, ignorancia, arribismo, orgullo o celos. Hay madres que pierden a sus hijos; hay hijos que pierden a sus padres. Los enfermos se suceden sin fin en los hospitales. Unos sufren sin esperanza de recibir asistencia, otros reciben asistencia sin esperanza de curación. Los moribundos soportan su agonía, y los supervivientes, su duelo. Unos mueren de hambre, de frío, de agotamiento; otros, abrasados por el fuego, aplastados por rocas o arrastrados por las aguas.

Esto no sólo es así en el caso de los seres humanos. Los animales se devoran entre sí en los bosques, las sabanas, los mares y el cielo. Cada instante, los hombres matan decenas de miles de ellos para enlatarlos. Otros soportan interminables tormentos bajo la dominación de su propietario, acarreando pesadas cargas, encadenados toda la vida, cazados, pescados, atrapados entre dientes de hierro, pillados en redes, asfixiados en nasas, torturados por su carne, su almizcle, su marfil, sus huesos, su pelo, su piel, arrojados con vida en ollas de agua hirviendo o desollados vivos.

No se trata de simples palabras, sino de una realidad que forma parte integrante de nuestra vida cotidiana: la muerte, la naturaleza efímera de todo y el sufrimiento. Aunque nos sintamos desbordados, impotentes ante tanto dolor, querer apartar la vista sería indiferencia o cobardía. Debemos implicarnos íntimamente, con el pensamiento y con la acción, y hacer todo lo que esté en nuestra mano para aliviar esos tormentos.

LAS MODALIDADES DEL SUFRIMIENTO

El budismo habla del sufrimiento en formación, del sufrimiento del cambio y del cúmulo de sufrimientos. El sufrimiento en formación es comparable a un fruto verde a punto de madurar; el sufrimiento del cambio, a un plato sabroso mezclado con veneno; y el cúmulo de sufrimientos, a la aparición de un absceso en un tumor. El sufrimiento en formación todavía no se siente como tal; el sufrimiento del cambio empieza con una sensación de placer que se transforma en sufrimiento; y el cúmulo de sufrimientos está asociado a un aumento del dolor.

También distingue tres tipos de sufrimiento: el sufrimiento visible, el sufrimiento oculto y el sufrimiento invisible. El sufrimiento visible salta a la vista por doquier. El sufrimiento oculto se esconde bajo la apariencia del placer, de la euforia, de la despreocupación, de la diversión; es el sufrimiento del cambio. El gastrónomo ingiere un manjar delicioso, y un rato después sufre las convulsiones provocadas por una intoxicación; una familia está tranquilamente reunida en el campo disfrutando de un *pic-nic*, cuando de pronto una serpiente muerde a uno de los niños; los juerguistas bailan alegremente en la fiesta del pueblo, y de repente la carpa se incendia. Ese tipo de sufrimiento puede sobrevenir en cualquier momento de la vida, pero permanece oculto para quien se deja engañar por el espejismo de las apariencias y se empeña en pensar que los seres y las cosas duran, escapan al cambio incesante que afecta a todo.

También está el sufrimiento que subyace a las actividades más corrientes. No resulta fácil identificar este aspecto; no es tan inmediatamente reconocible como un dolor de muelas. Ese sufrimiento no nos envía ninguna señal ni tampoco nos impide funcionar en el mundo, puesto que participa precisamente en su funcionamiento más cotidiano. ¿Hay algo más anodino en apariencia que un huevo pasado por agua? Admitamos que las gallinas de corral tienen una suerte menos cruel, pero entre un día en el mundo de la cría de aves en batería: al nacer, los polluelos machos son separados de las hembras y triturados; para que las gallinas crezcan más deprisa y pongan más huevos, las alimentan día y noche sometidas a una iluminación artificial. Como la superpoblación las vuelve agresivas, no paran de arrancarse plumas unas a otras; están tan apretadas en los compartimentos que si se deja a una gallina sola en el suelo se cae porque es incapaz de andar. Pero nada de todo esto se trasluce en el huevo pasado por agua.

Por último, está el sufrimiento invisible, el más difícil de percibir, pues se origina en el propio seno de la ceguera de nuestra mente y permanece allí mientras continuamos bajo el dominio de la ignorancia y del egocentrismo. La confusión, unida a la falta de discernimiento y de sensatez, nos ciega sobre lo que es oportuno hacer y evitar a fin de que nuestros pensamientos, nuestras palabras y nuestros actos engendren felicidad y no malestar. Esta confusión y las tendencias asociadas a ella nos incitan a perpetuar los comportamientos que originan nuestros tormentos. Para acabar con un engaño tan perjudicial, es preciso despertar del sueño de la ignorancia y abrir los ojos a los aspectos más sutiles del proceso de la felicidad y del sufrimiento.

¿Somos capaces de identificar al ego como la causa de ese sufrimiento? En general, no; por eso calificamos de invisible este tercer tipo de sufrimiento. El egocentrismo, o más precisamente el sentimiento enfermizo de que somos el centro del mundo —al que llamaremos «sentimiento de la importancia de uno mismo»—, es la causa de la mayoría de los pensamientos perturbadores. Del deseo obsesivo al odio, pasando por los celos, atrae el dolor como un imán las limaduras de hierro.

Así pues, parece ser que no existe la menor escapatoria a los sufrimientos que surgen por doquier. Los profetas han sucedido a los sabios, los santos a los poderosos, y los ríos del sufrimiento siguen fluyendo. La madre Teresa trabajó durante medio siglo por los moribundos de Calcuta, pero si los hospitales que fundó llegaran a desaparecer, los moribundos volverían a estar en la calle, como si no hubiera pasado nada. En los barrios vecinos, la gente continúa muriendo en las aceras. Ante la omnipresencia, la magnitud, la multiplicidad y la continuidad del sufrimiento, nuestra impotencia resulta manifiesta. Los textos budistas dicen que en el *samsara*, el ciclo de las muertes y los renacimientos, es imposible encontrar un lugar, ni siquiera del tamaño de la punta de una aguja, que esté exento de sufrimiento.

¿Debe conducirnos esta visión a la desesperación, a la locura, al desánimo o, lo que es peor, a la indiferencia? Incapaces de soportar su intensidad, ¿acabaremos destruidos por semejante espectáculo?

Las causas del sufrimiento

¿Podemos concebir acabar con el sufrimiento? Según el budismo, el sufrimiento estará siempre presente como fenómeno global. Sin embargo, cada individuo tiene la posibilidad de liberarse de él.

En el caso del conjunto de los seres, no podemos esperar, en efecto, que el sufrimiento desaparezca del universo, pues, para el budismo, el mundo carece de principio y de fin. No puede haber un verdadero principio, ya que nada puede convertirse súbitamente en algo. La nada no es sino una palabra que nos permite representar la ausencia e incluso la inexistencia de los fenómenos del mundo. Pero una simple idea no puede dar origen a nada.

En cuanto a un verdadero fin en el que algo se convirtiera en nada resulta igualmente imposible. Luego, allí donde la vida se desarrolla en el universo, el sufrimiento se encuentra presente: enfermedad, vejez, muerte, separación de los que amamos, unión forzosa con los que nos oprimen, privación de lo que necesitamos, confrontación con lo que tememos, etc.

Con todo, esta visión no conduce al budismo a aceptar los puntos de vista de ciertos filósofos occidentales, para los que el sufrimiento es ineluctable y la felicidad está fuera de nuestro alcance. Schopenhauer, pesimista notorio, estaba convencido de que el hombre no está hecho en absoluto para ser feliz y de que se cansa inmediatamente de la felicidad; dicho de otro modo, que no puede experimentarla jamás.[2] Al afirmar que «ninguna alegría puede ser duradera» y que «indefectiblemente llegará un nuevo pesar»,[3] Schopenhauer y los que comparten sus teorías constatan los síntomas del sufrimiento y describen el estado del mundo condicionado por la ignorancia, lo que el budismo llama *samsara*.

Al observar el aspecto repetitivo del sufrimiento, formulan un diagnóstico sin estar en condiciones de preconizar un tratamiento, lo que les conduce a considerar incurable la enfermedad. Semejantes a investigadores que hubieran renunciado a estudiar las causas y las maneras de curar las enfermedades infecciosas, con el pretexto de que surgen constantemente, por doquier y desde siempre, estos filósofos declaran imposible la curación. Y el paso final no tarda en darse: el pesimismo se convierte en una filosofía, incluso en un dogma, que culmina en el elogio del esplín.

Para que semejante pesimismo estuviera justificado, el sufrimiento tendría que ser inherente a la existencia y poseer un carácter absoluto. Y no es el caso.

En el plano individual, es posible erradicar las causas del sufrimiento. La razón es muy sencilla: la desgracia tiene unas causas que podemos identificar y sobre las que podemos actuar. Tan sólo engañándonos acerca de la naturaleza de dichas causas llegamos a dudar de la posibilidad de una curación.

El primer error consiste en pensar que la desgracia es inevitable porque es el resultado de una voluntad divina o de algún otro principio inmutable y que, debido a este hecho, escapa a nuestro control. El segundo sostiene gratuitamente la idea de que la desgracia no tiene una causa identificable, de que sobreviene por azar y no depende de nosotros. El tercer error demuestra un fatalismo confuso que, como explica Alain, equivale a pensar que, «cualesquiera que sean las causas, el efecto resultante será el mismo».[4]

Si la desgracia tuviera unas causas inmutables, en ningún caso podríamos librarnos de ella. Sería preferible, entonces, dice el Dalai Lama, «no infligirse tormentos suplementarios dando vueltas y más vueltas a nuestros sufrimientos. ¡Mejor pensar en otra cosa, irse a la playa y beber una buena cerveza!» Efectivamente, si no hubiera ningún remedio para el sufrimiento, no serviría de nada agravarlo con un sentimiento de angustia. Valdría más o bien aceptarlo plenamente, o bien distraer la mente a fin de percibirlo de un modo menos agudo.

¿Podría realmente tener la desgracia unas causas inmutables? Según la filosofía budista, para ser activa, toda causa debe ser en sí misma cambiante. Toda causa forma parte de una marea dinámica que comprende un elevado número de otras causas interdependientes y transitorias. Si pensamos con detenimiento en ello, desde un punto de vista estrictamente lógico, una causa inmutable no puede engendrar nada, pues, al participar en un proceso de causalidad que provoca el cambio, la propia causa se ve afectada por éste y, en consecuencia, pierde su inmutabilidad. Nada puede existir de forma autónoma e invariable. Debido a causas impermanentes, la desgracia se halla también sujeta al cambio y puede ser transformada. No hay, pues, ni desgracia original ni sufrimiento eterno.

Si, en el extremo opuesto, la desgracia sobreviniera sin causa o de una manera totalmente desordenada, entonces las leyes de causalidad no tendrían ningún sentido: todo podría provenir de cualquier cosa; podrían crecer flores en el cielo y la luz podría crear la oscuridad.

Sin embargo, lo que sucede no está desprovisto de causas. ¿Qué hoguera no ha empezado por una chispa, qué guerra no ha sido causada por unos pensamientos de odio, de miedo o de avidez? ¿Qué sufrimiento interior no ha crecido en el terreno fértil de la envidia, de la animosidad, de la vanidad o, más fundamentalmente, de la ignorancia?

Así pues, todos tenemos la facultad de examinar las causas del sufrimiento y liberarnos gradualmente de él. Todos tenemos la capacidad de disipar los velos de la ignorancia, de desembarazarnos de las toxinas mentales que producen la desgracia, de encontrar la paz interior y de obrar por el bien de los seres, extrayendo así la quintaesencia de su condición humana.

¿En qué cambia esto lo relacionado con los sufrimientos infinitos de los vivos? Un amigo que se dedica al trabajo humanitario me contó una historia que lo sostiene en su determinación cuando piensa que sus esfuerzos son vanos ante la inmensidad de la tarea que hay que realizar. Un hombre camina por una playa cubierta de millones de estrellas de mar que mueren al darles el sol. Cada vez que da un paso, recoge una estrella y la echa al mar. Un amigo que lo observa le dice: «¿Te das cuenta de que hay millones de estrellas de mar en la playa? Por loables que sean tus esfuerzos, no cambian nada». Y el hombre, al tiempo que echa otra estrella al agua, le contesta: «Sí, para ésta cambia algo». Así pues, lo que importa no es la enormidad de la tarea, sino la magnitud de nuestro valor.

Las cuatro verdades del sufrimiento

El primer obstáculo para la realización de la felicidad consiste en no reconocer el sufrimiento como lo que es. Muchas veces consideramos felicidad lo que no es más que sufrimiento disfrazado. Esa ignorancia nos impide buscar sus causas y, por consiguiente, ponerles remedio. Somos como algunos enfermos, que, inconscientes del mal que padecen, no identifican los síntomas de su enfermedad y consideran innecesario someterse a un reconocimiento médico. O peor aún, como esos que saben que están enfermos, pero prefieren esconder la cabeza bajo el ala en lugar de seguir un tratamiento.

Hace más de dos mil quinientos años, siete semanas después de haber alcanzado la Iluminación bajo el árbol de la Bodhi, el Buda impartió su primera enseñanza en el parque de las Gacelas, en los alrededores de Benarés. Allí enunció las Cuatro Nobles Verdades. La primera es la verdad del sufrimiento. No sólo el sufrimiento que salta a los ojos, sino también, como hemos visto, sus formas más sutiles. La segunda es la verdad de las causas del sufrimiento, la ignorancia que provoca el deseo ávido, la maldad, el orgullo y muchos otros pensamientos que envenenan nuestra vida y la de los demás. Dado que estos venenos mentales pueden ser eliminados, la cesación del sufrimiento —la tercera verdad— es posible. La cuarta verdad es la de la vía que transforma esta posibilidad en realidad. Dicha vía es el proceso que pone en práctica todos los métodos que permiten eliminar las causas fundamentales del sufrimiento. En suma, hay que:

Reconocer el sufrimiento.
Eliminar su origen.
Conseguir su cesación.
Y a tal fin practicar la vía.

El hecho de que, desde su primer sermón, el Buda pusiera el acento en el sufrimiento no refleja en absoluto una visión pesimista de la existencia. A semejanza de un médico experimentado, nos empuja a reconocer la naturaleza de ese sufrimiento para identificar sus causas, encontrar los remedios y aplicarlos. Por eso las enseñanzas budistas dicen a menudo que debemos considerarnos a nosotros mismos enfermos, al Buda o al maestro espiritual, un hábil médico, su enseñanza, una prescripción, y el camino de la transformación personal, el proceso de curación.

Cuando el sufrimiento se traduce en malestar

Al igual que hemos distinguido felicidad y placer, es importante aclarar la diferencia entre la desgracia o, más exactamente, el «malestar» y los dolores efímeros. Éstos dependen de circunstancias externas, mientras que la desgracia, o *dukha*, es un profundo estado de insatisfacción que perdura pese a circunstancias exteriores favorables. A la inversa, repetimos que es posible sufrir física o mentalmente, sentir tristeza, por ejemplo, sin perder el sentimiento de plenitud, *sukha*, que reposa sobre la paz interior y el altruismo. Se trata de dos niveles de experiencia que podemos comparar respectivamente con las olas y las profundidades del mar. En la superficie, una tormenta causa estragos, pero en las profundidades continúa reinando la calma. El sabio permanece siempre unido a las profundidades. En el extremo opuesto, el que sólo vive las experiencias de la superficie y hace caso omiso de las profundidades de la paz interior, se encuentra perdido cuando las olas del sufrimiento lo zarandean.

Pero, objetará alguien, ¿cómo no voy a sentirme consternado si mi hijo está muy enfermo y sé que va a morir? ¿Cómo no se me va a partir el corazón cuando veo a miles de civiles deportados, heridos, víctimas de la guerra? ¿No debo sentir nada? ¿En nombre de qué se puede aceptar eso? Incluso el más sereno de los sabios se sentiría afectado, efectivamente. ¿Cuántas veces he visto llorar al Dalai Lama pensando en los sufrimientos de personas a las que acababa de ver? La diferencia entre el sabio y el ser corriente es que el primero puede manifestarle un amor incondicional al que sufre y hacer todo lo que está en su mano para atenuar su dolor, sin que su propia visión de la existencia se tambalee. Lo esencial es estar disponible para los demás, sin por ello caer en la desesperación cuando los acontecimientos naturales de la vida y de la muerte siguen su curso.

Desde hace unos años, tengo un amigo sij, un hombre de unos sesenta años, con una hermosa barba blanca, que trabaja en el aeropuerto de Delhi. Cada vez que tengo que coger un avión, tomamos una taza de té mientras hablamos de filosofía y de espiritualidad, y siempre reanudamos la conversación en el punto donde la habíamos dejado meses antes. Un día, me dijo nada más verme: «Mi padre murió hace unas semanas. Estoy consternado, porque siento su desaparición como una injusticia. No puedo ni comprenderla ni admitirla». Sin embargo, el mundo en sí no puede ser calificado de injusto —no hace sino reflejar las leyes de causa y efecto— y la impermanencia, la precariedad de todo es un fenómeno natural.

Con el mayor tacto posible, le conté la historia de una mujer desesperada por la muerte de su hijo, que fue a ver al Buda para suplicarle que le devolviera la vida. El Buda le pidió que le llevara un puñado de tierra procedente de una casa donde no se hubiera producido jamás un fallecimiento. Después de haber recorrido el pueblo y haber comprobado que todas las casas habían conocido el duelo, volvió a visitar al Buda, quien la reconfortó con palabras de amor y de sabiduría.

Le conté también la historia de Dza Mura Tulku, un maestro espiritual que vivió a principios del siglo XX en el este del Tíbet. Había fundado una familia y durante toda su vida había sentido por su mujer una gran ternura, que era recíproca. No hacía nada sin ella y siempre decía que, si ella desapareciese, no la sobreviviría mucho tiempo. La mujer murió repentinamente. Los allegados y los discípulos del maestro fueron enseguida a su casa, pero, recordando las palabras que le habían oído pronunciar a menudo, ninguno de ellos se atrevía a anunciarle la noticia. Por fin, un discípulo le dijo de la manera más sencilla posible que su esposa había muerto.

La reacción dramática que temían no se produjo. El maestro los miró lleno de asombro y les dijo: «¿Cómo es que parecéis tan consternados? ¿No os he dicho muchas veces que los fenómenos y los seres son impermanentes? Incluso el Buda dejó el mundo». Por mucha ternura que el sabio hubiera sentido por su esposa, y pese a la inmensa tristeza que con toda seguridad le producía su muerte, estar destrozado por el dolor no habría añadido nada a su amor por ella, al contrario. Para él, era más importante rezar serenamente por la difunta y presentarle la ofrenda de esa serenidad.

Permanecer dolorosamente obsesionado por una situación o por el recuerdo de un difunto, hasta el extremo de estar destrozado meses o años, no es una prueba de afecto, sino un apego que no resulta nada beneficioso ni para los demás ni para uno mismo. Si logramos admitir que la muerte forma parte de la vida, la angustia cede paso poco a poco a la comprensión y a la paz. «No creas que me rindes un gran homenaje dejando que mi muerte se convierta en el gran acontecimiento de tu vida. El mejor tributo que puedes pagar a tu madre es continuar llevando una existencia fecunda y feliz.» Estas palabras se las dirigió una madre a su hijo unos instantes antes de morir.[5]

Así pues, la forma en que vivimos esas oleadas de sufrimiento depende considerablemente de nuestra propia actitud. Siempre es mejor familiarizarse con los sufrimientos que te pueden sobrevenir —algunos de los cuales, como la enfermedad, la vejez y la muerte, son inevitables— y prepararse para hacerles frente que dejar que te pillen desprevenido y que te domine la angustia. Un dolor físico o moral puede ser intenso sin por ello destruir nuestra visión positiva de la existencia. Una vez que hemos adquirido cierta paz interior, es más fácil preservar nuestra fortaleza espiritual o recuperarla con rapidez, aunque exteriormente nos hallemos confrontados a circunstancias muy difíciles.

¿Accedemos quizás a esta paz mental por el simple hecho de desearla? Es poco probable. No nos ganamos la vida sólo deseándolo. Del mismo modo, la paz es un tesoro de la mente que no se adquiere sin esfuerzo. Si dejamos que los problemas personales, por trágicos que sean, nos dominen, no hacemos sino incrementar nuestras dificultades y nos volvemos también una carga para los que nos rodean. Si nuestra mente se acostumbra a tener en cuenta sólo el dolor que le causan los acontecimientos o los seres, llegará un día en que el menor incidente le producirá una pena infinita. Como la intensidad de ese sentimiento aumenta con la costumbre, todo cuanto nos suceda acabará por afligirnos y la paz ya no tendrá cabida en nosotros. Todas las apariencias adoptarán un carácter hostil, nos rebelaremos amargamente contra nuestra suerte hasta el punto de dudar del propio sentido de la existencia. Es esencial, en consecuencia, adquirir cierta paz interior, de suerte que, sin mermar en modo alguno nuestra sensibilidad, nuestro amor y nuestro altruismo, sepamos vincularnos con las profundidades de nuestro ser.

Los aspectos más atroces del sufrimiento —la miseria, el hambre, las matanzas— suelen ser mucho menos visibles en los países democráticos, donde el progreso material ha permitido remediar numerosos males que continúan afligiendo a los países pobres y políticamente inestables. Sin embargo, los habitantes de ese «mejor de los mundos» parecen haber perdido la capacidad de aceptar los sufrimientos inevitables que acarrean la enfermedad y la muerte. En Occidente es común considerar el sufrimiento una anomalía, una injusticia o un fracaso. En Oriente se toma con menos dramatismo y se afronta con más valor y tolerancia. En la sociedad tibetana no es raro ver a gente bromear junto a la cabecera de un difunto, cosa que en Occidente chocaría. No es una muestra de falta de afecto, sino de comprensión de la ineluctabilidad de tales adversidades, así como de la certeza de que existe un remedio interior para el tormento, para la angustia de quedarse solo. Para un occidental, mucho más individualista, todo lo que perturba, amenaza y finalmente destruye al individuo es percibido como un drama absoluto, pues el individuo constituye un mundo por sí solo. En Oriente, donde prevalece una visión más holística del mundo y donde se concede más importancia a las relaciones entre todos los seres y a la creencia en un continuo de conciencia que renace, la muerte no es una aniquilación sino un paso.

Sacar el mejor partido del sufrimiento

Según la vía budista, el sufrimiento no es deseable en ningún caso. Eso no significa que, cuando es inevitable, no podamos hacer uso de él para progresar humana y espiritualmente. Como explica el

Dalai Lama: «Un profundo sufrimiento puede abrirnos la mente y el corazón y abrirnos a los demás».[6] El sufrimiento puede ser una extraordinaria enseñanza, capaz de hacernos tomar conciencia del carácter superficial de muchas de nuestras preocupaciones habituales, del paso irreversible del tiempo, de nuestra propia fragilidad y sobre todo de lo que cuenta realmente en lo más profundo de nosotros.

Tras haber vivido varios meses en el umbral de la muerte sufriendo atroces dolores, Guy Corneau, psicoanalista canadiense, acabó por «ceder». Dejó de rebelarse contra un sufrimiento difícil de curar y se abrió al potencial de serenidad que siempre se halla presente en lo más profundo de uno: «Esta apertura del corazón no hizo sino acentuarse a lo largo de los días y de las semanas que siguieron. Estaba sumido en una placidez increíble. Una inmensa hoguera de amor ardía en mí. No tenía más que cerrar los ojos para que me alimentara, me llenara, me saciara... Más aún, sabía que el amor era el tejido mismo de ese universo, la identidad común de todos los seres y todas las cosas. Había sólo amor y nada más... A la larga, el sufrimiento favorece el descubrimiento de un mundo en el que no hay separación real entre el exterior y el interior, entre el cuerpo y la mente, entre mí y los demás».[7]

Sería, pues, absurdo negar que el sufrimiento puede tener cualidades pedagógicas si sabemos utilizarlas en el momento oportuno. Por el contrario, aceptarlo con resignación, pensando simplemente «¡así es la vida!», equivale a renunciar por anticipado a esa posibilidad de transformación interior que se nos presenta a todos y que permitiría evitar que el sufrimiento se convirtiera sistemáticamente en desgracia. El hecho de que obstáculos como la enfermedad, la enemistad, la traición, la crítica o los reveses dejen de desbordarnos no significa en absoluto que los acontecimientos no nos afecten ni que los hayamos eliminado para siempre, sino que ya no dificultan nuestro avance hacia la libertad interior. A fin de que el sufrimiento no nos abrume y de utilizarlo lo mejor posible como un catalizador, es importante no permitir que la ansiedad y el desánimo nos invadan la mente. Shantideva escribe: «Si hay un remedio, ¿de qué sirve disgustarse? Si no hay remedio, ¿de qué sirve disgustarse?»

EVITAR ECHAR LA CULPA A LOS DEMÁS

Culpar sistemáticamente a los demás por nuestros padecimientos y ver en ellos a los únicos responsables de nuestros sufrimientos equivale a garantizarnos una vida miserable. No subestimemos las repercusiones de nuestros actos, nuestras palabras y nuestros pensamientos. Si hemos sembrado semillas de flores y de plantas venenosas mezcladas, no hay que extrañarse de que la cosecha sea mixta. Si alternamos comportamientos altruistas y perjudiciales, que no nos sorprenda recibir una mezcla de alegrías y sufrimientos. Según Luca y Francesco Cavalli-Sforza, padre e hijo, el primero genetista de poblaciones y profesor en la Universidad de Stanford, el segundo filósofo: «Las consecuencias de una acción, sea la que sea, maduran a medida que pasa el tiempo y antes o después recaen sobre quien la ha realizado; no se trata de una intervención de la justicia divina, sino de una simple realidad».[8] En efecto, considerar que el sufrimiento resulta de la voluntad divina conduce a una incomprensión total de las calamidades repetidas que abruman a determinadas personas y determinados pueblos. ¿Por qué un ser Todopoderoso iba a crear unas condiciones que produjeran tantos sufrimientos? Desde la perspectiva budista, somos el resultado de un elevado número de actos libres de los que somos responsables. El VII Dalai Lama escribió:

Un corazón helado por el agua de los tormentos
es el resultado de actos destructores,
el fruto de nuestra propia locura:
¿no es triste culpar de ello a los demás?[9]

Este enfoque está relacionado con la noción budista de karma, casi siempre mal comprendida en Occidente. Karma significa «acto», pero también designa la relación dinámica que existe entre un acto y su resultado. Toda acción —y por lo tanto toda intención subyacente— es considerada positiva o negativa según sus efectos sobre la felicidad y el sufrimiento. Tan descabellado es querer vivir feliz sin haber renunciado a los actos perjudiciales, como poner la mano en el fuego esperando no quemarse. Tampoco es posible comprar la felicidad, robarla o encontrarla por casualidad; debe cultivarla uno mismo. Así pues, para el budismo el sufrimiento no es una anomalía o una injusticia; está en la naturaleza del mundo condicionado que llamamos *samsara*. Es el producto lógico e inevitable de la ley de causa y efecto. El budismo califica el mundo de «condicionado», en la medida en que todos los elementos que lo componen resultan de un número infinito de causas y de circunstancias sujetas a la impermanencia y a la destrucción.

¿Cómo considera el budismo la tragedia de los inocentes torturados, asesinados o víctimas del hambre? A primera vista, sus sufrimientos parecen debidos a causas mucho más trágicas y poderosas que simples pensamientos negativos. Sin embargo, la insensibilidad de los que dejan morir de hambre o el odio de los que torturan es lo que provoca los inmensos sufrimientos de gran parte de la humanidad. El único antídoto para estas aberraciones consiste en evaluar los sufrimientos de los demás y en comprender en lo más profundo de uno mismo que ningún ser vivo del mundo desea sufrir. Según el Dalai Lama: «Buscar la felicidad permaneciendo indiferente al sufrimiento de los demás es un trágico error».[10]

Gestionar el sufrimiento

Si bien es concebible remediar los dolores mentales transformando la mente, ¿cómo podría aplicarse el mismo proceso al sufrimiento físico? ¿Cómo se puede hacer frente a un dolor que nos empuja a los límites de lo tolerable? Una vez más, conviene distinguir dos tipos de sufrimiento: el dolor fisiológico y el sufrimiento mental y emocional que el primero engendra. Indudablemente, hay varias maneras de vivir un mismo dolor, con más o menos intensidad.

Desde el punto de vista neurológico, sabemos que la reacción emocional al dolor varía de forma importante de un individuo a otro y que una parte considerable de la sensación dolorosa se halla asociada al deseo ansioso de suprimirla. Si dejamos que esa ansiedad invada nuestra mente, el más benigno de los dolores se vuelve enseguida insoportable. Es decir, que nuestra apreciación del dolor depende también de la mente, la cual reacciona ante el dolor mediante el miedo, la rebeldía, el desánimo, la incomprensión o el sentimiento de impotencia, de suerte que, en lugar de padecer un solo tormento, los acumulamos.

Entonces, ¿cómo dominar el dolor en vez de ser víctima de él? Si no podemos escapar de él, más vale aceptarlo que intentar rechazarlo. Tanto si caemos en el desánimo más absoluto como si conservamos la presencia de ánimo así como el deseo de vivir, el dolor subsiste, pero en el segundo caso seremos capaces de preservar la dignidad y la confianza en nosotros mismos, lo que establece una gran diferencia.

Con este fin, el budismo ha elaborado diferentes métodos. Uno recurre a la imaginería mental; otro permite transformar el dolor despertando al amor y a la compasión; un tercero consiste en examinar la naturaleza del sufrimiento y, por extensión, la de la mente que sufre.

El poder de las imágenes

En la tradición budista se recurre con frecuencia, con vistas a modificar la percepción del dolor, a lo que la psicología moderna llama imaginería mental. Se visualiza, por ejemplo, un néctar beneficioso, luminoso, que impregna la zona donde el dolor es más intenso y lo disuelve poco a poco hasta convertirlo en una sensación de bienestar. Luego el néctar se extiende por todo el cuerpo y la sensación de dolor desaparece.

Una síntesis de los resultados publicados en una cincuentena de artículos científicos[11] ha mostrado que, en el 85 por ciento de los casos, recurrir a los métodos mentales aumenta la capacidad para soportar el dolor. Entre las diferentes técnicas, la imaginería mental ha resultado ser la más eficaz, aunque su eficacia varía en función de los soportes visuales. Se puede visualizar una situación neutra (imaginar que se escucha atentamente una conferencia) o agradable (verse en un lugar bonito, ante un paisaje soberbio). Existen otros métodos destinados a distraer al paciente del dolor, como concentrarse en un objeto exterior (mirar una proyección de diapositivas), practicar un ejercicio repetitivo (contar de cien a cero, de tres en tres cifras) o aceptar conscientemente el dolor; no obstante, estos tres últimos métodos no han dado tan buenos resultados. La interpretación propuesta para explicar esta disparidad es que la imaginería mental atrae más la atención y, por lo tanto, es más adecuada para distraer al enfermo del dolor que los métodos basados en imágenes exteriores, un ejercicio intelectual o una actitud. Un grupo de investigadores ha establecido que, al cabo de un mes de práctica guiada de imaginería mental, el 21 por ciento de los pacientes presenta una notable mejoría de la migraña crónica, frente al 7 por ciento del grupo de control, que no ha seguido ese entrenamiento.[12]

La fuerza de la compasión

El segundo método que permite gestionar el sufrimiento, no sólo físico sino también moral, se encuentra relacionado con la práctica de la compasión. Ésta es un estado mental basado en el deseo de que los seres sean liberados de sus sufrimientos y de las causas de sus sufrimientos, del que se deriva un sentimiento de amor, de responsabilidad y de respeto hacia todos. Gracias a este sentimiento de compasión, asumimos nuestro propio sufrimiento, unido al de todos los seres, pensando: «Otros se hallan afligidos por penas comparables a las mías y a veces mucho peores. ¡Cómo me gustaría que también pudieran liberarse de ellas!» Así ya no sentimos el dolor como una degeneración opresiva. Impregnados de altruismo, dejamos de preguntarnos con amargura: «¿Por qué yo?»

Pero ¿por qué pensar deliberadamente en el sufrimiento de los demás, cuando hacemos lo imposible para evitar el nuestro? ¿De este modo no incrementamos inútilmente nuestra propia carga? El budismo nos enseña que no. Cuando estamos absortos por completo en nosotros mismos, somos vulnerables y caemos fácilmente presa del desasosiego, la impotencia y la angustia. Pero cuando, por compasión, experimentamos un poderoso sentimiento de empatía frente a los sufrimientos de los demás, la resignación impotente deja paso al valor, la depresión al amor, la estrechez mental a una apertura hacia todos los que nos rodean.

CONTEMPLAR LA NATURALEZA DE NUESTRA MENTE

El tercer método es el de los contemplativos. Sin duda es el menos evidente, pero podemos inspirarnos en él para reducir nuestros sufrimientos físicos y mentales. Consiste en contemplar la naturaleza de la mente que sufre. Los maestros budistas enseñan el método siguiente: cuando se siente un intenso dolor físico o mental, simplemente hay que mirarlo. Aun cuando su presencia resulte lancinante, preguntémonos de qué color es, qué forma tiene o cualquier otra característica inmutable. Entonces nos percatamos de que los contornos del dolor se desvanecen a medida que intentamos delimitarlos. En definitiva, reconocemos que detrás del dolor hay una presencia consciente, la misma que se encuentra en la fuente de toda sensación y de todo pensamiento. La naturaleza fundamental de la mente es esa facultad pura de conocimiento. Relajemos la mente e intentemos dejar que el dolor descanse en esa naturaleza clara e inalterable. Eso nos permitirá no continuar siendo víctimas pasivas del dolor, sino hacerle frente poco a poco y poner remedio a la devastación que provoca en nuestra mente.

* * *

La naturaleza de la mente

Cuando la mente se examina a sí misma, ¿qué puede averiguar sobre su propia naturaleza? Lo primero que se observa son las corrientes de pensamiento que no cesan de surgir casi sin que nos enteremos. Queramos o no, innumerables pensamientos nos atraviesan la mente, alimentados por nuestras sensaciones, nuestros recuerdos y nuestra imaginación. Pero ¿no está siempre presente también una cualidad de la mente, sea cual sea el contenido de los pensamientos? Esa cualidad es la conciencia primera que subyace a todo pensamiento y se mantiene mientras, durante unos instantes, la mente permanece tranquila, como inmóvil, sin perder su facultad de conocer. A esta facultad, a esta simple «presencia despierta», podríamos llamarla «conciencia pura», ya que puede existir en ausencia de construcciones mentales.

Continuemos dejando que la mente se observe a sí misma. Esta «conciencia pura», indiscutiblemente la experimentamos, al igual que los pensamientos que surgen de ella. Por lo tanto, existe. Pero, aparte de eso, ¿qué podemos decir de ella? Si examinamos los pensamientos, ¿es posible atribuirles alguna característica? ¿Tienen una localización? No. ¿Un color? ¿Una forma? Tampoco. Tan sólo encontramos en ellos esa cualidad, «conocer», pero ninguna otra característica intrínseca y real. En este sentido es en el que el budismo dice que la mente está «vacía de existencia propia». Esta noción de vacuidad de los pensamientos es, desde luego, muy ajena a la psicología occidental. ¿Para qué sirve? En primer lugar, cuando surge una emoción o un pensamiento poderosos, como la cólera, ¿qué suele pasar? Nos invade con una gran facilidad ese pensamiento, el cual se amplía y se multiplica en otros pensamientos que nos perturban, nos ciegan y nos incitan a pronunciar palabras y a cometer actos, en ocasiones violentos, que hacen sufrir a los demás y no tardan en convertirse para nosotros en una fuente de pesar. En vez de dejar que se desencadene semejante cataclismo, podemos examinar ese pensamiento de cólera para percatarnos de que está, desde el principio, «lleno de viento». Volveremos a hablar sobre estas técnicas (véase capítulo 9), pero adelantemos que, de este modo, podemos liberarnos de la influencia de las emociones perturbadoras.

Conocer mejor la naturaleza fundamental de la mente presenta otra ventaja. Si comprendemos que los pensamientos surgen de la conciencia pura y son reabsorbidos por ella, como las olas emergen del mar y se disuelven en él de nuevo, hemos dado un gran paso hacia la paz interior. En lo sucesivo, los pensamientos habrán perdido buena parte de su poder para atormentarnos. Para familiarizarnos con este método, cuando surja un pensamiento, intentemos observar su fuente; cuando desaparezca, preguntémonos dónde se ha desvanecido. Durante el breve lapso de tiempo en que nuestra mente no está atestada de pensamientos discursivos, contemplemos su naturaleza. En ese intervalo en que los pensamientos pasados han cesado y los pensamientos futuros todavía no se han manifestado, ¿no percibimos una conciencia pura y luminosa que no es modificada por nuestras elaboraciones conceptuales? Procediendo así, mediante la experiencia directa, aprenderemos poco a poco a comprender mejor lo que el budismo entiende por «naturaleza de la mente».

* * *

Desde luego, no es fácil, pero la experiencia demuestra que es posible. He conocido a muchas personas que practican la meditación que padecían enfermedades terminales especialmente dolorosas y que, utilizando este método, parecían bastante serenos y relativamente poco afectados por el dolor. Mi añorado amigo Francisco Varela, famoso investigador en ciencias cognitivas que practicaba la meditación budista, me contó, cuando mantuvimos una larga conversación unas semanas antes de que muriera como consecuencia de un cáncer generalizado, que conseguía permanecer casi todo el tiempo en esa «presencia despierta». En tales condiciones, el dolor físico le parecía muy lejano y no le impedía conservar la paz interior. Por lo demás, necesitaba dosis muy pequeñas de analgésicos. Su esposa, Amy, me dijo que había conservado esa lucidez y esa serenidad contemplativa hasta que exhaló el último suspiro.

Durante un congreso sobre el sufrimiento en el que participé,[13] algunos asistentes negaban con vehemencia que se pudiera preservar una forma de serenidad en el sufrimiento físico y en condiciones abominables como la tortura. Yo relaté los testimonios de varias personas a las que he conocido a fondo y que han soportado pruebas físicas apenas concebibles. Entre ellas, Ani Patchèn, princesa, monja y resistente tibetana, a quien, al principio de sus veintiún años de encarcelamiento, mantuvieron nueve meses en una oscuridad total. Tan sólo el canto de los pájaros que oía desde la celda le permitía distinguir el día de la noche.[14] Citemos también el ejemplo de Tendzin Tcheudrak, el médico del Dalai Lama, y el de Palden Gyatso.[15] Ambos sufrieron horribles torturas y pasaron muchos años en las prisiones y los campos de trabajos forzados chinos. Y esas personas afirman que, si bien no eran «felices» en el sentido en que nosotros entendemos habitualmente esta palabra, habían sido capaces de preservar *sukha*, ese estado que nos une a la naturaleza de la mente y a una correcta comprensión de las cosas y los seres. A Tendzin Tcheudrak, los chinos primero lo enviaron, junto con un centenar de compañeros, a un campo de trabajos forzados en el noreste del Tíbet. Sólo sobrevivieron cinco prisioneros, uno de los cuales era él mismo. Después lo trasladaron de un campo a otro durante veinte años, y en repetidas ocasiones creyó que iba a morir de hambre o a causa de los malos tratos que le infligían. Un psiquiatra especializado en el estrés postraumático, que mantuvo una conversación con Tendzin Tcheudrak, se quedó asombrado de que hubiera superado esa prueba sin presentar ningún indicio del síndrome postraumático: no estaba amargado, no demostraba resentimiento alguno, manifestaba una amabilidad serena y no tenía ninguno de los problemas psicológicos habituales (angustia, pesadillas, etc.).[16] Tenzin Tcheudrak y Palden Gyatso han declarado que, aunque a veces habían sentido odio hacia sus torturadores, siempre habían reanudado la meditación sobre la paz interior y la compasión. La meditación era lo que había preservado su deseo de vivir y los había salvado.

Tenzin Kunchap, el «monje rebelde», escapó varias veces de prisiones chinas, pero siempre volvían a apresarlo. En una de sus tentativas de fuga, se sumergió en una fosa séptica para escapar de sus perseguidores. Al final lo capturaron, lo regaron con la manguera y lo dejaron en el patio de la cárcel, donde se transformó en un bloque de hielo. Lo revivieron para golpearlo hasta que perdió de nuevo el conocimiento. «Tienes que superar el odio y el desaliento», se repetía constantemente al terminar las sesiones de tortura con la porra eléctrica.[17] No se trata de una toma de postura intelectual y moral, distinta cultural y filosóficamente de la nuestra, que podría ser tema interminable de debate. Esas personas tienen derecho a decir que es posible preservar *sukha* incluso siendo sometido regularmente a tortura, porque lo han vivido durante años y la autenticidad de su experiencia posee una fuerza mayor que cualquier teoría.

Otro recuerdo que me viene a la mente es el de un hombre al que conozco desde hace más de veinte años y que vive en la provincia de Bumthang, en el corazón del reino himalayo de Bután. Es un hombre-tronco. Nació así. Vive en las afueras de un pueblo, en una pequeña cabaña de bambú de pocos metros cuadrados. No sale nunca y apenas se aparta del colchón, que descansa directamente sobre el suelo. Orina a través de un tubo y defeca por un agujero practicado en el suelo, sobre un arroyo que pasa por debajo de la cabaña, construida sobre pilotes. Llegó del Tíbet hace cuarenta años, transportado por otros refugiados, y desde entonces siempre ha vivido ahí. El hecho de que siga con vida ya es bastante extraordinario de por sí, pero lo más impresionante es la alegría que emana de él. Siempre que lo veo manifiesta la misma actitud serena, sencilla, dulce y desprovista de afectación. Cuando le hacen pequeños regalos (comida, una manta, una radio, etc.), dice que no vale la pena llevarle nada: «¿Qué voy a necesitar yo?», pregunta riendo. A menudo encuentras en su cabaña a alguien del pueblo, un niño, un anciano, un hombre o una mujer que van a llevarle agua o un plato de comida, o a charlar un poco. Pero, sobre todo, dicen, van porque les sienta bien pasar un rato con él. Le piden consejo. Cuando surge un problema en el pueblo, normalmente se dirigen a él. De hecho, ¿podría interesarle algo que no fueran los demás? Cuando Dilgo Khyentsé Rimpoché, mi padre espiritual, iba a Bumthang, a veces le hacía una visita. Le daba su bendición porque nuestro amigo se la pedía, pero Khyentsé Rimpoché sabía que no la necesitaba tanto como la mayoría de nosotros. Ese hombre ha encontrado la felicidad en sí mismo y nada puede quitársela, ni la vida ni la muerte.

6

¿Es posible la felicidad?

La libertad exterior que alcancemos depende
del grado de libertad interior que hayamos adquirido.
Si es ésa la correcta comprensión de la libertad,
nuestro esfuerzo principal debe centrarse en realizar
un cambio en nosotros mismos.

MAHATMA GANDHI

En uno u otro momento de la vida, todos nos hemos cruzado con seres que respiran felicidad. Esa felicidad parece impregnar cada uno de sus gestos, cada una de sus palabras, con una calidad y una amplitud que es imposible no notar. Algunos declaran sin ambigüedad, aunque también sin ostentación, que han alcanzado una felicidad que perdura en lo más profundo de sí mismos, sean cuales sean las vicisitudes de la existencia.

Aunque semejante estado de plenitud estable se da en casos contados, las investigaciones en el campo de la psicología social han establecido (después hablaremos más a fondo de ello) que, si las condiciones de vida no son demasiado opresivas, la mayoría de las personas se declaran satisfechas de la calidad de su existencia (una media de un 75 por ciento en los países desarrollados). Así pues, formarían parte de aquellas para las que, según la definición de Robert Misrahi, «la felicidad es la forma y la significación de conjunto de una vida que se considera reflexivamente a sí misma plena y significativa, y que se siente a sí misma como tal».[1]

Sería inútil dejar a un lado estos estudios y sondeos que reflejan la opinión de cientos de miles de personas preguntadas a lo largo de varias décadas. No obstante, es lícito cuestionar la naturaleza de la felicidad a la que se refieren los sujetos interrogados. En realidad, su felicidad se mantiene de forma relativamente estable sólo porque las condiciones materiales de vida en los países desarrollados son, en general, excelentes. En cambio, es esencialmente frágil. Si una de esas condiciones falla de repente, a causa de la pérdida de un ser querido o del trabajo, por ejemplo, ese sentimiento de felicidad se derrumba. Además, declararse satisfecho de la vida porque objetivamente no hay ninguna razón para quejarse de las condiciones en que se vive (de todos los países estudiados, parece que Suiza es donde hay más personas «felices») no impide en absoluto sentirse a disgusto en lo más profundo de uno mismo.

Esta distinción entre bienestar exterior e interior explica la contradicción aparente de estos estudios con la afirmación del budismo según la cual el sufrimiento está omnipresente en el universo. Hablar de omnipresencia no significa que todos los seres sufran constantemente, sino que son vulnerables a un sufrimiento latente que puede surgir en cualquier momento y seguirán siéndolo mientras no eliminen los venenos mentales que originan la desgracia.

¿Constituye la felicidad una simple tregua al sufrimiento?

Son muchos los que ven la felicidad como un período de calma pasajera, vivida de forma positiva por contraste con el sufrimiento. Para Schopenhauer, «toda felicidad es negativa... En el fondo [la satisfacción y la alegría] no son sino la cesación de un dolor o de una privación».[2] En cuanto a Freud, afirma: «Lo que llamamos felicidad, en el sentido más estricto, resulta de una satisfacción bastante súbita de necesidades que han alcanzado una elevada tensión y, por su naturaleza, sólo es posible en forma de fenómeno episódico».[3] O sea, si el sufrimiento se atenúa o cesa de forma momentánea, el período siguiente se vivirá, por comparación, como «feliz». Pero ¿realmente la felicidad no es más que el ojo del huracán?

Un amigo que estuvo muchos años internado en un campo de concentración chino en el Tíbet me contaba que, cuando lo interrogaban, le obligaban a permanecer de pie, inmóvil, sobre un taburete durante días enteros. Cuando acababa por desplomarse, saboreaba con deleite los breves instantes pasados sobre el cemento helado de la celda, antes de que lo levantaran a la fuerza. Aunque se trata de un ejemplo, sin duda extremo, de felicidad resultante de una atenuación del sufrimiento, este amigo precisaba que tan sólo su estado duradero de plenitud interior le había permitido sobrevivir a los años de encarcelamiento y de tortura.

En un registro mucho menos trágico, recuerdo un viaje en tren a la India en unas condiciones bastante difíciles y agitadas. Teniendo en cuenta que se trataba de un viaje de treinta y seis horas, había tenido la precaución de reservar asiento, pero no engancharon mi vagón al tren, de modo que acabé en otro que estaba atestado de gente, sin compartimentos ni cristales en las ventanas. Sentado en el borde de un banco de madera donde se apiñaba media docena de personas congeladas (estábamos en enero), contemplaba a los cientos de pasajeros hacinados en los bancos y por el suelo, en los pasillos. Para colmo, tenía una fiebre bastante alta y lumbago. Estábamos atravesando Bihar, región de bandidos, y los viajeros ataban donde podían su equipaje con cadenas. Aunque estoy muy acostumbrado a viajar por la India, eso no impidió que un ladrón me robara, sin duda desde el banco vecino, con ayuda de un gancho, la bolsa en la que llevaba el ordenador portátil y todo mi trabajo del mes anterior, que había colocado en un rincón aparentemente seguro del banco superior. Hacia las once de la noche, el vagón se quedó sin luz varias horas. Me encontraba, pues, sentado en la oscuridad, arropado con mi saco de dormir, escuchando el ruido de los raíles y las imprecaciones de los pasajeros cuando comprobaban si sus maletas seguían en su sitio. De pronto me di cuenta, no sólo de que no estaba contrariado, sino de que me sentía extraordinariamente ligero, invadido por un sentimiento de dicha y de libertad totales. Tal vez piensen que la fiebre me hacía delirar, pero estaba totalmente lúcido, y el contraste entre la situación y lo que sentía era tan chocante que me eché a reír yo solo en la oscuridad. No fue, desde luego, una experiencia de felicidad por atenuación, sino de una plenitud, todavía incipiente, que se manifestaba con más claridad debido a unas circunstancias exteriores particularmente desagradables. Se trataba de un momento de «abandono», ese estado de satisfacción profunda que sólo se encuentra en el interior de uno mismo y que, por lo tanto, es independiente de las circunstancias exteriores. No podemos negar la existencia de sensaciones agradables y desagradables, pero tienen poca importancia en relación con la felicidad. Tales experiencias me han hecho comprender que sin duda es posible disfrutar de un estado de felicidad duradera.

A partir de ese momento, el objetivo consiste en determinar con lucidez las causas de la desgracia y en ponerles remedio. Puesto que la verdadera felicidad no se reduce a una atenuación momentánea de las vicisitudes de la existencia, exige erradicar las causas principales de la desgracia, que son, como hemos visto, la ignorancia y los venenos mentales. Si la felicidad es una manera de ser, un estado de conocimiento y de libertad interior, no hay nada que pueda impedir fundamentalmente su realización.

La negación de la posibilidad de la felicidad parece estar influida por la idea de un «mundo podrido», creencia ampliamente extendida en Occidente y, según la cual, el mundo y el hombre son esencialmente malos. Esta creencia proviene en gran parte de la noción de pecado original que, según Martin Seligman, Freud «llevó a la psicología del siglo XX definiendo toda civilización y sus elementos fundadores —la moral, la ciencia, la religión, el progreso tecnológico— como una defensa elaborada contra los conflictos básicos del individuo, tensiones que tienen su origen en la sexualidad infantil y la agresión. Reprimimos esos conflictos porque nos causan una ansiedad insoportable, y esa ansiedad se transmuta en una energía que engendra la civilización».[4] Este tipo de interpretación ha llevado a numerosos intelectuales contemporáneos a concluir, de manera absurda, que todo acto de generosidad o de bondad es atribuible a una pulsión negativa. Seligman cita el ejemplo de D.K. Goodwin, la biógrafa de Franklin y Eleanor Roosevelt, según la cual la razón por la que la esposa del presidente dedicó gran parte de su vida a ayudar a las personas de color, los pobres y los inválidos, era que «así compensaba el narcisismo de su madre y el alcoholismo de su padre». En ningún momento, la autora considera la posibilidad de que, en lo más profundo de sí misma, Eleanor Roosevelt diera simplemente muestra de bondad. Luego, para Seligman y sus colegas, «no hay ninguna prueba de que la fuerza interior y la virtud se deriven de motivaciones negativas».

Asimismo, sabemos que el constante bombardeo de malas noticias en los medios de comunicación y la presentación de la violencia como último remedio para todo conflicto alientan lo que los sociólogos anglosajones han llamado el «síndrome del mundo malo» *(wicked world syndrome)*. Por poner un simple ejemplo, de las treinta y seis exposiciones de fotografía presentadas en Visa pour l'Image, en el año 1999 en Perpiñán, evento en el que participé como expositor, sólo dos estaban dedicadas a temas que daban una idea constructiva de la naturaleza humana. Las otras treinta y cuatro ilustraban la guerra (los organizadores habían recibido propuestas de más de cien fotógrafos sobre Kosovo), los crímenes de la Mafia en Palermo, los ambientes de drogadictos en Nueva York, etc.

Este «síndrome del mundo malo» pone en duda la posibilidad de actualizar la felicidad. El combate parece perdido por anticipado. Pensar que la naturaleza humana es esencialmente corrupta tiñe de pesimismo nuestra visión de la existencia y nos hace dudar del propio fundamento de la búsqueda de la felicidad, es decir, de la presencia de un potencial de perfección en cada ser. Recordemos que, según el budismo, la realización espiritual es un desarrollo de ese potencial. No se trata, pues, de intentar purificar algo fundamentalmente malo —eso sería tan vano como empeñarse en blanquear un pedazo de carbón—, sino de limpiar una pepita de oro para hacer que su brillo aflore a la superficie.

Cuando el mensajero se convierte en el mensaje

Todo esto es muy bonito en teoría, pero ¿qué pasa en la práctica? Como declara el psiquiatra norteamericano Howard Cutler: «Con el tiempo, adquirí la convicción de que el Dalai Lama había aprendido a vivir en una plenitud y con un grado de serenidad que nunca he constatado en nadie. Eso es lo que hizo que deseara abrazar los principios que le habían permitido conseguirlo».[5] Un ejemplo como éste, ¿no se encuentra demasiado alejado de nosotros? Un ser entre miles de millones. En realidad, por inaccesible que pueda parecer, no se trata ni mucho menos de un caso aislado. Yo he vivido treinta y cinco años junto a sabios y maestros espirituales, así como con personas en apariencia «corrientes», cuya paz, serenidad, libertad y alegría interiores eran a todas luces un estado constante, independiente de las circunstancias. Estas personas ya no tenían nada que ganar para sí mismas y, por ello, podían manifestar una disponibilidad total hacia los demás. Mi amigo Alan Wallace cuenta también el caso de un eremita tibetano al que conoció a fondo y que le dijo, sin ninguna pretensión (permanecía apaciblemente en su retiro sin pedir nada a nadie), que vivía desde hacía veinte años en «un estado de constante dicha».[6]

No se trata de maravillarse ante casos excepcionales o de proclamar la supuesta superioridad de una visión particular (budista, en este caso) sobre otras corrientes de pensamiento. La principal lección que yo extraigo de esto es que el hecho de que el sabio pueda ser feliz significa que la felicidad es posible. Es un punto esencial, pues muchos piensan que la verdadera felicidad es imposible. Pascal Bruckner, por ejemplo, afirma que «la satisfacción perfecta sólo puede ser un sueño»[7] y que «las filosofías y las ciencias más elaboradas deben confesar su impotencia para garantizar la dicha de los pueblos y de los individuos».[8]

En mi humilde opinión, las construcciones filosóficas y las opiniones intelectuales, por sinceras que sean, dejan de tener razón de ser cuando son desmentidas por la experiencia. Necesitaba recurrir a ejemplos de los que he sido testigo, pero hay que tener muy presente que la persona del sabio (y la sabiduría que éste encarna) no representa un ideal inaccesible, sino un punto de referencia. Y son puntos de referencia lo que necesitamos en nuestra vida cotidiana para comprender mejor en qué podríamos convertirnos. No se trata de renunciar a nuestra vida, sino de beneficiarnos de la iluminación de quienes han dilucidado la dinámica de la felicidad y del sufrimiento.

Afortunadamente, la noción de dicha del sabio no es ajena ni al mundo occidental ni al mundo moderno, aunque se haya convertido en una rareza. Según el filósofo André Comte-Sponville: «El sabio ya no tiene nada que esperar ni tiene que confiar en nada. No le falta nada porque es plenamente feliz. Y es plenamente feliz porque no le falta nada».[9] Estas cualidades no caen como llovidas del cielo, y si la imagen del sabio parece un tanto anticuada hoy en día —al menos en Occidente—, ¿de quién es la culpa? Somos responsables de una penuria que nos aflige a todos, incluidas las «mentes fuertes». El sabio no nace, se hace.

¿Del retiro a la oficina?

Muy sugerente, me dirán, pero ¿cómo puedo aplicar esto en mi vida cotidiana, si tengo una familia, ejerzo un oficio y me paso la mayor parte del tiempo en unas condiciones muy diferentes de las que disfrutan el sabio y el eremita? El sabio representa una nota de esperanza: nos muestra lo que podríamos llegar a ser. Ha recorrido un camino abierto a todos, en el que cada paso es una fuente de enriquecimiento. No hace falta ser André Agassi para sentir un gran placer jugando al tenis, o Louis Armstrong para deleitarse tocando un instrumento musical. En cada terreno de la actividad humana, podemos encontrar unas fuentes de inspiración que, lejos de desanimarnos a causa de su perfección, estimulan nuestro entusiasmo ofreciéndonos una imagen admirable de aquello hacia lo que tendemos. ¿No es a causa de eso que los grandes artistas, los hombres y las mujeres con corazón, los justos y los héroes son amados y respetados?

La práctica espiritual puede ser muy beneficiosa aun cuando uno no se retire por completo del mundo. Es posible llevar a cabo un entrenamiento espiritual serio dedicando unos momentos al día a la meditación. Hay más personas de las que creemos que lo hacen, al tiempo que llevan una vida familiar y realizan un trabajo absorbente. Las disposiciones positivas que obtienen superan ampliamente los problemas de horarios. De este modo es posible iniciar una transformación interior basada en la realidad, en el día a día.

Personalmente, recuerdo a la perfección los inmensos beneficios que me aportaban unos momentos de recogimiento diario cuando trabajaba en el Instituto Pasteur, totalmente inmerso en la vida parisina. Esos momentos se perpetuaban como un perfume en las actividades del día y les conferían un valor muy distinto. Por recogimiento, entiendo no sólo un rato de relajación, sino el hecho de dirigir la mirada hacia el interior. Es bueno observar cómo surgen los pensamientos, contemplar ese estado de serenidad y de simplicidad siempre presente tras la pantalla de los pensamientos, sean éstos sombríos o alegres. No es tan complicado como parece a primera vista. Basta dedicar un poco de tiempo a este ejercicio para calibrar su alcance y apreciar su valor. Así, adquiriendo poco a poco, gracias a la experiencia introspectiva, un conocimiento mejor de la forma en que surgen los pensamientos, aprendemos a dejar de estar dominados por los venenos mentales. A partir del momento en que hemos encontrado un poco de paz en nosotros mismos, resulta mucho más fácil llevar una vida afectiva y profesional que nos ayude a realizarnos. Asimismo, en la medida en que nos liberamos de todo sentimiento de inseguridad, de los miedos interiores (los cuales están vinculados a una comprensión excesivamente limitada del funcionamiento de la mente), como tendremos menos que temer, estaremos de forma natural más abiertos a los demás y mejor armados frente a los acontecimientos de la existencia.

Ningún Estado, ninguna Iglesia, ningún déspota pueden decretar que estamos obligados a desarrollar cualidades humanas. Nos corresponde a nosotros hacer esa elección. Como dicen elocuentemente Luca y Francesco Cavalli-Sforza: «Nuestra libertad interior no conoce otros límites que los que nos imponemos o los que aceptamos que nos impongan. Y esa libertad también proporciona un gran poder: puede transformar al individuo, permitirle desarrollar todas sus capacidades y vivir en una plenitud absoluta cada instante de su existencia. Cuando los individuos se transforman, haciendo que su conciencia acceda a la madurez, el mundo también cambia, porque el mundo está constituido de individuos».[10]

7

Un lamentable engaño

Los velos del ego

En primer lugar, concebimos el «yo» y nos apegamos a él.
Después concebimos el «mío» y nos apegamos al mundo material.
Como el agua cautiva de la rueda del molino, giramos en redondo, impotentes.
Rindo homenaje a la compasión que abraza a todos los seres.

CHANDRAKIRTI[1]

Mirando hacia el exterior, solidificamos el mundo al proyectar sobre él unos atributos que no le son inherentes. Mirando hacia el interior, paralizamos la corriente de la conciencia al imaginar un yo que destaca entre un pasado que ha dejado de existir y un futuro que no existe todavía. Consideramos establecido el hecho de percibir las cosas tal como son y raramente ponemos esa opinión en duda. Atribuimos de manera espontánea a las cosas y a los seres unas cualidades intrínsecas y pensamos «esto es bonito, aquello es feo». Dividimos el mundo entero en «deseable» e «indeseable», concedemos permanencia a lo que es efímero y percibimos como entidades autónomas lo que en realidad es una red infinita de relaciones que cambian sin cesar.

Si una cosa fuera *realmente* hermosa y agradable, si esas cualidades le *pertenecieran* como algo propio, entonces estaría justificado considerarla deseable en todo momento y en todo lugar. Pero ¿existe algo en el mundo que sea universal y unánimemente reconocido como hermoso? Como dice un versículo del Canon budista: «Para el enamorado, una mujer bella es un objeto de deseo; para el eremita, un motivo de distracción; y para el lobo, un buen bocado». De la misma manera, si un objeto fuera intrínsecamente repugnante, todo el mundo tendría buenas razones para apartarse de él. Pero la cosa cambia de forma radical teniendo en cuenta que nos limitamos a *atribuir* esas cualidades a las cosas y a las personas. En un objeto bonito no hay ninguna cualidad inherente que sea beneficiosa para la mente, ni tampoco hay nada en un objeto feo que pueda serle perjudicial.

Asimismo, un ser al que nosotros percibimos hoy como enemigo sin duda es objeto de un gran afecto por parte de otras personas, y quizás algún día establezcamos con él vínculos de amistad. Reaccionando como si las características fueran indisociables del objeto al que se las adjudicamos, nos apartamos de la realidad y nos vemos metidos en un mecanismo de atracción y repulsión constantemente alimentado por nuestras proyecciones mentales. Nuestros conceptos *congelan* las cosas al convertirlas en entidades artificiales y nosotros perdemos la libertad interior, del mismo modo que el agua pierde su fluidez cuando se transforma en hielo.

La cristalización del ego

El budismo define la confusión mental como el velo que impide ver claramente la realidad y oscurece la comprensión de la verdadera naturaleza de las cosas. En el plano práctico, es también la incapacidad para discernir los comportamientos que permiten encontrar la felicidad y evitar el sufrimiento. Entre las numerosas facetas de la confusión, la más radicalmente perturbadora es la que consiste en aferrarse a la noción de una identidad personal, el ego. El budismo distingue un «yo» innato, instintivo —cuando pensamos, por ejemplo, «[yo] me despierto» o «[yo] tengo frío»— y un «yo» conceptual, formado por la fuerza de la costumbre, al que atribuimos diversas cualidades y que cada uno se representa como el núcleo de su ser, independiente y duradero.

Cada instante, desde el nacimiento hasta la muerte, el cuerpo sufre incesantes transformaciones y la mente es escenario de innumerables experiencias emocionales y conceptuales. Sin embargo, nos obstinamos en atribuir al yo cualidades de permanencia, de singularidad y de autonomía. Como, además, oímos por todas partes que ese yo es muy vulnerable, que hay que protegerlo y satisfacerlo, muy pronto entran en juego la aversión y la atracción: aversión por todo lo que pueda amenazar a ese yo; atracción por todo lo que le gusta, le consuela, le ofrece confianza o le hace sentirse cómodo. De estas dos emociones fundamentales, atracción y repulsión, se derivan infinidad de emociones diversas.

El ego, escribe el filósofo budista Han de Wit, «es también una reacción afectiva a nuestro campo de experiencia, un movimiento mental de retroceso basado en el *miedo*».[2] Por temor al mundo y a los demás, por miedo a sufrir, por angustia de vivir y de morir, imaginamos que encerrándonos en una burbuja, la del ego, estaremos protegidos. Creamos la ilusión de estar separados del mundo, esperando así alejarnos del sufrimiento.

Obrando de este modo, nos encontramos en una posición inestable respecto a la realidad. Nuestra relación con los seres y con el entorno es *fundamentalmente de interdependencia*. Nuestra experiencia no es otra que el contenido del flujo mental, del continuo de conciencia, y no se impone contemplar el yo como una entidad distinta en el seno de dicho flujo. Imagine una onda que se propaga, influye en su entorno y es influida por éste sin ser por ello vehículo de ninguna entidad. Pero estamos tan acostumbrados a poner sobre ese flujo mental la etiqueta de un yo que nos identificamos con este último y tememos su desaparición. El resultado es un poderoso apego al yo y a la noción de «mío» —*mi* cuerpo, *mi* nombre, *mi* mente, *mis* posesiones, *mis* amigos, etc.— que provoca bien un deseo de posesión, o bien un sentimiento de repulsión respecto al otro. Así es como las nociones de uno mismo y los demás cristalizan en nuestra mente. El sentimiento erróneo de una dualidad irreductible se vuelve inevitable y constituye la base del resto de las aflicciones mentales, ya se trate del deseo alienante, del odio, de los celos, del orgullo o del egoísmo. A partir de ese momento, vemos el mundo en el espejo deformante de nuestras ilusiones. Nos encontramos entonces en constante desacuerdo con la verdadera naturaleza de las cosas, lo que nos conduce inevitablemente al sufrimiento.

Observamos esta cristalización del «yo» y del «mío» en numerosas situaciones de la vida cotidiana. Está usted durmiendo la siesta en una barca en medio de un lago. Otra embarcación choca con la suya y le despierta sobresaltado. Pensando que un remero torpe o malicioso se le ha echado encima, se levanta furioso, dispuesto a insultarle, y constata que la barca en cuestión está vacía. Se echa a reír por su equivocación y vuelve a dormirse plácidamente. La única diferencia entre las dos reacciones es que en la primera creía que era usted blanco de la malicia de alguien, mientras que en la segunda se ha dado cuenta de que nadie apuntaba contra su yo.

Del mismo modo, si alguien le propina un puñetazo, es posible que usted esté mucho tiempo contrariado por ello, pero observe el dolor físico y verá que disminuye rápidamente hasta volverse imperceptible. Lo único que continúa haciéndole daño es la herida del ego. Si concibiéramos el yo como un simple concepto, y no como una entidad autónoma que debemos proteger y satisfacer a toda costa, no nos sentiríamos tan afectados.

El Dalai Lama pone con frecuencia el siguiente ejemplo para ilustrar el apego al sentimiento de lo «mío»: está usted contemplando un magnífico jarrón de porcelana en una vitrina cuando un vendedor torpe lo tira al suelo. «¡Qué lástima que se haya roto! ¡Era un jarrón muy bonito!», piensa, antes de continuar tranquilamente su camino. En cambio, si acaba de comprar ese jarrón, lo ha colocado muy contento sobre la repisa de la chimenea, se cae y se hace añicos, exclamará con horror: «¡*Mi* jarrón! ¡Se ha roto!», y se sentirá profundamente afectado. La única diferencia es la etiqueta de «mío» que ha adherido al jarrón.

Un estudio de psicología[3] ha demostrado lo mismo: se regala a unos estudiantes diversos objetos con un valor comercial de cinco dólares cada uno —una jarra de cerveza o un bolígrafo, por ejemplo— y luego se organiza una subasta durante la cual los estudiantes tienen la posibilidad de comprar los regalos de los demás. Resulta que los estudiantes no quieren desembolsar más de cuatro dólares, por término medio, para comprar el regalo que ha recibido otro (es decir, subestiman su valor comercial). En cambio, se resisten a ceder por menos de siete dólares el regalo que les han hecho a ellos. Esto revela de forma casi caricaturesca *el valor añadido por el sentimiento de posesión*.

Por supuesto, este sentimiento erróneo de un yo real e independiente cimenta el egocentrismo, bajo cuya influencia nuestra suerte adquiere mayor valor que la del otro. Si su jefe abronca a un compañero al que detesta, llama la atención a otro que le es indiferente y le hace a usted reproches acerbos, estará satisfecho o risueño en el primer caso, se sentirá indiferente en el segundo, y profundamente herido en el tercero. En realidad, ¿en nombre de qué el bienestar de una de esas tres personas tendría que prevalecer sobre el de otra? El egocentrismo, que convierte a uno mismo en el centro del mundo, demuestra un punto de vista totalmente *relativo*. El error que cometemos es congelar nuestro propio punto de vista y esperar o, peor aún, exigir que «nuestro» mundo prevalezca sobre el de los demás.

Durante una visita del Dalai Lama a México, alguien señaló un mapa del mundo y le dijo: «Mire, si se fija en la disposición de los continentes, verá que México está en el centro del mundo». Cuando yo era pequeño, un amigo bretón me demostró de la misma forma que la pequeña isla de Dumet, junto a las costas de La Turballe, era el centro de las tierras emergidas. El Dalai Lama contestó: «Siguiendo ese razonamiento, México está en el centro de México, mi casa está en el centro de la ciudad, mi familia está en el centro de la casa, y en el seno de mi familia, el centro del mundo soy *yo*».

¿Qué hacer con el ego?

A diferencia del budismo, muy pocos métodos psicológicos abordan el problema de reducir el sentimiento de la importancia del yo, reducción que, para el sabio, va hasta la erradicación del ego. Sin duda es una idea nueva, incluso subversiva, en Occidente, que considera al yo el elemento fundador de la personalidad. ¿Erradicar totalmente el ego? Entonces, ¿yo ya no existo? ¿Cómo se puede concebir un individuo sin yo, sin ego? Semejante concepción, ¿no es psíquicamente peligrosa? ¿No nos exponemos a caer en una forma de esquizofrenia? La ausencia de ego o un ego débil, ¿no son signos clínicos que revelan una patología más o menos grave? ¿No es preciso disponer de una personalidad construida antes de poder renunciar al ego? Ésta es la reacción defensiva de todo Occidente frente a esas nociones poco familiares. La idea de que es necesario tener un yo sólido se debe al hecho de que las personas que padecen trastornos psíquicos supuestamente tienen un yo fragmentado, frágil y deficiente.

La psicología infantil describe cómo aprende un bebé a conocer el mundo, a situarse poco a poco en relación con su madre, con su padre y con los que le rodean; cómo comprende, a la edad de un año, que su madre y él son dos seres distintos, que el mundo no es simplemente una extensión de sí mismo y que él puede ser la causa de una serie de acontecimientos. A esta toma de conciencia se le da el nombre de «nacimiento psicológico». A partir de este momento concebimos al individuo como una personalidad, idealmente estable, afianzada, basada en la creencia de que existe un yo. La educación parental y más tarde escolar refuerza esta noción que recorre toda nuestra literatura y nuestra historia. En un sentido, podemos decir que la creencia en un yo establecido es uno de los rasgos dominantes de nuestra civilización. ¿Acaso no se habla de forjar personalidades fuertes, resistentes, adaptadas, combativas?

Eso es confundir ego y confianza en uno mismo. El ego sólo puede proporcionar una confianza falsa, construida sobre atributos precarios —poder, éxito, belleza y fuerza física, talento intelectual, opinión de los demás— y sobre todo aquello que creemos que constituye nuestra «identidad», a nuestros ojos y a los de los demás. Cuando las cosas cambian y el desfase con la realidad se hace demasiado grande, el ego se irrita, se crispa y se tambalea. La confianza en uno mismo se viene abajo, sólo queda frustración y sufrimiento.

Para el budismo, una confianza en uno mismo digna de tal nombre es algo muy distinto. Es una *cualidad natural de la ausencia de ego*. Disipar la ilusión del ego es liberarse de una vulnerabilidad fundamental. El sentimiento de seguridad que proporciona semejante ilusión es, en efecto, eminentemente frágil. La confianza auténtica nace del reconocimiento de la verdadera naturaleza de las cosas y de una toma de conciencia de nuestra cualidad fundamental, lo que el budismo llama, como hemos visto, la «naturaleza de Buda», presente en todos los seres. Esta cualidad aporta una fuerza apacible que ya no se ve amenazada ni por las circunstancias exteriores ni por los miedos interiores, una libertad más allá de la fascinación y del temor.

Otra idea extendida es que, cuando no hay un «yo» fuerte, apenas sentimos emociones y la vida se vuelve terriblemente monótona. Carecemos de creatividad, de espíritu de aventura, en resumen, de personalidad. Miremos a nuestro alrededor a los que manifiestan un «ego» bien desarrollado, incluso hipertrofiado. Hay para dar y vender. Los reyes del «yo soy el más fuerte, el más famoso, el más influyente, el más rico y el más poderoso» no escasean. ¿Quiénes, por el contrario, han reducido al mínimo la importancia del ego para abrirse a los demás? Sócrates, Diógenes, el Buda, Jesús, los Padres del desierto, Gandhi, la madre Teresa, el Dalai Lama, Nelson Mandela... y muchos más que trabajan en el anonimato.

La experiencia demuestra que los que han sabido liberarse un poco del yugo del ego piensan y actúan con una espontaneidad y una libertad que, afortunadamente, contrastan con la constante paranoia que provocan los caprichos de un yo triunfal. Escuchemos a Paul Ekman, uno de los especialistas más eminentes en la ciencia de las emociones, que estudia sobre todo a los que considera «personas dotadas de cualidades humanas excepcionales». Entre los rasgos relevantes que ha observado en ellas figuran «una impresión de bondad, una calidad de ser que los demás perciben y aprecian y, a diferencia de numerosos charlatanes carismáticos, una adecuación perfecta entre su vida privada y su vida pública».[4] Pero, sobre todo, señala Paul Ekman, «una ausencia de ego: esas personas inspiran a las demás por el poco caso que hacen de su posición social, de su fama, en resumen, de su yo. No se preocupan lo más mínimo de saber si su posición o su importancia son reconocidas». Semejante ausencia de egocentrismo, añade, «es lisa y llanamente desconcertante desde un punto de vista psicológico». Ekman también subraya que «la gente aspira instintivamente a estar en su compañía y que, aunque no siempre saben explicar por qué, su presencia les parece enriquecedora». Tales cualidades presentan un contraste sorprendente con los defectos de los campeones del ego, cuya presencia resulta como mínimo entristecedora, cuando no nauseabunda. Entre el teatro grandilocuente o, en ocasiones, el infierno violento del ego rey y la cálida sencillez del sin ego, la elección no parece muy difícil.

Sin embargo, no todo el mundo está de acuerdo en ese punto, ni mucho menos. Pascal Bruckner, por ejemplo: «En contra de lo que nos repiten hasta la saciedad muchas religiones orientales, hay que rehabilitar el ego, el amor a uno mismo, la vanidad, el narcisismo, cosas excelentes todas ellas cuando trabajan para reforzar nuestro poder».[5] Esta afirmación se acerca más a la definición de un dictador que de Gandhi o Martin Luther King. De hecho, es la tentación totalitaria: dar el máximo de poder al ego pensando que va a solucionarlo todo y reconstruir el mundo a su imagen y semejanza. ¿El resultado no es Hitler, Stalin, Mao y el Gran Hermano? Megalómanos que no soportan que la menor parcela del mundo no sea como ellos desean.

Porque existe una gran confusión entre poder y fortaleza. El poder es un instrumento que puede matar o sanar; la fortaleza, lo que permite atravesar las tormentas de la existencia con un valor y una serenidad invencibles. Y esa fuerza interior nace precisamente de una verdadera libertad respecto a la tiranía del ego. La idea de que es necesario un ego poderoso para triunfar en la vida procede sin duda de una confusión entre el apego al yo, a nuestra imagen, y la fortaleza, la determinación indispensable para realizar nuestras aspiraciones profundas. De hecho, cuanto menos influido se esté por el sentimiento de la importancia de uno mismo, más fácil resulta adquirir una fuerza interior duradera. La razón es sencilla: el sentimiento de la importancia de uno mismo constituye un blanco expuesto a toda clase de proyectiles mentales —celos, miedo, avidez, repulsión— que no cesan de desestabilizarlo.

La impostura del ego

En nuestra experiencia cotidiana, el yo nos parece real y sólido. Pese a no ser, desde luego, tangible como un objeto, experimentamos ese yo en su *vulnerabilidad*, que nos afecta constantemente: una simple sonrisa le produce de forma inmediata placer y un fruncimiento de entrecejo le contraría. Está «ahí» en todo momento, dispuesto a ser herido o gratificado. Lejos de percibirlo como múltiple e inaprensible, lo convertimos en un bastión unitario, central y permanente. Pero examinemos lo que se supone que contribuye a nuestra identidad. ¿El cuerpo? Un conjunto de huesos y carne. ¿La conciencia? Una sucesión de pensamientos fugaces. ¿Nuestra historia? El recuerdo de lo que ya no es. ¿Nuestro nombre? Vinculamos a él todo tipo de conceptos —el de nuestra filiación, el de nuestra reputación, el de nuestra posición social—, pero, a fin de cuentas, no es más que un conjunto de letras. Cuando vemos escrito JUAN, nuestra mente da un respingo al pensar «¡soy yo!», pero basta separar las letras J-U-A-N para que dejemos de darnos por aludidos. La idea que nos hacemos de «nuestro» nombre no es más que una elaboración mental, y el apego a nuestro linaje y a nuestra «reputación» no hace sino restringir la libertad interior. El sentimiento profundo de un yo que está en el corazón de nuestro ser, eso es lo que debemos examinar honradamente.

Cuando exploramos el cuerpo, la palabra y la mente, nos damos cuenta de que ese yo no es más que un término, una etiqueta, una convención, una designación. El problema es que esa etiqueta se considera algo, y algo importante. Para desenmascarar la impostura del yo, es preciso llevar las pesquisas hasta el final. Alguien que sospecha que hay un ladrón en su casa debe inspeccionar todas las habitaciones, todos los rincones, todos los escondrijos posibles, hasta estar seguro de que realmente no hay nadie. Sólo entonces puede recobrar la paz. En este caso, se trata de una búsqueda introspectiva encaminada a descubrir lo que se oculta tras la quimera de un yo que, al parecer, define nuestro ser.

Un análisis riguroso nos obligará a concluir que el yo no reside en ninguna parte del cuerpo. No está ni en el corazón, ni en el pecho, ni en la cabeza. Tampoco está disperso, como una sustancia que impregnara todo el cuerpo. Tendemos a pensar que el yo está asociado a la conciencia. Pero la conciencia es también un flujo inaprensible: el pasado está muerto, el futuro todavía no ha nacido y el presente no dura. ¿Cómo podría existir un yo suspendido como una flor en el cielo, entre algo que ha dejado de existir y algo que no existe todavía? No es posible encontrarlo ni en el cuerpo ni en la mente (o la conciencia, que para el budismo no es sino otra palabra para designar la mente), ni, como entidad distinta, en una combinación de los dos, ni tampoco fuera de ellos. Ningún análisis serio, ninguna experiencia contemplativa directa permite justificar el poderoso sentimiento de poseer un yo. No se puede encontrar el yo en aquello a lo que está asociado. Alguien puede pensar que es alto, joven e inteligente, pero ni la estatura, ni la juventud, ni la inteligencia son el yo. Así pues, el budismo concluye que el yo no es más que un nombre mediante el cual designamos un *continuo*, igual que llamamos a un río Ganges o Misisipí. Un continuo así existe, desde luego, pero de forma puramente convencional y ficticia. Está totalmente desprovisto de existencia real.

La deconstrucción del yo

Para verlo más claro, ahondemos en este análisis.[6] La noción de identidad personal comprende tres aspectos: el «yo psicológico», la «persona» y el «yo sustancial».[7] Estos tres aspectos no son fundamentalmente distintos, pero reflejan diferentes maneras de vincularse a la percepción que tenemos de una identidad personal.

El «yo psicológico» vive en el presente; es el que piensa «[yo] tengo hambre» o «[yo] existo». Es el lugar de la conciencia, de los pensamientos, del juicio y de la voluntad. Es la experiencia de nuestro estado actual.

La noción de «persona» es más amplia, es un continuo dinámico, extendido en el tiempo, que integra diversos aspectos de nuestra existencia en los planos corporal, mental y social. Sus fronteras son más difusas: la persona puede referirse al cuerpo («ir a un sitio en persona»), a sentimientos íntimos («un sentimiento muy personal»), al carácter («una persona decidida»), a las relaciones sociales («separar la vida personal de la vida profesional») o al ser humano en general («respetar a la persona»).[8] Su continuidad en el tiempo nos permite unir las representaciones de nosotros mismos que pertenecen al pasado y las proyecciones concernientes al futuro. La noción de persona es válida y sana si la consideramos un simple concepto que designa el conjunto de las relaciones entre la conciencia, el cuerpo y el entorno. Es inapropiada y malsana si la consideramos una entidad autónoma.

Queda el «yo sustancial». Acabamos de ver que consideramos que es el núcleo mismo de nuestro ser. Lo concebimos como un todo indivisible y permanente que nos caracteriza desde la infancia hasta la muerte. El yo no es sólo la suma de «mis» miembros, «mis» órganos, «mi» piel, «mi» nombre, «mi» conciencia, sino su propietario exclusivo. Hablamos de «mi» brazo y no de una «extensión alargada del yo». Si nos cortan un brazo, el yo simplemente pierde un brazo, pero permanece intacto. Un hombre-tronco se siente disminuido en su integridad física, pero piensa claramente que conserva su yo. Si cortamos el cuerpo a rodajas, ¿en qué momento empieza a desaparecer el yo? Percibimos un yo sustancial mientras conservamos la facultad de pensar. Volvemos, pues, a la famosa frase de Descartes, que resume la noción del yo en el pensamiento occidental: «[Yo] pienso, luego [yo] existo». Pero el hecho de pensar no demuestra estrictamente nada en lo relativo a la existencia del yo sustancial, porque ese «yo» no es otra cosa que el contenido actual de nuestro flujo mental, que cambia de un instante a otro. Como explica el filósofo budista Han de Wit, la frase «[yo] pienso, luego [yo] existo» no demuestra la existencia de un yo como pensador: «Partimos de la idea de que la experiencia implica un "yo" que experimenta [...]. Pero la *idea* "yo experimento algo" no demuestra que *existe* una persona que experimenta».[9] En efecto, no basta con percibir algo, o tener la idea de algo, para que ese algo exista. Percibimos perfectamente un espejismo y una ilusión, ambos desprovistos de realidad. Han de Wit concluye: «El ego es el resultado de una actividad mental que crea y "mantiene viva" una entidad imaginaria en nuestra mente».[10]

La idea de que el yo podría ser sólo un concepto va en contra de la intuición de la mayoría de los pensadores occidentales. Descartes es categórico: «Cuando considero mi mente, es decir, a mí mismo en tanto en cuanto soy sólo una cosa que piensa, no puedo distinguir partes, sino que me concibo como una cosa única y entera».[11] El neurólogo Charles Scott Sherrington va más lejos: «El "yo" es una unidad... Se considera como tal y los demás lo tratan así. Nos dirigimos a él como a "una" entidad, mediante un nombre al que responde».[12] Indiscutiblemente, tenemos la percepción instintiva de un yo unitario, pero, cuando intentamos precisarla, nos resulta muy difícil acertar.

En busca del «yo» perdido

¿Dónde se encuentra, pues, el yo? No puede estar sólo en mi cuerpo, pues cuando digo «[yo] estoy orgulloso», es mi conciencia la que está orgullosa, no mi cuerpo. ¿Se encuentra entonces únicamente en mi conciencia? Dista mucho de ser evidente. Cuando digo: «Alguien me ha *empujado*», ¿es mi conciencia la que ha sido empujada? Por supuesto que no. Evidentemente, el yo no puede estar fuera del cuerpo y de la conciencia. Si constituyera una entidad autónoma separada tanto del uno como de la otra, no podría ser su esencia. ¿Es sólo la suma de sus partes, su estructura y su continuidad? ¿Se halla la noción de yo simplemente asociada al conjunto del cuerpo y de la conciencia? Estamos empezando a abandonar la noción de un yo concebido como un propietario o una esencia para pasar a una noción más abstracta, la de un concepto. La única salida a este dilema lleva a considerar el yo una *designación mental* o *verbal* vinculada a un proceso dinámico, a un conjunto de relaciones cambiantes que integran percepciones del entorno, sensaciones, imágenes mentales, emociones y conceptos. *El yo no es más que una idea.*

Ésta aparece cuando unimos el «yo psicológico», la experiencia del momento presente, con la «persona», la continuidad de nuestra existencia. Como explica el neuropsiquiatra David Galin,[13] tenemos una tendencia innata a simplificar los conjuntos complejos para convertirlos en «entidades» y a suponer que dichas entidades son duraderas. Es más fácil funcionar en el mundo dando por sentado que la mayor parte de nuestro entorno no cambia de minuto en minuto y tratando la mayoría de las cosas como si fueran más o menos constantes. Perdería toda concepción de lo que es «mi cuerpo» si lo percibiera como un torbellino de átomos que no es idéntico a sí mismo ni siquiera durante una millonésima de segundo. Sin embargo, olvido demasiado deprisa que la percepción corriente de mi cuerpo y del conjunto de los fenómenos no es sino una aproximación y que, en realidad, *todo* está en *constante cambio*.

Así es como reificamos el yo y el mundo. El yo sustancial no es inexistente —lo experimentamos constantemente—, existe como ilusión. En ese sentido es en el que el budismo dice que el yo sustancial está «vacío de existencia autónoma y permanente». En ese sentido es también en el que el Buda decía que el yo sustancial, así como todos los fenómenos que aparecen ante nosotros dotados de una existencia autónoma, son semejantes a un espejismo. Visto desde lejos, el espejismo de un lago parece real, pero cuando nos acercamos nos sería muy difícil encontrar agua. Las cosas no son ni tal como nos parece que existen ni totalmente inexistentes; a la manera de una ilusión, aparecen sin tener realidad última. Tal como enseñaba el Buda:

> Como la estrella fugaz, el espejismo, la llama,
> la ilusión mágica, la gota de rocío, la burbuja en el agua,
> como el sueño, el relámpago o la nube:
> considera así todas las cosas.[14]

Los frágiles rostros de la identidad

La noción de «persona» incluye la imagen que tenemos de nosotros mismos. La idea de nuestra identidad, de nuestra posición en la vida, se halla anclada en la mente e influye de forma constante en nuestras relaciones con los demás. Cuando una conversación toma un mal cariz, no es tanto el tema de la conversación lo que nos incomoda como el cuestionamiento de nuestra identidad. Cualquier palabra que amenaza la imagen que tenemos de nosotros mismos nos resulta insoportable, mientras que el mismo calificativo aplicado a otro, en circunstancias diferentes, apenas nos afecta. Si uno tiene una imagen fuerte de sí mismo, intentará constantemente asegurarse de que es reconocida y aceptada. No hay nada más doloroso que verla puesta en duda.

Pero ¿qué valor tiene esa identidad? Es interesante recordar que «personalidad» viene de *persona*, que en latín significa «máscara». La máscara «a través de» *(per)* la cual el actor hace «resonar» *(sonat)* su papel.[15] Mientras que el actor sabe que lleva una máscara, con frecuencia nosotros olvidamos distinguir entre el papel que representamos en la sociedad y nuestra naturaleza profunda.

A veces conocemos a personas en países lejanos, en condiciones más o menos difíciles, como un *trekking* o una travesía por mar. Durante esos días de aventura compartida tan sólo cuentan nuestros compañeros de viaje en ese preciso momento, cuyo único equipaje son las cualidades y los defectos que manifiestan en el curso de las peripecias vividas juntos. Poco importa entonces «quiénes» son, la profesión que ejercen, la importancia de su fortuna o su categoría social. Cuando esos compañeros se encuentran de nuevo, en la mayoría de los casos la espontaneidad ha desaparecido porque cada uno ha vuelto a ponerse su «máscara», ha recuperado su papel y su posición social de padre de familia, pintor de brocha gorda o empresario. Se ha roto el encanto. La espontaneidad se ha desvanecido. Esta profusión de etiquetas falsea las relaciones humanas porque, en lugar de vivir lo más sinceramente posible los acontecimientos de la vida, nos comportamos con afectación para preservar nuestra imagen.

Normalmente, tememos abordar el mundo sin referencias y nos da vértigo cuando llega el momento de que caigan las máscaras y los calificativos: si ya no soy músico, escritor, funcionario, culto, guapo o fuerte, ¿quién soy? Sin embargo, no llevar ninguna etiqueta es la mejor garantía de libertad y la manera más flexible, ligera y alegre de pasar por este mundo. No ser víctima de la impostura del ego no nos impide en absoluto, sino todo lo contrario, alimentar una firme determinación de alcanzar los objetivos que nos hemos propuesto y disfrutar en cada instante de la riqueza de nuestras relaciones con el mundo y los seres.

A TRAVÉS DEL MURO INVISIBLE

¿Cómo utilizar este análisis que va en contra de las concepciones y los presupuestos occidentales? Hasta ahora he funcionado mejor o peor con la idea, incluso vaga, de un yo central. ¿En qué medida tomar conciencia del carácter ilusorio del ego puede cambiar mis relaciones con mis allegados y con el mundo que me rodea? ¿No existe el peligro de que este giro me haga perder la estabilidad? A esto podemos responder que el resultado siempre es beneficioso. Cuando predomina el ego, la mente es como un pájaro que choca constantemente contra un muro de cristal, el de la creencia en el ego, y de este modo empequeñece nuestro universo y lo encierra entre sus estrechos límites. Desconcertado y aturdido, el pájaro no sabe cómo atravesar el muro. Pero el muro es *invisible* porque no existe de verdad; es una construcción de la mente. Sin embargo, sigue siendo muro mientras fragmenta nuestro mundo interior y contiene la marea de nuestro altruismo y de nuestra alegría de vivir. Si no hubiéramos fabricado el cristal del ego, ese muro no habría podido ser levantado y no tendría ninguna razón de ser. La tendencia a aferrarse al ego está fundamentalmente vinculada a los sufrimientos que sentimos y a los que infligimos a los demás. Abandonar ese apego a nuestra imagen íntima, dejar de conceder tanta importancia al ego equivale a ganar una inmensa libertad interior. Eso permite abordar a todos los seres y todas las situaciones con naturalidad, benevolencia, fortaleza y serenidad. No esperando ganar y no temiendo perder somos libres de dar y de recibir. Ya no hay ningún motivo que incite a pensar, hablar y actuar de manera afectada, egoísta e inapropiada.

Aferrándonos al universo confinado del ego, tendemos a preocuparnos únicamente por nosotros mismos. La menor contrariedad nos perturba y nos desanima. Estamos obsesionados por nuestros éxitos, nuestros fracasos, nuestras esperanzas y nuestras inquietudes, y así hay muchas posibilidades de que la felicidad se nos escape. El mundo estrecho del yo es como un vaso de agua en el que se echa un puñado de sal: el agua se vuelve imbebible. En cambio, si rompemos las barreras del yo y la mente se convierte en un vasto lago, el sabor del agua no cambiará por echarle un puñado de sal.

Cuando dejamos de considerar al yo lo más importante del mundo, es más fácil que nos sintamos afectados por los demás. La visión de sus sufrimientos no hace sino redoblar nuestro valor y nuestra determinación de actuar en su beneficio.

Si el ego constituyera realmente nuestra esencia profunda, comprenderíamos nuestra inquietud ante la idea de desembarazarnos de él. Pero, si es una mera ilusión, liberarse de él no significa extirpar el corazón de nuestro ser, sino sólo abrir los ojos.

Así pues, vale la pena dedicar ciertos momentos de la existencia a dejar que nuestra mente repose en la calma interior, a fin de permitirle comprender mejor, mediante el análisis y la experiencia directa, el lugar que ocupa el ego en nuestra vida. Mientras el sentimiento de la importancia de uno mismo lleve las riendas de nuestro ser, no experimentaremos una paz duradera. La propia causa del dolor reposa intacta en lo más profundo de nosotros y nos priva de la libertad más esencial.

8

El río de las emociones

Las llamas ardientes de la cólera han apergaminado el flujo de mi ser.
La densa oscuridad de la ilusión ha cegado mi inteligencia.
Mi conciencia se ahoga en los torrentes del deseo.
La montaña del orgullo me ha precipitado a los mundos inferiores.
La lacerante ventisca de los celos me ha arrastrado al samsara.
El demonio de la creencia en el ego me ha amarrado con fuerza.

DILGO KHYENTSÉ RIMPOCHÉ

Si las pasiones son los grandes movimientos de la mente, las emociones son sus actores. Durante toda nuestra vida, atravesando nuestra mente como un río tumultuoso, determinan innumerables estados de felicidad y de desgracia. ¿Es deseable apaciguar ese río? ¿Es siquiera posible? ¿Cómo conseguirlo? Unas emociones nos abren como una flor, otras nos marchitan. Recordemos que *eudemonia*, una de las palabras griegas que traducimos por «felicidad», tiene el significado de floración, pleno desarrollo, realización, gracia. El amor dirigido hacia el bienestar de los demás y la compasión totalmente causada por sus sufrimientos, tanto en el pensamiento como en los actos, constituyen ejemplos de emociones que favorecen el pleno desarrollo y la expansión de la felicidad. El ansia de un deseo obsesivo, la avidez que se aferra al objeto de su apego y el odio son ejemplos de emociones aflictivas. ¿Cómo desarrollar las emociones constructivas y acabar con las emociones destructivas?

Antes de responder a estas preguntas, hay que precisar el significado que damos a la palabra «emoción». Según el budismo, toda actividad mental —incluido el pensamiento racional— se halla asociada a una sensación que indica placer, dolor o indiferencia. Asimismo, la mayoría de los estados afectivos, como el amor y el odio, van acompañados de pensamientos. Según las ciencias cognitivas, no hay «centros emocionales» propiamente dichos en el cerebro.[1] Los circuitos neuronales que vehiculan las emociones están íntimamente unidos a los que vehiculan la cognición. Estos procesos no se pueden separar: las emociones aparecen en un contexto de acciones y de pensamientos, casi nunca en una forma aislada de los demás aspectos de nuestra experiencia. Observemos que esto va en contra de la teoría freudiana, según la cual pueden surgir poderosas emociones de cólera o de celos, por ejemplo, sin un contenido cognitivo y conceptual particular.

El impacto de las emociones

La palabra «emoción», derivada del verbo latino *emovere*, que significa «mover», abarca todo sentimiento que hace que la mente se mueva, ya sea hacia un pensamiento nocivo, hacia uno neutro o hacia uno positivo. Para el budismo, la emoción califica lo que condiciona a la mente y le hace adoptar determinada perspectiva, determinada visión de las cosas. No se trata forzosamente de un *acceso emocional* que brota de pronto de la mente, definición más cercana a lo que los científicos estudian como emoción. Además, el budismo, más que en distinguir la emoción del pensamiento, se esfuerza en poner de relieve los tipos de actividad mental que favorecen el «bienestar» *(sukha)*, tanto el nuestro como el de los demás, y los que son, a corto y a largo plazo, perjudiciales para él.

La manera más sencilla de establecer distinciones entre nuestras emociones consiste en examinar su motivación (la actitud mental y el objetivo fijado) y sus resultados. Según el budismo, *si una emoción refuerza nuestra paz interior y tiende al bien de los demás*, es *positiva*, o constructiva; si destruye nuestra serenidad, *altera profundamente nuestra mente y perjudica a los demás*, es *negativa*, o perturbadora. En cuanto a las consecuencias, el único criterio es el bien o el sufrimiento que engendramos con nuestros actos, nuestras palabras y nuestros pensamientos, para nosotros mismos y para los demás. Eso es lo que diferencia, por ejemplo, un acceso de cólera justificado —la indignación motivada por una injusticia de la que somos testigos— de la furia provocada por el deseo de herir a otros. Lo primero ha liberado a pueblos de la esclavitud, de la dominación, nos empuja a manifestarnos en las calles y a cambiar el mundo; está destinado a acabar con la injusticia cuanto antes o a hacer que alguien tome conciencia de que está cometiendo un error. Lo segundo sólo provoca sufrimiento.

Si la motivación, la finalidad perseguida y las consecuencias son positivas, podemos utilizar medios apropiados, sea cual sea su apariencia. La mentira y el robo son, en general, actos perjudiciales y, por lo tanto, a primera vista reprensibles, pero también podemos mentir para salvar la vida de una persona perseguida por un asesino o robar las reservas alimentarias de un potentado egoísta para evitar la muerte de una población amenazada por el hambre. En cambio, si la motivación es negativa y la finalidad manifiesta es perjudicar, o si simplemente es egoísta, aunque se recurra a medios que pueden parecer respetables, se trata de actos negativos. El poeta tibetano Shabkar dice: «El hombre compasivo es bueno, incluso enfadado; desprovisto de compasión, mata con la sonrisa».

Lo que dice la ciencia

Según los científicos norteamericanos Paul Ekman y Richard Davidson: «Generalmente, la psicología occidental no evalúa las emociones según su carácter benéfico o perjudicial. Describe las propias emociones (cólera, miedo, sorpresa, repugnancia, desprecio y alegría, a las que algunos psicólogos añaden la curiosidad, el interés, el amor, el afecto y los sentimientos de vergüenza y de culpabilidad),[2] así como los diversos sentimientos (agradables o desagradables) que subyacen a aquéllas e incitan a acercarse o a retirarse».[3] La curiosidad y el amor son ejemplos típicos de emociones de acercamiento; el miedo y la aversión, de retirada.

Según los mismos autores: «Pocos teóricos categorizan las emociones como "positivas" o "negativas", e incluso los que lo hacen[4] no afirman que todas las emociones negativas sean perjudiciales para uno mismo o para los demás. Reconocen que algunas pueden ser perjudiciales en situaciones particulares, pero ese carácter negativo no se considera inherente a una emoción dada».

Los psicólogos (Cosmides, Tooby, Ekman e Izard)[5] que observan las emociones desde el punto de vista de la evolución de las especies consideran que se han adaptado según su grado de utilidad para nuestra supervivencia, en función de su aptitud para gestionar de la mejor manera posible los acontecimientos importantes de la vida: reproducción, cuidado de la progenitura y relaciones con los competidores y los predadores. Los celos, por ejemplo, se pueden considerar la expresión de un instinto muy antiguo que contribuye a mantener la cohesión de una pareja en la medida en que la persona celosa se ocupa de apartar a un rival, aumentando así las posibilidades de supervivencia de su progenitura. La cólera puede ayudarnos a superar rápidamente un obstáculo que dificulta la realización de nuestros deseos o nos agrede. No obstante, ninguno de estos teóricos ha afirmado que la cólera, o cualquier otra emoción humana aparecida en el transcurso de la evolución, haya dejado de ser adaptada a nuestra forma de vivir actual. Todos coinciden, sin embargo, en considerar patológica una violencia crónica e impulsiva,[6] y reconocen que la cólera y la hostilidad son perjudiciales para la salud.[7] En el marco de un estudio se hizo a 255 estudiantes de medicina un test de personalidad que medía su grado de hostilidad. Veinticinco años más tarde, se comprobó que los más agresivos habían sufrido *cinco veces* más ataques cardíacos que los menos coléricos.[8]

Los autores[9] que toman en consideración el hecho de que un *episodio* emocional pueda ser perjudicial se basan en dos elementos preponderantes. En el primer caso, un episodio es considerado disfuncional o perturbador cuando el sujeto expresa una emoción adecuada pero con una intensidad desproporcionada. Si un niño hace una tontería, el enfado de sus padres puede tener un valor pedagógico; la rabia o el odio son totalmente desproporcionados. Asimismo, «la tristeza es una depresión adaptada a las circunstancias, mientras que la depresión, como enfermedad, es un sufrimiento desproporcionado en relación con la coyuntura ambiente».[10]

En el segundo caso, el episodio emocional es perjudicial cuando el sujeto expresa una emoción inapropiada para determinada situación. Si un niño pequeño le hace un gesto de burla, vale más reírse que entristecerse o enfadarse. Volvemos así a Aristóteles, según el cual: «Cualquiera puede enfadarse. Es fácil. Pero enfadarse con la persona adecuada, en el grado adecuado, en el momento adecuado, por la razón adecuada y del modo adecuado, eso no es fácil».[11]

Se trate de uno u otro caso, para dichos psicólogos la finalidad no consiste en eliminar por completo una emoción ni en trascenderla, sino en gestionar la experiencia y la manera en que ésta se traduce en actos. La hostilidad, por ejemplo, hay que controlarla de manera que neutralice eficazmente a un individuo perjudicial sin por ello dar libre curso a una violencia inmoderada y cruel que las circunstancias no justifican en ningún caso. Según el budismo, la hostilidad siempre es negativa porque engendra o perpetúa el odio. Es perfectamente posible llevar a cabo una acción firme y decidida para neutralizar a una persona peligrosa sin experimentar el menor rastro de odio. Un día le preguntaron al Dalai Lama cuál sería la conducta más apropiada si un delincuente entrara en la habitación y amenazara a sus ocupantes con un revólver. Él respondió medio en serio, medio en broma: «Yo le dispararía a las piernas para neutralizarlo y luego me acercaría para acariciarle la cabeza y ocuparme de él». Sabía muy bien que la realidad no siempre es tan sencilla, pero deseaba hacer comprender que una acción enérgica bastaba y que añadir odio no sólo era inútil, sino también nefasto.

Ekman y Davidson concluyen: «Más que concentrarse en una toma de conciencia acrecentada por nuestro estado interior, como hace el budismo, la psicología ha puesto el acento en reevaluar las situaciones externas[12] o en controlar y regular la expresión de las emociones en nuestro comportamiento».[13] En cuanto al psicoanálisis, intenta hacer tomar conciencia al paciente de tendencias y acontecimientos pasados, de fijaciones y bloqueos que conducen a los sufrimientos de la neurosis y le impiden funcionar con normalidad en el mundo.

La posición del budismo es diferente: ponemos el acento en la toma de conciencia acrecentada de los pensamientos *instantáneos*, lo que permite identificar de inmediato un pensamiento de cólera cuando surge y desmontarlo al instante siguiente, al igual que un dibujo en el agua desaparece a medida que lo vamos trazando. El mismo proceso se repite para el pensamiento siguiente, y así sucesivamente. Así pues, hay que trabajar los pensamientos de uno en uno, analizando cómo aparecen y se desarrollan y aprendiendo poco a poco a gestionarlos mejor. Este método, que en Occidente encontramos parcialmente en la terapia cognitiva desarrollada por Aaron Beck, se centra esencialmente en el instante presente. Así podremos transformar de forma gradual nuestra manera de ser. «Ocupaos de los minutos; las horas se ocuparán de sí mismas», le decía a su hijo un inglés lleno de sabiduría.[14] Es importante, pues, desde el punto de vista de la salud mental, observar cómo surgen los pensamientos y aprender a liberarse de su presión, en vez de intentar desarrollar y después visionar la interminable película de nuestra historia psíquica, como propone sobre todo el psicoanálisis.

Hacia una psicología positiva

Hasta los años ochenta, pocos investigadores se habían interesado por los medios que permiten desarrollar los rasgos positivos de nuestro temperamento. En 1998 un grupo de psicólogos norteamericanos se reunió bajo la dirección de Martin Seligman, entonces presidente de la Asociación Norteamericana de Psicología, para fundar la Red de Psicología Positiva y coordinar las diferentes investigaciones que la constituyen. Se trata de una ampliación del campo de estudio de la psicología en relación con lo que durante mucho tiempo ha sido su vocación principal: estudiar y, si es posible, remediar las disfunciones emocionales y los estados mentales patológicos. Si consultamos el repertorio de los libros y artículos dedicados a la psicología desde 1887 (*Psychological Abstracts*), encontramos 136.728 títulos en los que se menciona la cólera, la ansiedad o la depresión, y sólo 9.510 en los que se menciona la alegría, la satisfacción o la felicidad.[15] Por supuesto, es legítimo tratar los trastornos psicológicos que minan e incluso paralizan la vida de las personas, pero la felicidad no se reduce a la ausencia de desgracia. La psicología positiva, representada por esta nueva generación de investigadores, tiene como objetivo estudiar y reforzar las emociones positivas que nos permiten convertirnos en seres humanos mejores incrementando a la vez la alegría de vivir.

Varias razones justifican este enfoque. En 1969 el psicólogo Norman Bradburn demostró que los afectos gratos y molestos no sólo representan contrarios, sino que proceden de mecanismos diferentes y, por lo tanto, deben estudiarse por separado. Conformarse con eliminar la tristeza y la ansiedad no garantiza de forma automática la alegría y la felicidad. La supresión de un dolor no conduce forzosamente al placer. En consecuencia, no sólo es necesario erradicar las emociones negativas sino también desarrollar las emociones positivas.

Esta posición coincide con la del budismo, que afirma, por ejemplo, que abstenerse de hacer daño a los demás (la eliminación de la maldad) no basta, y que esa abstención debe ser reforzada con un esfuerzo decidido por beneficiarlos (el desarrollo del altruismo y su práctica). Según Barbara Fredrickson, de la Universidad de Michigan y una de las fundadoras de la psicología positiva, «las emociones positivas abren la mente y amplían el abanico de pensamientos y de acciones: la alegría, el interés, la satisfacción, el amor [...].[16] Los pensamientos positivos engendran comportamientos flexibles, cordiales, creadores y receptivos». De modo que, según estos científicos, su desarrollo presenta una ventaja evolutiva indiscutible, en la medida en que nos ayuda a ensanchar nuestro universo intelectual y afectivo, a abrirnos a nuevas ideas y nuevas experiencias. Las emociones positivas, en el lado opuesto de la depresión, que a menudo provoca una caída en picado, engendran una espiral ascendente, «construyen la fortaleza e influyen en la manera de gestionar la adversidad».[17]

¿Por qué hablamos de «emoción negativa»?

Según el budismo, el término «emoción negativa» no implica necesariamente que la emoción en cuestión esté asociada a un sentimiento desagradable que conduce al alejamiento o al rechazo, como en el caso de la repugnancia. Al contrario, puede estar vinculada a la atracción, al deseo ávido y obsesivo. Este término tampoco lleva aparejada la idea de una negación o de un rechazo. El adjetivo «negativo» significa simplemente *menos* felicidad, lucidez y libertad interior. Califica toda emoción que es fuente de tormento para nosotros y nuestro entorno. Del mismo modo, una emoción o un factor mental «positivo» no suponen ver la vida de color rosa, pero favorecen *sukha*. Estas nociones no apelan a un dogma ni a un código moral dictado por una instancia suprema, sino que van al propio núcleo de los mecanismos de la felicidad y del sufrimiento. Todos lo hemos experimentado. Cuando damos libre curso a los celos, el resultado no se hace esperar: ya no disfrutamos de un instante de paz y creamos un infierno para los demás. Nuestra primera reacción no debe consistir simplemente en sofocar esa emoción, sino en comprender las razones por las que no tiene ningún efecto positivo.

¿Cambiaría algo una simple comprensión mental? Al principio, la persona es indiferente a los efectos positivos o negativos de su emoción. Sin embargo, esa comprensión le permitirá abrir los ojos al proceso repetitivo de los sufrimientos que provocan las emociones negativas. Acabará por comprender que se quema cada vez que pone la mano en el fuego.

El término tibetano *nyeun-mong* (*klesha* en sánscrito) designa un estado mental perturbado, atormentado y extenuante que «nos aflige desde el interior». Observemos el odio, los celos o la obsesión en el instante en que nacen: es indiscutible que nos producen un profundo malestar. Por lo demás, los actos y las palabras que inspiran casi siempre hieren a los demás. En el extremo opuesto, los pensamientos de bondad, de ternura y de tolerancia nos producen alegría y nos infunden valor, nos abren la mente y nos liberan interiormente. Asimismo, nos incitan a la benevolencia y a la empatía.

Además, las emociones perturbadoras tienen tendencia a deformar nuestra percepción de la realidad y nos impiden verla tal como es. El apego idealiza a su objeto, el odio lo demoniza. Estas emociones nos hacen creer que la belleza o la fealdad son inherentes a los seres y a las cosas, cuando es la mente la que las declara «atrayentes» o «repulsivas». Este engaño establece una separación entre la apariencia de las cosas y su realidad, trastorna el juicio y lleva a pensar y a actuar como si esas cualidades no dependieran en gran parte de nuestra manera de verlas. A la inversa, las emociones y los factores mentales «positivos» (según la acepción budista) refuerzan nuestra lucidez y la precisión de nuestro razonamiento en la medida en que se basan en una apreciación más exacta de la realidad. El amor altruista refleja la interdependencia íntima entre los seres, nuestra felicidad y la de los demás, mientras que el egocentrismo abre un abismo cada vez más profundo entre uno y los demás.

Lo esencial es, pues, identificar los tipos de actividad mental que conducen al «bienestar», entendido en el sentido de *sukha*, y los que refuerzan el «malestar», incluso cuando estos últimos nos conceden breves episodios de placer. Este examen requiere una evaluación matizada de la naturaleza de las emociones. El deleite que experimentamos, por ejemplo, haciendo un comentario inteligente pero malintencionado se considera negativo. A la inversa, la insatisfacción e incluso la tristeza ante nuestra incapacidad actual para aliviar un sufrimiento no obstaculizan en absoluto la búsqueda de *sukha*, pues nos animan a cultivar el altruismo y a ponerlo en práctica. En cualquier caso, el método de análisis más seguro es la introspección, la observación interior.

La primera etapa de dicho análisis consiste en identificar la forma en que sobrevienen las emociones. Esto exige dedicar una atención vigilante al desenvolvimiento de las actividades mentales, acompañada de una toma de conciencia que permita distinguir las emociones destructivas de las que favorecen el desarrollo de la felicidad. Este análisis, repetido una y otra vez, es el preliminar indispensable para transformar un estado mental perturbado. A tal fin, el budismo preconiza un entrenamiento prolongado y riguroso en la introspección, proceso que implica la estabilización de la atención y el incremento de la lucidez. Esta disciplina se acerca a la noción de «atención constante y voluntaria» del fundador de la psicología moderna, William James.[18] Pero, mientras que James dudaba de que fuera posible desarrollar y mantener esta atención voluntaria más de unos segundos, los contemplativos budistas saben que podemos desarrollarla considerablemente. Una vez calmados los pensamientos, y aclarada y concentrada la mente, estamos preparados para examinar con eficacia la naturaleza de las emociones.

A corto plazo, determinados procesos mentales como la avidez, la hostilidad y los celos pueden competir para obtener lo que consideramos deseable, atrayente. Hemos hablado asimismo de las ventajas de la cólera y de los celos en términos de preservación de la especie humana. Sin embargo, a largo plazo perjudican nuestro desarrollo y el de los demás. Cada episodio de agresividad y de celos nos hace retroceder un poco en la búsqueda de la serenidad y de la felicidad. El tratamiento de las emociones al que recurre el budismo tiene como única finalidad liberarnos de las causas fundamentales del sufrimiento. Parte del principio de que determinados acontecimientos mentales son perturbadores, con independencia del grado y del contexto en el que sobrevengan. Así es, sobre todo, en los tres procesos mentales considerados las «toxinas» fundamentales de la mente: el deseo (como «sed», avidez que atormenta), el odio (el deseo de perjudicar) y la confusión (que deforma la percepción de la realidad), a los que generalmente el budismo añade el orgullo y los celos. Éstos son los cinco venenos principales, a los que se hallan vinculados unos sesenta estados mentales negativos. Los textos también mencionan «ochenta y cuatro mil emociones negativas» sin precisarlas todas, aunque este número simbólico da una idea de la complejidad de la mente humana y nos invita a comprender que los métodos para transformarla deben ser adaptados a la inmensa variedad de las disposiciones mentales. Por esa razón, el budismo habla de las «ochenta y cuatro mil puertas» que conducen al camino de la transformación interior.

9

Las emociones perturbadoras y sus remedios

El deseo, el odio y las demás pasiones son enemigos
sin manos y sin pies; no son ni valientes ni inteligentes.
¿Cómo he podido convertirme en su esclavo?
Emboscados en mi corazón, me golpean a su antojo y
yo ni siquiera me irrito. ¡Basta de absurda paciencia!

SHANTIDEVA

Según el budismo, controlar la mente consiste entre otras cosas en no dejar que las emociones se expresen indiscriminadamente. Un torrente cuyas orillas hemos estabilizado puede manifestar su vigor sin devastar el campo circundante. ¿Cómo quitarles a las emociones conflictivas su poder alienante sin volverse insensible al mundo, sin empañar los tesoros de la existencia? Si nos limitamos a relegarlas al fondo del inconsciente, resurgirán con un poder acrecentado en cuanto se presente la ocasión y no pararán de reforzar las tendencias que alimentan los conflictos interiores. Lo ideal es, por el contrario, dejar que las emociones negativas se formen y se disuelvan sin dejar marcas en la mente. Los pensamientos y las emociones continuarán surgiendo, pero ya no se acumularán y perderán el poder de convertirnos en sus esclavos.

Podría pensarse que las emociones conflictivas —la cólera, los celos, la avidez— son aceptables porque son naturales y que no es necesario intervenir. Pero la enfermedad es también un fenómeno natural y no por ello sería menos aberrante resignarse a aceptarla como un ingrediente deseable de la existencia. Tan legítimo es actuar sobre las emociones perturbadoras como curar una enfermedad. Esas emociones, ¿son realmente enfermedades? A primera vista, el paralelismo puede parecer exagerado. Pero, si nos fijamos mejor, no queda más remedio que constatar que dista mucho de carecer de fundamento, pues la mayoría de los trastornos interiores nacen de un conjunto de emociones perturbadoras.

La espiral de las emociones

¿No podríamos simplemente dejar que las emociones negativas se agotaran por sí solas? La experiencia demuestra que las emociones perturbadoras, al igual que una infección no tratada, adquieren fuerza cuando se les da libre curso. Dejar que la cólera estalle, por ejemplo, tiende a crear un estado psicológico inestable que vuelve a la persona cada vez más irascible. Los estudios psicológicos[1] llegan a unas conclusiones opuestas a la idea preconcebida de que dando libre curso a las emociones hacemos que disminuya temporalmente la tensión acumulada. En realidad, desde el punto de vista psicológico, lo que ocurre es todo lo contrario. Si evitamos dejar que la cólera se exprese abiertamente, la tensión arterial disminuye (y disminuye todavía más si adoptamos una actitud amistosa); en cambio, si la dejamos estallar, aumenta.[2]

Dejando sistemáticamente que las emociones negativas se expresen, contraemos hábitos de los que volveremos a ser víctimas en cuanto su carga emocional haya alcanzado el umbral crítico. Por añadidura, dicho umbral descenderá cada vez más y montaremos en cólera cada vez con más facilidad. El resultado será lo que comúnmente llamamos un «mal carácter», acompañado de un malestar crónico.

Observemos asimismo que estudios del comportamiento han demostrado que las personas más aptas para dominar sus emociones (controlándolas sin reprimirlas) son también las que manifiestan con más frecuencia un comportamiento altruista cuando se enfrentan al sufrimiento de los demás.[3] A la mayoría de las personas hiperemotivas les preocupa más su angustia ante la visión de los sufrimientos de los que son testigos que la forma en que podrían ponerles remedio.

De lo expuesto no debe deducirse que haya que reprimir las emociones. Eso sería impedir que se expresaran dejándolas intactas, lo que no puede sino ser una solución temporal y malsana. Los psicólogos afirman que una emoción reprimida puede provocar graves trastornos mentales y físicos, y que hay que evitar a toda costa que las emociones se vuelvan contra nosotros mismos. No obstante, la expresión incontrolada y desmedida de las emociones puede provocar también enfermedades mortales, entre las cuales el crimen y la guerra constituyen ejemplos corrientes. Es posible morir de apoplejía al sufrir un acceso de cólera o consumirse literalmente de deseo obsesivo. La conclusión es que en ninguno de los dos casos se ha sabido entablar el diálogo adecuado con las emociones.

¿ES POSIBLE LIBERARSE DE LAS EMOCIONES NEGATIVAS?

Cabría pensar que la ignorancia y las emociones negativas son inherentes a la corriente de la conciencia y que tratar de desembarazarse de ellas equivaldría a luchar contra una parte de uno mismo. Sin embargo, el aspecto más fundamental de la conciencia, la simple facultad de conocer, lo que hemos llamado la cualidad «luminosa» de la mente, no contiene de manera esencial ni odio ni deseo. La experiencia introspectiva muestra, por el contrario, que las emociones negativas son sucesos mentales transitorios que pueden ser destruidos por su contrario, a saber, las emociones positivas, que actúan como antídotos.

Con este fin, hay que empezar por *reconocer* que las emociones aflictivas son perjudiciales para el bienestar. Esta valoración no se basa en una distinción dogmática entre el bien y el mal, sino en una observación atenta de las repercusiones que determinadas emociones tienen, a corto y a largo plazo, en uno mismo y en los demás. Sin embargo, el simple hecho de reconocer el efecto nefasto de las aflicciones mentales no basta para superarlas. Es preciso también, tras esta toma de conciencia, familiarizarse de forma gradual con cada antídoto —la bondad como antídoto del odio, por ejemplo— hasta que la ausencia de odio se convierta en una segunda naturaleza. El término tibetano *gom*, que generalmente traducimos por *meditación*, significa más exactamente «familiarización». La meditación no consiste sólo en sentarse tranquilamente a la sombra de un árbol y relajarse para disfrutar de un respiro en las actividades cotidianas, sino en familiarizarse con una nueva visión de las cosas, una nueva forma de gestionar los pensamientos, de percibir a los seres y el mundo de los fenómenos.

El budismo enseña diversos métodos para lograr esta «familiarización». Los tres principales son los *antídotos*, la *liberación* y la *utilización*.[4] El primero consiste en buscar un *antídoto específico* para cada emoción negativa. El segundo permite desenmarañar o «liberar» la emoción descubriendo su verdadera naturaleza. El tercer método utiliza la fuerza de cada emoción como un *catalizador* de transformación interior. La elección de uno u otro método depende del momento, de las circunstancias y de las aptitudes de cada persona. Todos tienen en común un punto esencial y un mismo objetivo: ayudarnos a dejar de ser víctimas de las emociones conflictivas.

El uso de los antídotos

El primer método consiste en neutralizar las emociones aflictivas con ayuda de un antídoto específico, del mismo modo que neutralizamos los efectos destructores de un veneno con ayuda de un suero, o un ácido con ayuda de una base. Uno de los puntos fundamentales en los que el budismo hace hincapié es que dos procesos mentales diametralmente opuestos no pueden producirse de manera *simultánea*. Podemos oscilar con rapidez entre el amor y el odio, pero no podemos sentir en el *mismo instante de conciencia* el deseo de perjudicar a alguien y el de beneficiarlo. Estos dos impulsos son tan antagónicos como el agua y el fuego. Como señala el filósofo Alain: «Un gesto excluye a otro; si usted tiende amigablemente la mano, eso excluye el puñetazo».[5]

Del mismo modo, entrenando la mente en el amor altruista, eliminamos poco a poco el odio, ya que esos dos estados de ánimo pueden alternar, pero no coexistir en el mismo instante. Es importante, pues, empezar por descubrir los antídotos que corresponden a cada emoción negativa y luego cultivarlos. Dichos antídotos son para la psique lo que los anticuerpos son para el organismo.

Puesto que el amor altruista actúa como un antídoto directo contra el odio, cuanto más lo desarrollemos, más disminuirá el deseo de perjudicar hasta, finalmente, desaparecer. No se trata de reprimir el odio, sino de dirigir la mente hacia algo diametralmente opuesto: el amor y la compasión. Siguiendo una práctica budista tradicional, empezamos por reavivar la propia aspiración a la felicidad, luego extendemos esa aspiración a las personas que queremos y por último a todos los seres, amigos, desconocidos y enemigos. Poco a poco, el altruismo impregnará cada vez más nuestra mente hasta convertirse en una segunda naturaleza. Así pues, el entrenamiento en el pensamiento altruista constituye una protección duradera contra la animosidad y la agresividad crónicas.

Es asimismo imposible que la avidez o el deseo-pasión coexistan con el desapego, que permite saborear la paz interior y descansar a la sombra fresca de la serenidad. El deseo sólo puede desarrollarse plenamente si le permitimos campar por sus respetos hasta el punto de que acabe adueñándose de la mente. En este caso, la trampa está en que el deseo y el placer, su aliado, distan mucho de tener el aspecto horrible del odio. Incluso son muy seductores. Pero los hilos de seda del deseo, que a primera vista parecían tan frágiles, se tensan, y el suave ropaje que han tejido se convierte en una camisa de fuerza. Cuanto más nos debatimos, más nos aprieta.

El deseo, como veremos, puede ser sublime y utilizarse para engendrar una dicha altruista. No obstante, la mayoría de las veces la exacerbación del deseo produce la sensación de haberse dejado engañar por su poder de seducción. En el peor de los casos, nos incita continuamente a querer satisfacerlo a cualquier precio, y cuanto más parece escapársenos de las manos esa satisfacción, más nos obsesiona. En cambio, cuando contemplamos sus aspectos perturbadores y dirigimos la mente hacia la calma interior, la obsesión unida al deseo se funde como la nieve al sol. Pero, entendámonos: no se trata de dejar de amar a aquellos con los que compartimos la existencia ni de volvernos indiferentes a ellos, sino de no aferrarse a los seres y a las situaciones con una actitud posesiva mezclada con una profunda sensación de inseguridad. Si dejamos de proyectar sobre los seres las exigencias insaciables de nuestros apegos, estaremos en condiciones de amarlos más y de que nos importe realmente su verdadero bienestar.

Por poner otro ejemplo, la envidia y los celos proceden de la incapacidad fundamental para alegrarse de la felicidad o del éxito de los demás. Los celos exacerbados se vuelven violentos y destructivos. ¿Qué hacer cuando somos presa de esas imágenes torturadoras? El celoso, abandonándose a un automatismo mórbido, se regocija mentalmente con las escenas que «hurgan en la herida». Toda posibilidad de felicidad queda entonces excluida. Si se conserva el mínimo de lucidez para hacer esta constatación y elegir con valentía el antídoto necesario, hay que dejar esas imágenes a un lado durante un tiempo y no seguir reforzándolas. Después conviene engendrar empatía, amor altruista hacia todos los seres, incluidos nuestros rivales. Con este antídoto, la herida cicatrizará y, con el paso del tiempo, los celos ya no nos parecerán sino una pesadilla.

Se podría objetar: «Eso sería perfecto en un mundo ideal, pero ¿no son los sentimientos humanos ambivalentes por naturaleza? Amamos y sentimos celos al mismo tiempo. La complejidad y la riqueza de nuestros sentimientos son tales que podemos experimentar al mismo tiempo emociones contradictorias». ¿Son realmente incompatibles, como el calor y el frío, las emociones en cuestión? Se dice que podemos sentir un profundo amor por un compañero o una compañera, y al mismo tiempo odiarlos porque nos engañan. ¿Se trata entonces de verdadero amor? El amor, en el sentido en que lo hemos definido, es el deseo de que el ser al que amamos sea feliz y comprenda las causas de la felicidad. El amor verdadero y el odio no pueden coexistir, pues el primero desea la felicidad del otro, y el segundo, su desgracia. Cuando «odiamos» a la persona a la que «amamos», no queremos perjudicarla de verdad, pues en tal caso no la amaríamos, pero no soportamos la forma en que se comporta: reprobamos su conducta, nos enfurece que nos deje. El apego, el deseo y la posesividad acompañan con frecuencia al amor, pero *no son* el amor. Pueden coexistir con el odio, ya que éste no es su contrario. Existen, desde luego, estados mentales totalmente incompatibles: el orgullo y la humildad, los celos y la alegría, la generosidad y la avaricia, la calma y el nerviosismo, etc. Para éstos no hay ambivalencia posible.

Lo propio de la experiencia introspectiva consiste en distinguir, en el seno de esta complejidad, las emociones que contribuyen a la felicidad de las que son causa de sufrimiento. Con el uso es como el herborista distinguirá las plantas venenosas de las plantas medicinales. Del mismo modo, si observamos honradamente las repercusiones de nuestras emociones, nos resultará cada vez menos difícil distinguir las que incrementan nuestra alegría de vivir de las que la hacen disminuir.

Liberar las emociones

El segundo método consiste en preguntarse si, en vez de tratar de atajar cada emoción que nos aflige con su antídoto particular, podríamos identificar un antídoto *único*, que actuara en un nivel más fundamental sobre todas nuestras aflicciones mentales. No es ni posible ni deseable obstaculizar la actividad natural de la mente, y sería vano y malsano intentar bloquear los pensamientos. En cambio, si examinamos las emociones, nos damos cuenta de que no son más que flujos dinámicos desprovistos de existencia intrínseca. Es lo que el budismo llama la «vacuidad» de existencia real de los pensamientos. ¿Qué ocurrirá si, en vez de contrarrestar una emoción perturbadora mediante su contrario (la cólera mediante la paciencia, por ejemplo), nos limitamos a examinar la naturaleza de la propia emoción?

Un violento acceso de cólera nos domina. Tenemos la impresión de que no vamos a poder contenernos. Pero observemos atentamente. ¿Puedo localizar la cólera en el pecho, en el corazón o en la cabeza? Si me parece que sí, ¿tiene un color o una forma determinados? Me costaría mucho encontrar tales características. Cuando contemplamos una gran nube negra en un cielo tormentoso, presenta un aspecto tan sólido que da la sensación de que podríamos sentarnos encima. Sin embargo, si volamos hacia esa nube, no encontramos nada que podamos coger: es sólo vapor y aire. Examinemos la cólera más de cerca. ¿De dónde saca el poder para dominarme hasta semejantes extremos? ¿Posee un arma? ¿Quema como una hoguera o aplasta como una roca? Cuanto más intento delimitar de este modo la cólera, más desaparece ante mis ojos, como la escarcha bajo los rayos del sol.

¿De dónde viene, dónde se desarrolla, dónde desaparece? Todo cuanto podemos afirmar es que nace en la mente, permanece ahí unos instantes y se disuelve. Pero, como ya hemos visto, la propia mente es inasequible. Por consiguiente, examinando atentamente la cólera no encontraremos en ella nada consistente, nada que justifique la influencia tiránica que ejerce en nuestra manera de ser. Si no llevamos a cabo esta investigación, nos dejamos obnubilar por el objeto de la cólera e invadir por la emoción destructora. Si, por el contrario, nos percatamos de que la cólera no tiene ninguna consistencia en sí misma, de repente pierde su poder. Escuchemos a Khyentsé Rimpoché:

> Recordad que un pensamiento no es más que el producto del encuentro fugaz de numerosos factores y circunstancias. No existe por sí mismo. Así pues, cuando aparezca un pensamiento, reconoced su naturaleza de vacuidad. Inmediatamente perderá el poder de suscitar el pensamiento siguiente y la cadena de la ilusión acabará. Reconoced esa vacuidad de los pensamientos y dejad que estos últimos reposen un momento en la mente relajada para que la claridad natural de la mente permanezca límpida e inalterada.[6]

Es lo que el budismo llama la *liberación de la cólera en el momento en que surge* reconociendo su carácter de vacuidad, su falta de existencia propia. Dicha liberación se produce de manera espontánea, como en la imagen anteriormente citada del dibujo trazado con un dedo en el agua. Haciendo esto no reprimimos la cólera, sino que neutralizamos su poder de transformarse en causa de sufrimiento.

La mayoría de las veces realizamos este análisis una vez pasada la crisis. Aquí se trata de reconocer la naturaleza de la cólera en el momento mismo en que surge. Gracias a esta comprensión, los pensamientos ya no tienen oportunidad de encadenarse hasta constituir un flujo obsesivo y avasallador. Atraviesan la mente sin dejar residuos, como el vuelo sin rastro de un pájaro en el cielo.

Esta práctica consiste, pues, en concentrar la atención en la propia cólera en lugar de fijarla en su *objeto*. Por lo general, sólo consideramos dicho objeto, al que atribuimos un carácter intrínsecamente detestable, y de este modo encontramos siempre una justificación para la cólera. Por el contrario, si observamos la cólera, ésta acaba por desvanecerse ante la mirada interior. Puede resurgir, desde luego, pero a medida que nos acostumbramos a este proceso de liberación, la emoción se vuelve cada vez más transparente y, con el tiempo, la irascibilidad acaba por desaparecer.

Este método se puede utilizar para todas las demás aflicciones mentales; permite tender un puente entre el ejercicio de la meditación y las ocupaciones cotidianas. Si nos acostumbramos a mirar los pensamientos en el momento en que surgen y a dejar que se diluyan antes de que monopolicen la mente, será mucho más fácil mantenernos dueños de nuestra mente y gestionar las emociones conflictivas en el propio seno de la vida activa. Para aficionarnos a permanecer vigilantes y a esforzarnos, recordemos los dolores punzantes que nos infligen las emociones destructivas.

Utilizar las emociones como catalizadores

El tercer método es el más sutil y el más delicado. Si uno examina atentamente sus emociones, descubre que, como las notas de música, tienen numerosos componentes, o armónicos. La cólera incita a la acción y en muchas ocasiones permite superar un obstáculo. También presenta aspectos de claridad, vivacidad y eficacia que no son malos en sí mismos. El deseo posee un aspecto de dicha distinto del apego; el orgullo, un aspecto de confianza en uno mismo desprovisto de vacilación pero sin caer en la arrogancia, los celos, una determinación a actuar que no se puede confundir con la insatisfacción malsana que acarrea.

Por poco que uno sepa separar estos diferentes aspectos, resulta concebible reconocer y utilizar los lados positivos de un pensamiento generalmente considerado negativo. En realidad, lo que confiere a una emoción su carácter nocivo es el yo ficticio que se identifica con ella y se aferra a ella, que, entendida como real y enraizada en las tendencias habituales del individuo, origina una reacción en cadena a lo largo de la cual el destello inicial de claridad y vivacidad se convierte en cólera y hostilidad. Un entrenamiento apropiado permite intervenir antes de que se inicie la reacción.

Así pues, las emociones nos plantean un *reto*: reconocer que no son intrínsecamente perturbadoras, pero que se vuelven así en cuanto nos identificamos con ellas y nos aferramos a ellas. La «conciencia pura» de la que hemos hablado y que es fuente de todos los acontecimientos mentales no es en sí ni «buena» ni «mala»; los pensamientos sólo se vuelven perturbadores a partir del momento en que el proceso de la «fijación» cuaja, en que nos aferramos a las características que atribuimos al objeto de la emoción y al yo que la experimenta.

Si logramos evitar esa fijación, ya no es necesario hacer que intervenga un antídoto exterior: las propias emociones actúan como catalizadores que permiten liberarse de su influencia perjudicial. En realidad, hay un cambio de punto de vista: cuando caemos al mar, es el agua la que nos sirve de apoyo y nos permite nadar hacia tierra firme; pero es preciso saber nadar, es decir, ser suficientemente hábil para utilizar las emociones en el momento oportuno sin ahogarse en sus aspectos negativos.

Así pues, quien controla los procesos más íntimos del pensamiento puede utilizar las pasiones como leña para atizar el fuego del altruismo y de la realización espiritual. Sin embargo, este tipo de práctica exige un gran dominio del lenguaje de las emociones y entraña cierto peligro, pues dejar que poderosas emociones se expresen sin caer en sus garras es jugar con fuego, o más bien tratar de coger una joya que está sobre la cabeza de una serpiente. Si lo conseguimos, la comprensión de la naturaleza de la mente avanzará, mientras que si fracasamos, nos encontraremos dominados por las cualidades negativas de la cólera y el arrebato será más fuerte. Todo intento torpe provoca el resultado contrario. El marino experimentado puede pilotar su velero con todas las velas desplegadas cuando el viento arrecia, pero el timonel novato lo más probable es que haga zozobrar la embarcación.

TRES MÉTODOS Y UN SOLO OBJETIVO

Hemos visto que había que contrarrestar cada emoción negativa mediante un antídoto particular, después que uno solo sería suficiente y, por último, que también se podía utilizar la emoción negativa de forma positiva. Las contradicciones son sólo aparentes.

Estos métodos no son sino medios diferentes de abordar el mismo problema y de obtener el mismo resultado: no ser víctima de las emociones perturbadoras y de los sufrimientos que habitualmente acarrean. En el mismo registro, podemos muy bien considerar varias maneras de no acabar envenenados por una planta venenosa. Podemos recurrir a los antídotos adecuados para cada veneno a fin de neutralizar sus efectos. También podemos identificar el origen de la vulnerabilidad a esos venenos, nuestro sistema inmunitario, y luego, en una sola operación, reforzar dicho sistema para adquirir una resistencia global a *todos* esos venenos. Podemos, finalmente, analizar los venenos, aislar las diversas sustancias que los componen y observar que algunas de ellas, empleadas en dosis apropiadas, poseen virtudes medicinales.

Lo importante es que en todos los casos hemos alcanzado el mismo objetivo: dejar de ser esclavos de las emociones negativas y avanzar hacia la liberación del sufrimiento. Cada uno de estos métodos es como una llave: da igual que sea de hierro, de plata o de oro, con tal de que abra una puerta que conduzca a la libertad.

En cualquier caso, no hay que olvidar que en el origen de las emociones perturbadoras se encuentra el apego al yo. Para liberarse definitivamente del sufrimiento interior, no basta con liberarse de las emociones, sino que es preciso dejar de una vez de aferrarse al ego. ¿Es eso posible? Sí, porque, como hemos visto, el ego no existe sino como una ilusión, y una idea falsa puede ser disipada, aunque sólo mediante la sabiduría que reconoce la no existencia del ego.

Las emociones en el tiempo

A veces, las emociones son tan fuertes que no dejan espacio alguno a la reflexión y es imposible gestionarlas en el momento en que se expresan. El psicólogo Paul Ekman habla de un período «refractario» durante el cual sólo registramos lo que justifica la cólera o cualquier otra emoción fuerte.[7] Somos totalmente impermeables a todo lo que podría hacer comprender que el objeto de la cólera no es tan odioso como parece.

Alain describe este proceso como sigue: «Así funciona la trampa de las pasiones. Un hombre que está muy enfadado se interpreta a sí mismo una tragedia impresionante, vivamente iluminada, en la que se representa todos los errores de su enemigo, sus ardides, sus preparativos, sus engaños, sus planes para el futuro: todo es interpretado bajo el prisma de la cólera, lo cual aumenta la cólera».[8] En este caso, la única posibilidad es trabajar sobre las emociones *después* de que se hayan calmado. Una vez que las olas de las pasiones se han calmado es cuando descubrimos hasta qué punto estaba falseada nuestra visión de las cosas. Entonces nos sorprende constatar cómo nos han dominado e inducido a error las emociones. Creíamos que nuestra cólera estaba justificada, pero, para ser legítima, debería haber resultado más beneficiosa que dañina, cosa que raramente ocurre. La cólera puede romper el *statu quo* de una situación inaceptable o hacer comprender al otro que actúa de un modo nefasto. Sin embargo, estos accesos de cólera, puramente inspirados por el altruismo, son infrecuentes. La mayoría de las veces la cólera habrá herido a alguien y nos habrá sumido en un estado de profunda insatisfacción. Por lo tanto, no hay que subestimar jamás el poder de la mente: el de crear y cristalizar mundos de odio, de avidez, de celos, de euforia o de desesperación.

Una vez adquirida cierta experiencia, podremos afrontar la emoción *antes* de que surja. La veremos «venir de lejos» y sabremos distinguir entre las emociones que provocan sufrimiento y las que contribuyen a la felicidad. Los métodos que acabamos de describir permiten estar mejor preparados para gestionar las emociones, que poco a poco dejarán de dominarnos. Para evitar los incendios forestales en época de sequía, el guardabosques hace cortafuegos, acumula reservas de agua y permanece vigilante. Sabe perfectamente que es más fácil apagar una chispa que una hoguera gigantesca.

En una tercera fase, un conocimiento y un control mayores de la mente permitirán tratar las emociones en el momento preciso en que surgen, mientras se expresan. De este modo, como ya hemos descrito, las emociones que nos afligen son «liberadas» *a medida* que surgen. Son incapaces de sembrar confusión en la mente y de traducirse en palabras y actos que causen sufrimiento. Este método exige perseverancia, ya que no estamos acostumbrados a tratar los pensamientos así.

Contrariamente a lo que se podría pensar, el estado de libertad interior respecto a las emociones no produce ni apatía ni indiferencia. La vida no pierde color. Simplemente, en lugar de seguir siendo el juguete de nuestros pensamientos negativos, nuestros estados de ánimo y nuestro temperamento, nos hemos convertido en su dueño. No como un tirano que ejerciera sin tregua un control obsesivo sobre sus súbditos, sino como un ser humano libre y dueño de su destino.

En este punto, los estados mentales conflictivos dejan paso a un amplio abanico de emociones positivas que interactúan con los demás seres según una aprehensión fluida de la realidad. La sabiduría y la compasión se convierten en las influencias predominantes que guían nuestros pensamientos, nuestras palabras y nuestros actos. Khyentsé Rimpoché resume así esta progresión hacia la libertad interior:

> Cuando un rayo de sol da en un trozo de cristal, brotan destellos irisados, brillantes pero insustanciales. Del mismo modo, los pensamientos, en su infinita variedad —devoción, compasión, maldad, deseo—, son inaprensibles, inmateriales, impalpables. No hay uno solo que no esté vacío de existencia propia. Si sabéis reconocer la vacuidad de vuestros pensamientos justo en el momento en que surgen, se desvanecerán. El odio y el apego ya no podrán trastornar vuestra mente y las emociones perturbadoras cesarán por sí solas. Dejaréis de acumular actos nefastos y, en consecuencia, no causaréis más sufrimientos. Éste es el acto supremo de apaciguamiento.[9]

UN TRABAJO LARGO Y LABORIOSO

La gran mayoría de las investigaciones realizadas en el campo de la psicología moderna sobre la regulación de las emociones ha llevado a la manera de gestionar y de modular las emociones *después* de que nos hayan invadido la mente. Lo que parece faltar es el reconocimiento del papel central que pueden desempeñar en estos procesos una vigilancia y una lucidez acrecentadas, la «presencia despierta», para emplear el término budista. *Reconocer* una emoción justo en el momento en que aparece, *comprender* que no es sino un pensamiento desprovisto de existencia propia y *dejar que se desenmarañe* de forma espontánea, lo que evitará la cascada de reacciones que provoca habitualmente, todo eso se halla en el núcleo de la práctica contemplativa budista.

En una obra reciente,[10] Paul Ekman, que participa desde hace varios años en los encuentros entre el Dalai Lama y eminentes científicos, bajo los auspicios del movimiento Mind and Life (Mente y Vida), ha puesto el acento en la utilidad de una consideración atenta de las sensaciones emocionales, comparable a la vigilancia y la presencia despierta del budismo. Considera que es una de las maneras más pragmáticas de gestionar las emociones, es decir, de decidir si deseamos o no expresar una emoción con palabras y actos.

Se da por supuesto que dominar cualquier disciplina —la música, la medicina, las matemáticas— exige un entrenamiento intenso. Sin embargo, parece que en Occidente (dejando a un lado el psicoanálisis, de arduo proceso y resultados inciertos) casi nadie se plantea hacer esfuerzos persistentes y a largo plazo con la finalidad de transformar sus estados emocionales y su temperamento. El propio objetivo de la psicoterapia es otro y muy modesto. Según Han de Wit, «no puede ser conseguir la cesación del sufrimiento (el *nirvana*), o la Iluminación, sino permitir a las personas desesperadamente "atrapadas" en el *samsara* (y en el sufrimiento que produce) moverse en él con más holgura [...]. La meditación no pretende hacer el *samsara* soportable, pues el budismo lo considera profundamente malsano, fundamentalmente irracional y fuente inevitable de sufrimiento».[11] De manera que el objetivo del budismo no consiste sólo en «normalizar» nuestra forma neurótica de funcionar en el mundo. El estado que generalmente consideramos «normal» no es sino un punto de partida, no el objetivo. Nuestra existencia vale más que eso.

Así pues, la mayoría de los métodos concebidos por la psicología occidental para modificar de forma duradera los estados afectivos van dirigidos, sobre todo, al tratamiento de estados manifiestamente patológicos. Según Ekman y Davidson: «Aparte de algunas excepciones —en especial los desarrollos recientes pero rápidos de la "psicología positiva"—, no se ha hecho ningún esfuerzo encaminado a desarrollar las cualidades de la mente en individuos que no padecen desórdenes mentales».[12] Para el budismo, este enfoque es insuficiente, ya que un gran número de emociones conflictivas *son* desórdenes mentales. No es razonable considerar a una persona presa de un odio feroz o de unos celos obsesivos mentalmente sana, aunque su estado no sea por el momento competencia de la psiquiatría. Dado que esas emociones conflictivas forman parte de nuestra vida cotidiana, la importancia, si no la urgencia, de ocuparse de ellas parece menos evidente. En consecuencia, la noción de entrenamiento de la mente no entra en el abanico de las preocupaciones corrientes del hombre moderno, junto al trabajo, las actividades culturales, el ejercicio físico y el ocio.

La enseñanza de valores humanos se considera, en general, competencia de la religión o de la familia. La espiritualidad y la vida contemplativa se ven reducidas a ser meros complementos vitamínicos del alma. Los conocimientos filosóficos que adquirimos casi nunca van acompañados de una práctica y corresponde a cada individuo escoger sus propias normas de vida. Pero, en nuestra época, con la seudolibertad de hacer todo lo que le pasa por la cabeza y sin puntos de referencia, ese desdichado individuo se encuentra desamparado. Las consideraciones abstractas y, con mucha más frecuencia, incomprensibles de la filosofía contemporánea, combinadas con el ajetreo de la vida cotidiana y con la supremacía de la diversión, dejan poco espacio a la búsqueda de una fuente de inspiración auténtica en lo relativo a la orientación que podemos dar a nuestra vida. Tal como señala el Dalai Lama: «Quisiéramos que la espiritualidad fuera fácil, rápida y barata». Lo cual es tanto como decir inexistente. Es lo que Trungpa Rimpoché llamaba el «materialismo espiritual».[13] Pierre Hadot, especialista en filosofía antigua, señala que «la filosofía no es más que un ejercicio preparatorio para la sabiduría»[14] y que una verdadera escuela filosófica corresponde ante todo a determinada elección de vida.

Hay que reconocer que ofrecemos una resistencia tremenda al cambio. No nos referimos a los cambios superficiales impulsados por la atracción de lo novedoso —ésos le encantan a nuestra sociedad—, sino a la inercia profunda en relación con toda transformación verdadera de nuestra manera de ser. La mayor parte del tiempo, ni siquiera deseamos oír mencionar la posibilidad de cambiar y preferimos burlarnos de los que buscan una solución de recambio. Nadie tiene realmente ganas de montar en cólera, de ser celoso u orgulloso, pero cada vez que cedemos a esas emociones nos disculpamos diciendo que es algo normal, que forma parte de los sortilegios de la existencia. Entonces, ¿qué sentido tiene transformarse? ¡Seamos nosotros mismos! En resumen, distraigámonos, cambiemos de aspecto, de coche, de compañero, consumamos al máximo, emborrachémonos de ineptitud y de superfluidad, pero sobre todo no toquemos lo esencial, porque para eso habría que hacer verdaderos esfuerzos. Semejante actitud estaría justificada si nos sintiéramos realmente satisfechos de nuestra suerte. Pero ¿es así? «En el loco hay proselitismo y, ante todo, una voluntad de no ser curado», dice Alain.[15] Un amigo tibetano lo expresaba de este modo: «Si piensa que todo es perfecto en su vida, o bien es usted un buda, o bien es completamente idiota».

El ego es recalcitrante, se rebela cuando su hegemonía se ve amenazada, por eso preferimos proteger a ese parásito que nos es tan querido y nos preguntamos qué sería la vida sin él... ¡Apenas nos atrevemos a pensarlo! Es realmente una lógica muy curiosa del tormento.

Sin embargo, una vez comenzado el trabajo introspectivo, resulta que esa transformación dista mucho de ser tan penosa como parecía. Al contrario, desde el momento que decidimos iniciar tal metamorfosis interior, aunque inevitablemente nos enfrentamos a algunas dificultades, enseguida descubrimos una «alegría en forma de esfuerzo» que convierte cada paso en una nueva satisfacción. Tenemos la sensación de adquirir una libertad y una fuerza interiores crecientes, que se traducen en una disminución de las angustias y de los miedos. El sentimiento de inseguridad deja paso a una confianza teñida de alegría de vivir, y el egocentrismo crónico, a un altruismo cálido.

Un amigo espiritual, Sengdrak Rimpoché, que vive desde hace más de treinta años en las montañas, en la frontera entre Nepal y el Tíbet, me ha contado que cuando empezó sus retiros, siendo adolescente, pasó años muy difíciles. Las emociones, sobre todo el deseo, eran tan fuertes que creyó que se volvía loco (en la actualidad, habla de eso con una amplia sonrisa). Luego, poco a poco, familiarizándose con las diversas formas de tratar las emociones, adquirió una libertad interior absoluta. Desde entonces, cada instante es para él pura alegría. Y se nota. Es la persona más sencilla, alegre y reconfortante que he conocido. Da la impresión de que nada podría afectarle y de que las dificultades exteriores se deslizan sobre él como gotas de agua sobre una rosa. Cuando habla, con los ojos chispeantes de contento, desprende tal impresión de levedad que podría creerse que va a emprender el vuelo como si fuera un pájaro. Aunque lleva más años de práctica que la mayoría de las personas que practican la meditación que conozco, se comporta como si fuera un principiante. Continúa viviendo en la montaña, actualmente rodeado de trescientos hombres y mujeres, que se han unido a él y practican la meditación en lugares de retiro diseminados alrededor del suyo.

¿A quién se le ocurriría deplorar que hagan falta años para construir un hospital y una generación para completar una educación? Entonces, ¿por qué quejarse de los años de perseverancia necesarios para convertirse en un ser humano equilibrado y lleno de bondad?

10

El deseo

No es frecuente que una satisfacción se pose precisamente sobre el deseo que la había reclamado.

MARCEL PROUST

Nadie discutirá que desear es natural y que el deseo desempeña un papel motor en la vida. Pero no confundamos las aspiraciones profundas que engendra el curso de nuestra existencia con el deseo, que no es sino una sed, una tortura para la mente. El deseo puede adoptar formas infinitamente diversas: podemos desear un vaso de agua fresca, a un ser querido, un momento de paz, la felicidad de los demás; también podemos desear quitarnos la vida. El deseo tanto puede alimentar nuestra existencia como envenenarla.

Puede asimismo hacerse más amplio, libre y profundo para convertirse en una aspiración: llegar a ser una persona mejor, obrar en beneficio de los seres o alcanzar la Iluminación espiritual. Es importante establecer una distinción entre el deseo, que es esencialmente una fuerza ciega, y la aspiración, que va precedida de una motivación y de una actitud. Si la motivación es vasta y altruista, puede favorecer las mejores cualidades humanas y los mayores logros. Cuando es limitada y egocéntrica, sólo sirve para alimentar las preocupaciones sin fin de la vida corriente, que se suceden como olas desde el nacimiento hasta la muerte y no conllevan ninguna garantía de satisfacción profunda. Cuando es negativa, puede conducir a una destrucción devastadora.

Por natural que sea, el deseo degenera rápidamente en «veneno mental» en cuanto se convierte en sed imperativa, obsesión o apego incontrolable. Semejante deseo resulta tanto más frustrante y alienante cuanto que se encuentra en falso respecto a la realidad. Cuando estamos obsesionados por una cosa o un ser, la posesión o el disfrute de éstos se vuelve para nosotros una necesidad absoluta, y la avidez es fuente de tormento. Además, dicha «posesión» no puede sino ser precaria, momentánea y hallarse constantemente cuestionada. También es ilusoria, en el sentido en que llegamos a tener muy poco control sobre lo que creemos poseer. Como enseñaba el Buda Sakyamuni: «Presa del deseo, saltas de rama en rama sin encontrar jamás fruto alguno, como un mono en el bosque, de vida en vida sin encontrar jamás paz».

Los deseos presentan diferentes grados de duración e intensidad. Un deseo menor, como el de beber una taza de té o darse una buena ducha caliente, en general se satisface fácilmente y sólo se ve contrariado en condiciones muy adversas. Está también el deseo de superar un examen, de comprarse un coche o una vivienda, cuya realización puede presentar algunas dificultades, generalmente superables si demostramos perseverancia e ingenio. Por último, existe un nivel de deseo más fundamental, como el de fundar una familia, ser feliz con el compañero o la compañera elegidos, o ejercer un oficio que a uno le gusta. La realización de este tipo de deseo ocupa mucho tiempo y la calidad de vida que engendra depende de nuestras aspiraciones profundas, de la orientación que deseamos dar a nuestra vida: ¿queremos ejercer una actividad que alimente la alegría de vivir, o simplemente «hacer dinero» y alcanzar cierto rango en la sociedad? ¿Consideramos una relación de pareja desde la perspectiva de la posesión o de la reciprocidad altruista? Con independencia de cuáles sean nuestras elecciones, siempre y en cualquier ámbito aparece la dinámica del deseo.

En nuestros días, el deseo es continuamente alimentado y fomentado por la prensa, el cine, la literatura y la publicidad. Nos hace dependientes de la intensidad de nuestras emociones, para conducirnos a satisfacciones de breve duración. Por lo demás, no tenemos tiempo de apreciar el alcance de la frustración, pues surgen otras tentaciones; distraídos, posponemos sin cesar el examen y la puesta en práctica de lo que podría aportarnos un sentimiento de plenitud digno de tal nombre. Y la noria continúa girando.

En Hong Kong conocí a algunos de esos jóvenes lobos de la Bolsa que duermen tendidos en el suelo del despacho, en un saco de dormir, a fin de poder levantarse a media noche y tener los ordenadores a mano para «pillar» la Bolsa de Nueva York antes del cierre. Ellos también intentan ser felices, pero sin mucho éxito. Uno de ellos me confesó que cuando, una o dos veces al año, se encuentra sentado en pantalones cortos a la orilla del mar, mirando con expresión casi de asombro la belleza del océano, no puede evitar pensar: «¡Qué vida más triste llevo! Pero, de todas formas, el lunes por la mañana vuelvo a ella». Tal vez sea una falta de sentido de las prioridades. O de valor. O de quedarse en la superficie espejeante de los señuelos sin tomarse tiempo para sentarse unos instantes más en la orilla, para dejar ascender desde el fondo de uno mismo la respuesta a la pregunta: «¿Qué quiero hacer realmente de mi vida?» Una vez encontrada la respuesta, siempre hay tiempo de pensar en su realización. Pero ¿no es trágico obviar la pregunta?

El deseo alienante

El budismo no preconiza la abolición de los deseos sencillos ni de las aspiraciones esenciales, sino la libertad respecto a los deseos que esclavizan, los que provocan una multitud de tormentos inútiles. El deseo de comida cuando se tiene hambre, la aspiración a actuar en pro de la paz en el mundo, el ansia de conocimientos, el deseo de compartir la vida con los seres queridos, el impulso que incita a liberarse del sufrimiento: siempre y cuando estos deseos no estén teñidos de avidez y no exijan apoderarse de lo inasequible, pueden contribuir a que obtengamos una satisfacción profunda. El deseo ávido, en cambio, es insaciable. Cuando tenemos una cosa, queremos una segunda, luego una tercera, y así sucesivamente. Es algo que no tiene fin. Tan sólo el fracaso o el cansancio ponen coto de forma momentánea a esa sed de posesión, de sensaciones o de poder.

Los mecanismos del deseo

El ansia de sensaciones agradables se instala con facilidad en la mente porque el placer es amable, siempre está dispuesto a prestar sus servicios. Presenta bien las cosas, ofrece confianza y, mediante unas cuantas imágenes convincentes, barre todas nuestras vacilaciones: ¿qué tendríamos que temer de una oferta tan atrayente? Seguir el camino de los deseos es facilísimo. Pero el júbilo de los primeros pasos dura poco, para ser sustituido por la decepción que produce toda expectativa ingenua y la sensación de soledad que acompaña la saciedad de los sentidos. Una vez degustados, los placeres no perduran, no se acumulan, no se conservan y no fructifican: se desvanecen. Así pues, no es realista esperar que un día nos proporcionen una dicha duradera.

Schopenhauer, con su característico pesimismo, declara: «Todo deseo nace de una carencia, de un estado que no nos satisface; de modo que, mientras no es satisfecho, sufre. Y ninguna satisfacción es duradera; no es sino el punto de partida de un nuevo deseo. Vemos el deseo interrumpido por doquier, en lucha por doquier; luego, siempre en estado de sufrimiento. No hay fin para el esfuerzo; luego, no hay medida ni fin para el sufrimiento».[1] Esta afirmación es verdadera, pero incompleta. Supone que no podemos escapar al deseo y a los sufrimientos que éste perpetúa. Para lograrlo, hay que empezar por comprender cómo surge.

Lo primero que se constata es que todo deseo pasional (no nos referimos a sensaciones primarias, como el hambre o la sed) va precedido de una imagen mental. La formación de esa imagen puede haberla desencadenado un objeto exterior (una forma, un sonido, un contacto, un olor o un sabor) o interior (un recuerdo o un fantasma). Aunque nos hallemos sometidos a la influencia de tendencias latentes, aunque el deseo —sexual, en primer lugar— esté inscrito en nuestra constitución física, no puede expresarse sin una representación mental. Ésta puede ser voluntaria o parecer que se impone a nuestra mente, que se forma poco a poco o con la rapidez del relámpago, subrepticia u ostensiblemente, pero siempre precede al deseo, pues su objeto debe reflejarse en nuestros pensamientos. Sólo podemos desear y alimentar una sensación si la consideramos agradable. La comprensión de este proceso nos hace aptos para controlar la aceleración del diálogo interior que provoca la aparición del deseo.

Este punto de vista del budismo se asemeja al de las ciencias cognitivas. Según Aaron Beck, uno de los fundadores de la terapia cognitiva, las emociones siempre son engendradas por la cognición y no al contrario. Pensar en una persona atractiva hace nacer el deseo, pensar en un peligro produce miedo, pensar en una pérdida causa tristeza y pensar que un límite ha sido traspasado desencadena cólera. Cuando sentimos una de estas emociones, no resulta muy difícil reproducir la sucesión de pensamientos que ha conducido a ella.

Según Seligman: «Hace treinta años, la revolución efectuada por la psicología cognitiva puso patas arriba a la vez a Freud y a los conductistas, al menos en los medios académicos [...]. Según la teoría freudiana clásica, las emociones son lo que determina el contenido de los pensamientos».[2] Este último punto de vista quizá sea exacto en el caso de crisis emocionales que a primera vista parecen irracionales, ataques de angustia agudos, fobias graves que son la expresión de fijaciones formadas en el pasado, aunque no es menos cierto que estas tendencias son el resultado de una acumulación de imágenes y de pensamientos.

Generalmente, desde el momento en que las imágenes mentales vinculadas a un deseo empiezan a proliferar en la mente, o bien satisfacemos ese deseo, o bien lo reprimimos. En el primer caso hay abandono del dominio de uno mismo; en el segundo se desencadena un conflicto. El conflicto interior creado por la represión siempre es una fuente de tormento. Por el contrario, escoger la satisfacción es decirse: «Dejémonos de complicaciones. Satisfagamos nuestro deseo y no se hable más». El problema es que muy pronto volveremos a hablar de él, pues la satisfacción no es más que una tregua. Las imágenes mentales que el deseo forma sin cesar no tardan en resurgir. Y cuanto más frecuente sea la satisfacción, más numerosas, imperiosas y apremiantes se volverán esas imágenes. Lo que hemos hecho es desencadenar una autocombustión del deseo: cuanta más agua salada bebemos, más sed tenemos. El reforzamiento repetido de las imágenes mentales conduce al hábito y a la dependencia, tanto mental como física. Llegados a este punto, la experiencia del deseo se siente más como una servidumbre que como una satisfacción. Hemos perdido la libertad.

Otro ejemplo clásico es el del picor. Tratamos instintivamente de aliviarlo rascándonos. El alivio resulta agradable en ese momento, desde luego, pero el picor no tarda en aparecer de nuevo, más insoportable todavía, y acabamos rascándonos hasta hacernos sangre. Hemos confundido alivio y curación. Cuando decidimos no seguir rascándonos pese a que persiste el fuerte deseo de hacerlo, no es porque estaría «mal» rascarse, sino porque hemos aprendido por experiencia que dejarse una parte del cuerpo en carne viva es doloroso y que, si esperamos que el picor se calme, la tortura cesará. Así pues, no se trata de una represión malsana, ni de una cuestión de moral o de costumbres, sino de una acción inteligente en la que se da preferencia a un bienestar duradero sobre la alternancia del alivio y el dolor. Es una manera de actuar pragmática, basada en el análisis y en el sentido común. Nagarjuna, filósofo budista indio del siglo II, resume así este proceso: «Qué agradable es rascarse cuando algo nos pica, pero qué felicidad cuando deja de picarnos. Qué agradable es satisfacer los deseos, pero qué felicidad verse libre de ellos».[3] El principal obstáculo a esta libertad es la resistencia que oponemos a toda forma de cambio interior que implica un esfuerzo. Preferimos declarar con arrogancia: «He decidido rascarme».

Es posible llegar a estar más atentos a la manera en que se forman las imágenes mentales y adquirir primero la comprensión y luego el control de su evolución. La represión (o la satisfacción) sólo se ejerce cuando la intensidad del deseo es tal que resulta doloroso resistirse a traducirlo en acto. Pero, en el caso en que las imágenes mentales se forman y después se borran de manera natural, no hay ni intensificación ni represión del deseo. En el capítulo dedicado a los antídotos, consideramos diversos métodos que permiten conservar la libertad con relación al deseo sin reprimirlo. A medida que el poder de las imágenes mentales disminuye, dejamos de estar sometidos al deseo durante largos períodos sin tener que recurrir a la represión. Las escasas imágenes que continúan surgiendo no son sino destellos fugaces en el espacio de la mente.

Del deseo a la obsesión

El deseo obsesivo que a menudo acompaña a la pasión amorosa degrada el afecto, la ternura, la alegría de apreciar y de compartir la vida de los demás. Se sitúa en las antípodas del amor altruista. Procede de un egocentrismo enfermizo que sólo ama en el otro a sí mismo o, peor aún, intenta construir su propia felicidad a sus expensas. Este tipo de deseo lo único que persigue es adueñarse de los seres, los objetos y las situaciones que le parecen atrayentes y controlarlos. Considera que ser deseable es un carácter inherente a determinada persona, cuyas cualidades realza y cuyos defectos minimiza. «El deseo embellece los objetos sobre los que posa sus alas de fuego»,[4] observa Anatole France.

La pasión romántica es el ejemplo por antonomasia de ese tipo de ceguera. «Amor intenso, exclusivista y obsesivo. Afectividad violenta que menoscaba el juicio.» Así se define en el diccionario *Le Petit Robert* la pasión. Se alimenta de exageraciones y de fantasmas, y se obstina en querer que las cosas sean lo que no son. Su objeto idealizado es inalcanzable y fundamentalmente frustrante, como un espejismo. ¿Acaso no escribe Stendhal: «La pasión es comparable a la lotería: engaño seguro y felicidad buscada por los locos»?[5] A nadie sorprenderá que el Dalai Lama califique el amor romántico de «no muy realista».[6] «Es un simple fantasma que no merece los esfuerzos que se le dedican», añade. Otros van más allá, como Christian Boiron, para quien «el amor romántico, con su cortejo de pasión (lucha), de tristeza (inhibición) e incluso de celos (huida), entra de lleno en el terreno de la patología».[7]

En lo que se refiere al encaprichamiento sexual, tendremos que admitir, con este último autor, que «la atracción sexual no es patológica, pero tampoco es una emoción; se trata de la expresión normal de un deseo, como el hambre y la sed». Ello no obsta, sin embargo, para que sea la pasión sexual lo que despierta en nosotros las emociones más poderosas, pues implica a la vez a los cinco sentidos —vista, tacto, oído, gusto y olfato— y extrae de ellos su fuerza. Sin libertad interior, toda experiencia sensorial intensa engendra un cortejo de ataduras y nos somete cada vez más. Se asemeja a un pequeño remolino en un río: no le prestamos mucha atención, creemos que podemos nadar sin problemas, pero cuando el remolino adquiere fuerza y velocidad, nos aspira sin remedio. Quien sabe conservar una libertad interior perfecta experimenta todas esas sensaciones en la sencillez del momento presente, en la felicidad de una mente libre de ataduras y de expectativas.

El deseo obsesivo es una exacerbación de la intensidad y de la frecuencia de las imágenes mentales que lo desencadenan. Al igual que un disco rayado, repite incansablemente el mismo *leitmotiv*. Es una polarización del universo mental, una pérdida de fluidez que paraliza la libertad interior. Cada elemento de nuestro universo se vuelve sufrimiento, cada instante es vivido como una tortura, cada acontecimiento aviva los conflictos y estrecha los yugos. Alain declara: «¿Qué quedaría de la tristeza del enamorado maltratado que se revuelve en la cama en lugar de dormir y trama virulentas venganzas, si no pensara ni en el pasado ni en el futuro? ¿Dónde va a buscar su dolor el ambicioso golpeado por un fracaso si no es en un pasado que él mismo resucita y en un futuro que él mismo inventa?»[8]

Esas obsesiones se tornan muy dolorosas cuando no son satisfechas y se refuerzan cuando lo son. El universo de la obsesión es, pues, un mundo en el que la urgencia se mezcla con la impotencia. Estamos atrapados en un engranaje de tendencias y de pulsiones que confieren a la obsesión su carácter lancinante. Otra de sus características es la profunda insatisfacción que produce. La obsesión es ajena a la alegría y todavía más a la plenitud. Y no podría ser de otro modo, ya que la víctima de la obsesión busca obstinadamente una satisfacción en situaciones que son la propia causa de sus tormentos. El drogadicto refuerza su dependencia, el alcohólico se emborracha hasta el delirio, el enamorado rechazado contempla la foto de su amada de la mañana a la noche, el celoso da vueltas y más vueltas a las circunstancias que han causado su despecho. La obsesión engendra un estado de sufrimiento crónico y de ansiedad en el que se mezclan el deseo y la repulsión, la insaciabilidad y el cansancio. Nos «engancha» a las causas del sufrimiento.

Es interesante señalar que el estudio del cerebro indica que las zonas cerebrales y los circuitos neuronales que intervienen cuando sentimos una «necesidad» no son los mismos que cuando «queremos» algo.[9] Esto permite comprender cómo, cuando nos hemos acostumbrado a ciertos deseos, nos volvemos dependientes de ellos: continuamos sintiendo la necesidad de satisfacerlos incluso cuando ya no sentimos la sensación. Llegamos, entonces, a desear sin querer.[10] No obstante, nos gustaría liberarnos de la obsesión, que resulta dolorosa en la medida en que nos obliga a desear lo que ha dejado de satisfacernos. Por las mismas razones, también podemos querer algo o a alguien sin experimentar deseo.

La disociación entre la necesidad y el bienestar es ilustrada, en sumo grado, por el tipo de trampa que utilizan algunos esquimales para cazar lobos y que consiste en clavar en la nieve un cuchillo del que sólo sobresale la afilada hoja. Cuando los lobos lamen la hoja, se cortan la lengua y empiezan a sangrar, y al seguir lamiéndola, agravan sus heridas hasta morir desangrados.

En el mismo orden de ideas, unos investigadores implantaron electrodos a ratas en una zona del cerebro donde la excitación produce una sensación de placer. Las ratas pueden activar los electrodos presionando una barra. La sensación de placer es tan intensa que enseguida abandonan cualquier otra actividad, incluso la alimentación y el sexo. La búsqueda de esa sensación se convierte en un ansia inextinguible, en una necesidad incontrolable, y las ratas presionan la barra hasta acabar agotadas o morir.

Deseo, amor y apego

¿Cómo distinguir el amor verdadero del apego posesivo? El amor altruista se podría comparar con el sonido puro de una copa de cristal, y el apego, con el dedo que se posa sobre el borde del vaso y ahoga el sonido. Reconozcamos, para empezar, que la noción de amor desprovisto de apego es relativamente ajena a la mentalidad occidental. No estar apegado no significa que queramos menos a una persona, sino que no estamos preocupados por el amor a nosotros mismos a través del amor que decimos dar al otro. El amor altruista es la alegría de compartir la vida de los que nos rodean —amigos, compañeras, compañeros, mujer o marido— y de contribuir a su felicidad. Los queremos por lo que son, y no a través del prisma deformante del egocentrismo. En vez de estar ligados al otro, estamos interesados en su felicidad; en vez de querer poseerlo, nos sentimos responsables de su bienestar; en vez de esperar ansiosamente una gratificación por su parte, somos capaces de recibir con alegría su amor recíproco.

Luego, gradualmente, tratamos de extender todavía más ese amor. Hay que ser capaces de amar a todos los seres, sin condiciones. ¿No es demasiado pedir que amemos a un enemigo? Tal cosa puede parecer una empresa irrealizable. Sin embargo, ese sentimiento se basa en una constatación muy simple: todos los seres, sin excepción, desean evitar el sufrimiento y alcanzar la felicidad. El verdadero amor altruista es querer que ese deseo se realice. Si el amor que profesamos por los seres depende exclusivamente de la manera en que nos tratan, entonces es imposible amar a un enemigo pero, en cualquier caso, es posible desear que deje de sufrir y sea feliz.

¿Cómo conciliar ese amor incondicional e imparcial con el hecho de que en la vida mantenemos relaciones privilegiadas con determinados seres? Tomemos el ejemplo del sol. Brilla igual sobre todos los seres, con la misma claridad y el mismo calor en todas direcciones. Sin embargo, hay seres que por diversas razones se encuentran más cerca de él y reciben más calor. Pero en ningún momento esa situación privilegiada conlleva una exclusión. Pese a las limitaciones inherentes a toda metáfora, comprendemos que es posible hacer que nazca en nosotros mismos una bondad tal que lleguemos a considerar madres, padres, hermanos, hermanas o hijos a todos los seres. En Nepal, por ejemplo, llamaremos «hermana mayor» a toda mujer de edad superior a la nuestra y «hermana pequeña» a la que tenga menos años. Tal bondad abierta, altruista, solícita, lejos de hacer que disminuya el amor que sentimos por nuestros allegados, contribuye a que aumente, a que sea más profundo y hermoso.

Hay que ser realistas, por supuesto: no podemos manifestar concretamente de la misma manera nuestro afecto y amor a todos los seres vivos. Es normal que los efectos de nuestro amor afecten más a unas personas que a otras. Sin embargo, no hay ninguna razón para que una relación particular con un compañero o una compañera limite el amor y la compasión que podemos sentir por todos los seres. Esa limitación, cuando se produce, se denomina apego, y es perjudicial en la medida en que restringe inútilmente el campo del amor altruista. El sol ya no irradia su luz en todas direcciones, sólo queda un delgado rayo. Dicho apego es fuente de sufrimiento, pues el amor egocéntrico choca de forma constante contra las barreras que él mismo ha erigido. El deseo posesivo es exclusivista, la obsesión y los celos sólo tienen sentido, en realidad, en el universo cerrado del apego. El amor altruista es la expresión más elevada de la naturaleza humana, mientras esa naturaleza no esté viciada, oscurecida y distorsionada por las manipulaciones del ego. El amor altruista abre una puerta interior que hace inoperante el sentimiento de la importancia de uno mismo y, por lo tanto, el miedo; nos permite dar con alegría y recibir con gratitud.

11

El gran salto hacia la libertad

Qué alivio para el porteador que ha caminado mucho tiempo por el mundo del sufrimiento dejar en el suelo su pesado e inútil fardo.

LONGCHEN RABJAM[1]

Ser libre es ser dueño de uno mismo. Para muchas personas, este control guarda relación con la libertad de acción, de movimiento y de opinión, con la oportunidad de llevar a cabo los objetivos que nos hemos marcado. Eso implica situar la libertad principalmente en nuestro exterior, sin ser conscientes de la tiranía de los pensamientos. De hecho, según una concepción extendida en Occidente, ser libre equivale a poder hacer todo lo que se nos ocurre y a traducir en actos nuestros más mínimos caprichos. Una extraña concepción, puesto que de este modo nos convertimos en juguete de los pensamientos que agitan nuestra mente, al igual que en la cima de una montaña los vientos inclinan las hierbas en todas direcciones.

«Para mí, la felicidad sería hacer todo lo que quiero sin que nadie me prohíba nada», declaraba una joven inglesa en la BBC. La libertad anárquica, cuyo único objetivo es la realización inmediata de los deseos, ¿proporciona la felicidad? Parece dudoso. La espontaneidad es una cualidad preciosa, siempre y cuando no se confunda con la agitación mental. Si soltamos en nuestra mente la jauría del deseo, de los celos, del orgullo o del resentimiento, no tardará en tomar posesión del lugar y en imponernos un universo carcelario en continua expansión. Las prisiones se suman y se yuxtaponen, eliminando la alegría de vivir. En cambio, un solo espacio de libertad interior basta para abarcar toda la superficie de la mente, un espacio vasto, lúcido y sereno, que disuelva los tormentos y alimente la paz.

La libertad interior es ante todo la liberación de la dictadura del «yo» y del «mío», del «ser» sojuzgado y del «tener» imperioso, de ese ego que entra en conflicto con lo que le desagrada e intenta desesperadamente apropiarse de lo que codicia. Saber encontrar lo esencial y dejar de preocuparse por todo lo accesorio genera un profundo sentimiento de satisfacción sobre el que las fantasías del yo no tienen ninguna influencia. «Quien experimenta tal satisfacción —dice un proverbio tibetano— tiene un tesoro en la palma de la mano.»

Ser libre significa, pues, emanciparse de la presión de las aflicciones que dominan la mente y la oscurecen. Es tomar las riendas de la propia vida en lugar de abandonarla a las tendencias inventadas por el hábito y a la confusión mental. No es soltar el timón, dejar que las velas floten al viento y el barco parta a la deriva, sino pilotarlo poniendo rumbo hacia el destino elegido.

* * *

Los meandros de la indecisión

No se puede coser con una aguja de dos puntas.

Proverbio tibetano

En el Tíbet se cuenta la historia de un perro que vivía entre dos monasterios separados por un río. Un día, al oír la campana que anunciaba la hora de la comida en el primer monasterio, echó a nadar para cruzar el río. Cuando estaba a medio camino, oyó la campana del otro monasterio y dio media vuelta, de manera que no llegó a tiempo a ninguna de las dos comidas.

La indecisión puede ser contraria a toda realización. Atormentados por las posibles situaciones futuras, incapaces de tomar una decisión, apenas nos hemos resuelto por fin a actuar cuando nos hallamos sumidos de nuevo en la duda: ¿no sería preferible otra acción a la que acabamos de emprender? En muchísimos casos, la espera y el temor que nos desgarran son la expresión de una inseguridad profunda ante un futuro poblado de esperanzas y de miedos. La indecisión y el inmovilismo que ésta engendra constituyen, pues, un considerable obstáculo para la búsqueda de la felicidad. Los aplazamientos no son muestra de una reflexión sensata ni de una duda legítima, sino de una vacilación paralizadora y de un cavilar ansioso estrechamente vinculados al sentimiento de la importancia de uno mismo. A fuerza de estar preocupados por nosotros mismos, nos encontramos siempre divididos entre la esperanza y el miedo. Estos últimos monopolizan la mente y oscurecen el juicio, perpetuamente desgarrado entre varias «soluciones». Padecemos entonces, en palabras de Alain, «esa agitación que quita el sueño y es fruto de vanas resoluciones que no deciden nada y que bombardean una y otra vez el cuerpo y lo hacen saltar como un pez sobre la hierba».[2]

A quien está menos obsesionado por sí mismo le resulta más fácil examinar objetivamente los pormenores de una situación, tomar una decisión y ejecutarla con determinación. Cuando la elección no es evidente, mantenerse un tanto distanciado de los acontecimientos venideros permite decidir sin quedarse paralizado en la irresolución o el miedo. Se dice que el sabio actúa poco, pero que, una vez ha decidido pasar a la acción, su decisión es como una palabra grabada en la roca.

* * *

En la vida cotidiana, esta libertad permite estar abierto y ser paciente con los demás, manteniéndose firme en lo que se refiere a la orientación que se ha decidido dar a la propia existencia. Tener el sentido de una dirección es esencial. En el Himalaya, cuando se hace *trekking*, a veces hay que caminar días e incluso semanas. Se pasa mal a causa del frío, de la altitud, de las tormentas de nieve, pero, como cada paso aproxima al objetivo, siempre hay alegría en el esfuerzo que permite alcanzarlo. Si nos perdemos, si nos encontramos sin puntos de referencia en un valle desconocido o en un bosque, inmediatamente nos acobardamos; el peso del cansancio y de la soledad se hace sentir de repente, la ansiedad aumenta y cada paso de más constituye una prueba. Desesperados, ya no tenemos ganas de andar sino de sentarnos. Del mismo modo, la angustia que algunos sienten, ¿no procede de una falta de dirección en su existencia, de no haber tomado conciencia del potencial de transformación que hay en ellos?

Tomar conciencia de que uno no es ni perfecto ni totalmente feliz no es una debilidad. Es una constatación muy sana que no tiene nada que ver con la falta de confianza en uno mismo, la compasión sobre su suerte o una visión pesimista de la vida. Tal toma de conciencia conduce a una nueva apreciación de las prioridades de la existencia, a un brote de energía que en el budismo llamamos renuncia, término a menudo mal comprendido y que en realidad expresa un profundo deseo de libertad.

La paradoja de la renuncia

En la mente de muchos, la idea de renuncia y la de su compañero, el desapego, evocan un descenso a las mazmorras de la ascesis y de la disciplina. La triste privación de los pequeños placeres cotidianos. No hacer esto o aquello. Una serie de exhortaciones, de prohibiciones que restringen la libertad de disfrutar. Un proverbio tibetano dice: «Hablarle a alguien de renuncia es como golpear a un cerdo en el hocico con un palo. No le gusta nada». Sin embargo, la verdadera renuncia se asemeja más al vuelo de un pájaro por el cielo cuando desaparecen los barrotes de su jaula. De repente, las interminables preocupaciones que oprimían la mente se desvanecen y dejan que el potencial de libertad interior se exprese abiertamente. Parecemos con demasiada frecuencia un caminante exhausto que lleva un pesado saco al hombro lleno de una mezcla de provisiones y piedras. ¿No sería lo más razonable dejarlo un momento en el suelo para separar una cosa de otra y aligerar la carga?

La renuncia no consiste, pues, en privarse de lo que nos proporciona alegría y felicidad —eso sería absurdo—, sino en poner fin a lo que nos causa innumerables e incesantes tormentos. Es tener valor para liberarse de toda dependencia relacionada con las propias causas del malestar. Es decidir «salir del agujero», un deseo que sólo puede nacer de la observación atenta de lo que sucede dentro de nosotros en la vida cotidiana. Es fácil que uno no sea honrado consigo mismo y se engañe porque no quiere ni concederse tiempo para analizar las causas de su sufrimiento ni tomarse la molestia de hacerlo.

La renuncia, en suma, no significa decir «no» a todo cuanto es agradable, privarse de helado de fresa o de una buena ducha caliente cuando uno vuelve de una larga marcha por la montaña, sino en preguntarse en relación con determinado número de elementos de la vida: «¿Va a hacerme esto más feliz?» Una felicidad auténtica, de verdad —olvidemos la euforia artificiosa— debe perdurar a través de las vicisitudes de la existencia. En lugar de prohibirnos desear, abrazamos lo más deseable que existe. Renunciar es tener la audacia y la inteligencia de examinar lo que solemos considerar placeres y de comprobar si realmente aportan más bienestar. El que renuncia no es un masoquista que considera malo todo lo que es bueno. ¿Quién aceptaría semejante necedad? Es aquel que se ha tomado tiempo para mirar en su interior y ha constatado que algunos aspectos de su vida no merecían que se aferrara a ellos.

Nuestra vida está llena de multitud de incesantes actividades. El trabajo, claro, es una de ellas. Pero, ¿es necesario continuar incrementando las posesiones si ya se vive holgadamente? Cuando disponemos de tiempo libre, ¿qué hacemos? ¿Es urgente cambiar las lámparas, pintar las contraventanas verdes de marrón, plantar de cien maneras diferentes el jardín? ¿Es realmente indispensable ir de compras hasta acabar agotado, cambiar de coche cada tres años? Tener más objetos, más ropa, una casa decorada con estilo o una cocina de diseño nos causará placer, desde luego, pero ¿a qué precio? El de nuestro tiempo, nuestra energía y nuestra atención. Si sopesamos el pro y el contra, hay tantas cosas que podemos transformar y tantas otras de las que podemos prescindir para llevar una vida mejor y menos dispersa en lo superfluo. Tal como decía el sabio taoísta Chuang-tse: «Quien ha penetrado el sentido de la vida, ya no hace ningún esfuerzo por lo que no contribuye a la vida».

La distancia respecto a las cosas no esenciales nace de una profunda lasitud en relación con un mundo dominado por la confusión y el sufrimiento —lo que el budismo llama el *samsara*—, que se manifiesta mediante un desencanto en lo concerniente a las preocupaciones más vanas de la existencia. El desapego es la fuerza tranquila de quien está decidido a no dejarse arrastrar por los pensamientos ni acaparar por toda clase de actividades y de ambiciones triviales, que devoran su tiempo y en definitiva sólo le aportan satisfacciones menores y efímeras.

El desapego no es ni mucho menos indiferencia; tiene una connotación de alegría, de esfuerzo entusiasta y de libertad. Permite estar abierto a los demás, dispuesto a dar y a recibir, libre de expectativas y de temores. Aporta el alivio de haberse deshecho por fin de la insatisfacción crónica provocada por un círculo vicioso.

Libre del pasado, libre del porvenir

Un día, un tibetano fue a ver a un anciano sabio al que yo también acostumbraba a visitar, cerca de Darjeeling, en la India. Empezó a contarle sus desgracias pasadas y continuó enumerándole todo lo que temía del futuro. Durante todo ese tiempo, el sabio asaba tranquilamente patatas en un brasero colocado delante de él. Al cabo de un rato, le dijo a su quejumbroso visitante: «¿Por qué te atormentas tanto por lo que ya ha dejado de existir y lo que no existe todavía?» El visitante, desconcertado, se calló y permaneció un buen rato en silencio junto al maestro, quien de vez en cuando le tendía unas sabrosas patatas crujientes.

La libertad interior permite saborear la sencillez límpida del momento presente, libre del pasado y del futuro. Liberarse de la invasión de los recuerdos del pasado no significa que seamos incapaces de extraer enseñanzas útiles de las experiencias vividas. Liberarse del temor respecto al futuro no implica que seamos incapaces de abordar el porvenir con lucidez, sino que no nos dejamos arrastrar hacia tormentos inútiles.

Tal libertad tiene un componente de claridad, de transparencia y de alegría que la proliferación habitual de cavilaciones y fantasmas impide. Permite aceptar las cosas con serenidad sin por ello caer en la pasividad o la debilidad. Es también una manera de utilizar *todas* las circunstancias de la vida, favorables o adversas, como catalizadores de transformación personal, de evitar distraerse o ser arrogante cuando las circunstancias son favorables, y deprimirse cuando se tornan contrarias.

La inteligencia de la renuncia

El Buda Sakyamuni, el ejemplo por antonomasia del renunciante, era extremadamente realista. Si renunció al mundo, no fue ni porque su vida principesca no fuera lo bastante fastuosa ni porque sus ambiciones se vieran frustradas o sus deseos insatisfechos. Había disfrutado de todos los lujos, de todos los placeres, de todas las riquezas, de belleza, de poder y de fama. No renunció a lo que era deseable en una vida humana, sino tan sólo al sufrimiento, a la insatisfacción inherente al mundo condicionado por la ausencia de sabiduría. Bajo el árbol de la Bodhi, en los albores de su Iluminación, cuando cayeron los últimos velos de la ignorancia, el Buda comprendió que el mundo fenoménico se manifestaba mediante el mecanismo de la interdependencia y que nada existía de forma autónoma y permanente, ni el yo ni las cosas. «Arquitecto —le dijo a Mara, el demonio del ego—, tú no volverás a reconstruir tu morada.»

Las enseñanzas que impartió a partir de entonces no inculcan la frustración. La renuncia es una forma sensata de tomar las riendas de la propia vida, es decir, de estar harto de dejarse manipular como un pelele por el egocentrismo, la carrera por el poder y las posesiones, el ansia de fama y la búsqueda insaciable de los placeres. El verdadero renunciante tiene una mente absolutamente sana y está bien informado de lo que pasa a su alrededor. No huye del mundo porque sea incapaz de controlarlo, sino que se desinteresa de las preocupaciones fútiles porque ve sus inconvenientes. Su postura es fundamentalmente pragmática. ¿Cuántos seres confundidos, apasionados o pusilánimes se han perdido en las locuras de una vida que pasa con la misma rapidez que un gesto furtivo? «Por delicadeza, he perdido la vida», escribe Rimbaud. El renunciante no manifiesta debilidad sino audacia.

La renuncia lleva asimismo aparejado un delicioso sabor de sencillez, de paz profunda. Cuando la hemos probado, resulta cada vez más fácil. Sin embargo, no se trata de *forzarse* a renunciar; semejante actitud sería utópica y no tendría futuro. Para desprenderse de algo, hay que tener muy presentes las ventajas que se derivan de ello y sentir una profunda aspiración a liberarse de aquello a lo que uno se dispone a renunciar. La renuncia se siente entonces como un acto liberador, no como una imposición desgarradora.

Sin descuidar por ello a los seres con los que compartimos la vida, llega el momento de salir de esas interminables montañas rusas en las que alternan felicidad y sufrimiento. Viajero cansado o espectador ebrio de imágenes y de ruido que se retira hacia el silencio. Actuando así, no rechaza nada, sino que lo simplifica todo.

EL BÁLSAMO DE LA SENCILLEZ

«La vida se pierde en detalles... ¡Simplificad, simplificad, simplificad!», decía el moralista norteamericano Henry David Thoreau.[3] Simplificar nuestros actos, nuestras palabras y nuestros pensamientos para desembarazarnos de lo superfluo. Simplificar nuestras actividades, no caer en la indolencia sino, por el contrario, adquirir una libertad creciente y remediar el aspecto más sutil de la inercia, el que, siendo conscientes de lo que de verdad cuenta en la existencia, nos hace preferir mil actividades secundarias que se suceden sin fin como pequeñas olas.

Simplificar nuestro discurso es evitar el raudal de palabras inútiles que proferimos sin parar. Es, sobre todo, abstenerse de lanzar flechas que traspasan el corazón de los demás. Las conversaciones corrientes son «ecos de ecos», se lamentaba el eremita Patrul Rimpoché. Basta con encender el televisor o asistir a una reunión mundana para ser engullido por un aluvión de palabras que no sólo son inútiles sino que exacerban la codicia, el resentimiento, la vanidad... No se trata de encerrarse en un silencio altanero, sino de tomar conciencia de lo que es una frase acertada y de lo que representa el valor del tiempo. Una frase acertada evita la palabrería, las mentiras egoístas, los comentarios crueles y los chismorreos, cuyo único efecto es distraernos y sembrar la confusión; siempre se adapta a las circunstancias, es suave o firme según los casos, y proviene de una mente altruista y controlada.

Tener una mente sencilla no es ser simple.[4] Al contrario, la sencillez de la mente va acompañada de lucidez. Como el agua clara que permite ver el fondo del lago, la sencillez permite ver la naturaleza de la mente detrás del velo de los pensamientos errabundos.

Como expresa de manera tan inspirada André Comte-Sponville: «El hombre sencillo vive igual que respira, sin más esfuerzos ni más gloria, sin más efectos ni más vergüenza. La sencillez no es una virtud que pueda añadirse a la existencia. Es la existencia misma, en tanto en cuanto nada se añade a ella [...]. Sin otra riqueza que todo. Sin otro tesoro que nada. Sencillez es libertad, levedad, transparencia. Sencillo como el aire, libre como el aire [...]. El hombre sencillo no se toma ni en serio ni trágicamente. Sigue su camino con el corazón ligero y el alma en paz, sin meta, sin nostalgia, sin impaciencia. Su reino es el mundo y le basta. Su eternidad es el presente y lo colma. No tiene nada que demostrar, puesto que no quiere aparentar nada. Ni nada que buscar, puesto que todo está ahí. ¿Hay algo más sencillo que la sencillez? ¿Algo más ligero? Es la virtud de los sabios y la sabiduría de los santos».[5]

Un vagabundo diferente

No puedo resistirme al placer de relatar un episodio de la vida de un eremita tibetano del siglo XIX, Patrul Rimpoché.[6] A primera vista, ningún signo exterior permitía identificarlo como un gran maestro espiritual. Todo su equipaje se reducía al bastón de peregrino, una bolsa de tela que contenía una vasija de barro donde se preparaba el té y un ejemplar de *La marcha hacia la luz*,[7] texto clásico sobre el amor y la compasión, y sus únicas ropas eran las que llevaba puestas. Se paraba donde le parecía y se quedaba allí un tiempo indeterminado: grutas, bosques, refugios... Cuando iba a un monasterio, siempre llegaba de improviso para evitar cualquier preparativo en su honor. Durante su estancia, ocupaba una sencilla celda de monje o acampaba en el exterior.

Un día, Patrul Rimpoché impartió unas enseñanzas a varios miles de personas junto al monasterio de Dzamthang, en el este del Tíbet. En lugar de sentarse en un trono, en el interior de un templo, se instaló en lo alto de una colina cubierta de hierbas, en un prado. Aunque todo el mundo se enteró de que nunca aceptaba ofrendas, cuando terminó de impartir sus enseñanzas un anciano insistió en regalarle un lingote de plata y lo dejó a los pies del eremita antes de marcharse con presteza.

Patrul se echó el hatillo al hombro, cogió el bastón y se puso de nuevo en marcha. Un ladrón que había observado la escena lo siguió con la intención de robarle el lingote. Patrul caminó solo, sin un destino preciso, y pasó una plácida noche al aire libre. Aprovechando que dormía, el ladrón se acercó furtivamente a favor de la oscuridad. Junto a Patrul estaba la bolsa de tela y la vasija de barro. Al no encontrar nada, el ladrón se puso a registrar el amplio abrigo de piel de cordero que llevaba el eremita.

El bandido acabó por despertar a Patrul, quien le dijo:

—¿Se puede saber qué haces rebuscando en mis ropas?

—Un hombre os ha regalado un lingote de plata —respondió el ladrón, sin pensárselo dos veces—. ¡Dádmelo!

—¡Vaya, vaya! —exclamó el eremita—. ¡Sí que llevas una vida difícil, corriendo de aquí para allá como un loco! Has venido de muy lejos sólo por ese pedazo de plata. ¡Pobrecillo! Pues ahora presta atención: vuelve sobre tus pasos y al amanecer llegarás al montículo en el que estaba sentado. La plata está allí.

El ladrón se mostraba bastante escéptico, pero había registrado lo suficiente las cosas del eremita para saber que no llevaba el lingote encima. Aunque dudaba de encontrarlo en el lugar que le había indicado Patrul, regresó y buscó en las laderas del montículo: el lingote estaba allí, brillando entre la hierba.

El bandido pensó: «Este tal Patrul no es un lama corriente. Se ha liberado de toda atadura. Al intentar desvalijarlo, he acumulado un pésimo karma». Devorado por los remordimientos, partió de nuevo en busca del eremita. Cuando por fin le dio alcance, Patrul lo increpó en estos términos:

—¿Otra vez tú? ¿Continúas corriendo por montes y valles? ¡Te dije que no tengo ese lingote! ¿Qué más quieres?

El malhechor se prosternó ante Patrul y le confesó, hondamente emocionado:

—No vengo a robaros nada. He encontrado la plata. ¡Cuando pienso que estaba dispuesto a golpearos y a apoderarme de todo cuanto poseéis! Sois un auténtico sabio. Os pido perdón y deseo ser vuestro discípulo.

Patrul lo calmó:

—No vale la pena que me ofrezcas tu confesión ni que me pidas perdón. Demuestra generosidad, invoca al Buda y practica sus enseñanzas. Eso bastará.

Algún tiempo más tarde, algunas personas se enteraron de lo que había pasado y le propinaron una paliza al ladrón. Cuando el suceso llegó a oídos de Patrul Rimpoché, éste las reprendió severamente:

—Maltratar a ese hombre es hacerme daño a mí. Dejadlo tranquilo.

Yo conocí en Sikkim, en el noreste de la India, a un eremita que se llamaba Kangri Lopeun (Sabio de las Montañas Nevadas). Vivía en una pequeña gruta mínimamente acondicionada, sentado sobre una piel de cordero. Los nómadas de los alrededores le llevaban a menudo provisiones. Él se quedaba lo necesario para pasar el día y, con su acostumbrada amabilidad, ofrecía el resto a los visitantes que iban a pedirle consejo espiritual. Era la sencillez personificada, una sencillez que deslumbraba mucho más que la arrogancia más resplandeciente.

Libre para los demás

La libertad como fuente de felicidad, de plenitud duradera, está íntimamente unida al altruismo. ¿De qué sirve una libertad que sólo beneficia a uno mismo? Pero, para respetar plenamente el derecho de los seres a evitar el sufrimiento, uno mismo debe estar liberado de las cadenas del egocentrismo. Según el budismo, esta verdad fundamental no afecta sólo a los hombres, sino a los seres en su conjunto. Curiosa libertad, en efecto, valerse del derecho del más fuerte para alimentarse de la vida de los demás convirtiendo nuestro estómago en su cementerio. ¿Quién nos da derecho a construir nuestro bienestar sobre la desgracia de los demás? Como dice el investigador Luca Cavalli-Sforza: «La mayoría de las personas considera que el derecho de los pollos y los cerdos a la vida se acaba ante nuestro plato».[8]

Podemos invocar las leyes de la naturaleza, desde luego, pero ¿no es lo propio de la inteligencia la facultad de mirar a los demás desde un punto de vista más amplio, sabio y compasivo? Los animales tienen un poder de destrucción limitado, mientras que el hombre, como recuerda con frecuencia el Dalai Lama, es el único capaz de hacer un bien o un daño inmenso a sus semejantes. Ése es el poder de la inteligencia, arma de doble filo por excelencia. Para que la inteligencia sirva a fines altruistas, es esencial que se emancipe del egoísmo, de la indiferencia y de la crueldad. Es una condición indispensable para la realización de la felicidad de los demás. Y para ayudar mejor a los demás, hay que empezar por transformarse uno mismo.

Así pues, ser libre es tener la facultad de seguir un camino de transformación interior. A tal fin, es preciso vencer no sólo la adversidad exterior, sino todavía más a nuestros enemigos interiores: la pereza, la dispersión mental y todos los hábitos que nos desvían constantemente de la práctica espiritual o la difieren.

Los placeres, atrayentes a primera vista, casi siempre se transforman en su contrario. El esfuerzo que exige un camino espiritual y el proceso de liberación del sufrimiento siguen una progresión inversa. Arduo a veces al principio, se vuelve cada vez más fácil e inspirador, y poco a poco suscita un sentimiento de plenitud irremplazable. Su aspecto austero deja paso a una satisfacción profunda que los estados de dependencia o de saciedad no pueden proporcionar. *Sukha* constituye una especie de armadura tan flexible como invulnerable. «Los pájaros hieren fácilmente a los caballos que tienen el lomo magullado; las circunstancias hieren fácilmente a las naturalezas temerosas, pero no hacen mella en las naturalezas estables»,[9] dice un sabio tibetano. Semejante realización merece de sobra el nombre de libertad.

12

El odio

El odio es el invierno del corazón.

VICTOR HUGO

De todos los venenos mentales, el odio es el más nefasto. Causa toda clase de actos violentos, de genocidios, de atentados contra la dignidad humana. Sin odio no habría crímenes, no habría guerras, no habría habido esos milenios de sufrimiento que son nuestra historia, la de todos. Si alguien nos pega, el instinto nos empuja a devolverle el golpe. Las sociedades humanas dan derecho a sus miembros a responder de forma más o menos justa según su grado de civilización. La indulgencia, el perdón y la comprensión de las razones del agresor se consideran, en general, opciones facultativas. Es raro que seamos capaces de considerar a un criminal la víctima de su propio odio. Y todavía más difícil comprender que el deseo de venganza procede fundamentalmente de esa misma emoción que ha llevado al agresor a perjudicarnos. Mientras el odio de uno engendre el de otro, no acabará el ciclo del resentimiento y de las represalias. «Si el odio responde al odio, jamás cesará», enseñaba el Buda Sakyamuni.

LOS HORRIBLES ROSTROS DEL ODIO

La cólera, precursora del odio, obedece a la pulsión de apartar a cualquiera que constituya un obstáculo para las exigencias del yo, sin consideración hacia el bienestar de los demás. Se traduce asimismo en la hostilidad que experimentamos cuando el yo se ve amenazado, y en el resentimiento cuando ha sido herido, despreciado o ignorado. La malevolencia es menos violenta que el odio, pero más insidiosa e igualmente perniciosa. Prende en el odio, que es el deseo y el acto de perjudicar a alguien, directa o indirectamente, destruyendo las causas de su felicidad.

El odio exagera los defectos de su objeto y pasa por alto sus cualidades. La mente, obsesionada por la animosidad y el resentimiento, se encierra en la ilusión y se convence de que la fuente de su insatisfacción reside totalmente fuera de ella. En realidad, aunque el resentimiento haya sido desencadenado por un objeto exterior, se encuentra en nuestra mente. Mi maestro Dilgo Khyentsé Rimpoché explicaba:

> El odio o la cólera que podemos sentir hacia una persona no le son inherentes, sólo existen en nuestra mente. Cuando vemos a quien consideramos un enemigo, todos nuestros pensamientos se centran en el recuerdo del daño que nos ha hecho, en sus ataques presentes y en los que podría llevar a cabo en el futuro. La irritación y más tarde la exasperación nos invaden, hasta el punto de que ya no podemos soportar oír su nombre. Cuanto más libre curso damos a esos pensamientos, más nos invade el furor y, con él, el deseo irresistible de coger una piedra o un palo. Así es como un simple acceso de cólera puede conducir al paroxismo del odio.[1]

El odio no se expresa sólo mediante la cólera, pero esta última estalla cuando las circunstancias se prestan a ello. La cólera va unida a otras emociones y actitudes negativas: agresividad, resentimiento, rencor, desprecio, intolerancia, fanatismo, maledicencia y, por encima de todo, ignorancia. También puede nacer del miedo, cuando pesa una amenaza sobre nuestra persona o sobre seres queridos.

Hay que distinguir asimismo el «odio cotidiano», el que guarda relación con nuestros allegados. ¿Qué debemos hacer cuando odiamos a un hermano, un socio o un ex marido? Esas personas nos obsesionan. Su rostro, sus costumbres, sus defectos repetidos hasta la saciedad alimentan sin descanso una aversión cotidiana que puede rayar en la execración. Conocí a un hombre que se ponía rojo de ira en cuanto mencionaban el nombre de su mujer, que lo había dejado... hacía veinte años.

Los efectos nefastos e indeseables del odio son evidentes. Basta con mirar un instante dentro de uno. Bajo su dominio, la mente ve las cosas de una manera no realista, lo cual es fuente de frustraciones interminables. El Dalai Lama da una respuesta: «Cediendo al odio, no necesariamente causamos daño a nuestro enemigo, pero a buen seguro nos perjudicamos a nosotros mismos. Perdemos la paz interior, ya no hacemos nada de forma correcta, digerimos mal, dejamos de dormir, ahuyentamos a los que vienen a vernos, lanzamos miradas furibundas a los que tienen la audacia de cruzarse en nuestro camino. Hacemos la vida imposible a los que viven con nosotros e incluso nos alejamos de nuestros amigos más queridos. Y como los que se compadecen de nosotros son cada vez menos, estamos cada vez más solos. [...] ¿Para qué? Aun cuando llevemos la rabia al extremo, jamás eliminaremos a todos nuestros enemigos. ¿Conocéis a alguien que lo haya conseguido? Mientras alberguemos en nosotros a ese enemigo interior que es la cólera o el odio, por más que destruyamos hoy a nuestros enemigos exteriores, mañana surgirán otros».[2] El odio es a todas luces nocivo, cualesquiera que sean la intensidad y las circunstancias que lo motivan.

Una vez que el odio nos invade, ya no somos dueños de nosotros mismos y nos resulta imposible pensar en términos de amor y de compasión. Seguimos entonces ciegamente nuestras inclinaciones destructoras. Sin embargo, el odio siempre empieza con un simple pensamiento. En ese preciso momento es cuando hay que intervenir y recurrir a uno de los métodos de disolución de las emociones negativas que describimos anteriormente.

EL DESEO DE VENGANZA, DOBLE DEL ODIO

Es importante señalar que podemos experimentar una profunda aversión hacia la injusticia, la crueldad, la opresión, el fanatismo, las motivaciones y los actos perjudiciales, y hacer todo lo posible para contrarrestarlos sin sucumbir al odio.

Si observamos a un individuo presa del odio, la cólera y la agresividad a la cruda y violenta luz de tales desbordamientos, deberíamos considerarlo más un enfermo que un enemigo. Un ser al que hay que curar y no castigar. Si, en un acceso de locura, un enfermo ataca al médico, éste debe controlarlo y curarlo sin sentir odio hacia él. Podemos experimentar una repulsión sin límites hacia las malas acciones cometidas por un individuo o un grupo de individuos, así como una profunda tristeza en relación con los sufrimientos que éstas han producido, sin ceder al deseo de venganza. La tristeza y la repulsión deben ir asociadas a una profunda compasión motivada por el estado miserable en que ha caído el criminal. Conviene diferenciar al enfermo de su enfermedad.

Es importante, pues, no confundir el asco y la repulsión ante un acto abominable con la condena irrevocable y perpetua de una persona. El acto no se ha cometido solo, por supuesto, pero, aunque en este momento piense y se comporte de forma extremadamente dañina, el más cruel de los torturadores no nació cruel y nadie sabe cómo será dentro de veinte años. ¿Quién puede afirmar que no cambiará? Un amigo me contó el caso de un prisionero recluido en una cárcel norteamericana para criminales reincidentes que continúan matándose entre sí en los calabozos. Uno de los cabecillas decidió un día, para pasar el rato, participar en las sesiones de meditación ofrecidas a los presos. «Un día —declara—, me pareció que un muro se derrumbaba ante mí. Me di cuenta de que hasta entonces sólo había pensado y actuado en términos de odio y de violencia, en un estado semejante a la locura. De repente me di cuenta de la inhumanidad de mis actos y empecé a ver el mundo y a los demás desde una perspectiva totalmente distinta.» Durante un año, se esforzó en funcionar de un modo más altruista y en animar a sus compañeros a renunciar a la violencia. Un día lo asesinaron con un trozo de cristal en los lavabos de la cárcel. Venganza por un crimen pasado. Si estas transformaciones son infrecuentes es porque, en general, no se proporciona a los presos las condiciones que las harían posibles. No obstante, cuando se producen, ¿por qué continuar castigando a quien causó daño en el pasado? Como dice el Dalai Lama: «Puede ser necesario neutralizar a un perro malo que muerde a todo el que encuentra, pero ¿de qué sirve encadenarlo o pegarle un tiro en la cabeza cuando ya no es más que un viejo chucho desdentado que apenas se sostiene sobre las patas?»[3] Quien ya no tiene ninguna intención de causar mal ni tiene poder para hacerlo puede ser considerado otra persona.

Normalmente pensamos que responder al mal con la furia y la violencia es una reacción «humana» dictada por el sufrimiento y la necesidad de «justicia». Pero ¿no consiste la verdadera humanidad en evitar reaccionar con odio? Tras el atentado con bomba que causó varios centenares de víctimas en Oklahoma City en 1998, preguntaron al padre de una niña de tres años que había perdido la vida si deseaba que Timoty McVeigh, el responsable de la matanza, fuera ejecutado. El hombre respondió simplemente: «No necesito un muerto más para mitigar mi dolor». Esta actitud no tiene nada que ver con la debilidad, la cobardía o algún tipo de compromiso. Es posible tener una conciencia aguda del carácter intolerable de una situación y de la necesidad de remediarla sin estar movido por el odio. Podemos neutralizar a un culpable peligroso con todos los medios necesarios (incluida la violencia si no es posible recurrir a ningún otro medio), sin perder de vista que no es sino una víctima de sus pulsiones, cosa que nosotros no seremos si conseguimos evitar el odio.

Un día, el Dalai Lama recibió la visita de un monje que llegaba del Tíbet después de haber pasado veinte años en los campos de trabajos forzados chinos. Sus torturadores estuvieron varias veces a punto de matarle. El Dalai Lama se entrevistó largamente con él, emocionado al ver a aquel monje tan sereno después de haber sufrido tanto. Le preguntó si había sentido miedo en algún momento. El monje respondió: «Muchas veces tuve miedo de odiar a mis torturadores, pues, si lo hacía, me destruiría a mí mismo». Unos meses antes de morir en Auschwitz, Etty Hillesum escribió: «No veo otra salida: que cada uno de nosotros examine retrospectivamente su conducta, y extirpe y destruya en él todo lo que crea que debe destruir en los demás. Y estemos totalmente convencidos de que el menor átomo de odio que añadamos a este mundo nos lo hará menos hospitalario de lo que ya lo es».[4]

¿Es concebible esa actitud si un asesino entra en su casa, viola a su mujer, mata a su hijo y huye llevándose a su hija de dieciséis años? Por trágica, abominable e intolerable que sea semejante situación, la pregunta que inevitablemente se plantea es: «¿Qué hacer después de lo sucedido?» La venganza no es en ningún caso la solución más apropiada. ¿Por qué?, se preguntarán los que se sientan irresistiblemente impulsados a exigir una reparación mediante la violencia. Porque, a largo plazo, no puede aportarnos una paz duradera. No consuela en absoluto y atiza el odio. No hace mucho tiempo, en Albania, la tradición de la *vendetta* exigía vengarse de un asesinato matando a todos los varones de la familia enemiga, aunque se tardara años en hacerlo, e impidiendo que las mujeres se casaran con la única finalidad de erradicar la fratría rival.

Como decía Gandhi: «Si practicamos el "ojo por ojo, diente por diente", el mundo entero estará muy pronto ciego y desdentado». En vez de aplicar la ley del talión, ¿no es preferible aligerar la mente del resentimiento que la corroe y, si nos sentimos con ánimos, desear que el criminal cambie radicalmente, que renuncie al mal y repare en la medida de lo posible el daño que ha hecho? Aunque tales cambios son raros —tan sólo uno de los condenados de Núremberg, Albert Speer, se arrepintió de sus actos—, nada impide desearlos. En la provincia india de Bihar, conocí a un hombre que había cometido un sórdido crimen en su juventud y que, cuando fue liberado tras diez años de prisión, se consagró por entero a atender a los leprosos.

En los años sesenta, un miembro de la familia reinante de un reino asiático fue asesinado. El criminal fue detenido y enterrado en medio de una llanura de manera que sólo le sobresaliera la cabeza. Luego una treintena de jinetes lanzaron sus caballos al galope y pasaron una y otra vez sobre la cabeza del hombre hasta que quedó reducida a papilla. En 1998, en Sudáfrica, cinco delincuentes violaron y mataron en la calle a una adolescente norteamericana. Durante el juicio, los padres de la víctima, ambos abogados, dijeron a los principales agresores mirándoles directamente a los ojos: «No queremos haceros lo que vosotros le hicisteis a nuestra hija». Es imposible imaginar dos actitudes más distintas.

Miguel Benasayag, escritor, matemático y psiquiatra, pasó siete años en las prisiones de los generales argentinos, parte de ellos aislado. Fue torturado en repetidas ocasiones hasta no ser más que puro dolor. «Lo que intentaban —me decía— era hacernos perder la propia noción de dignidad humana.» Arrojaron al mar desde un avión a su mujer y a su hermano. Le dieron el hijo de su esposa a un militar de alta graduación, práctica entonces corriente con los hijos de los opositores al régimen dictatorial. Cuando, veinte años más tarde, Miguel logró encontrar al general que, según todos los indicios, se había apropiado del hijo de su mujer, se sintió incapaz de odiarlo. Se dio cuenta de que, en una situación así, el odio no tenía sentido, no repararía nada y no aportaría nada.

Por lo general, nuestra compasión y nuestro amor dependen de la actitud bondadosa o agresiva que los demás adoptan con nosotros y con nuestros allegados. Por eso nos resulta extremadamente difícil experimentar un sentimiento de compasión por los que nos perjudican. Sin embargo, la compasión budista significa desear de todo corazón que todos los seres sin distinción sean liberados del sufrimiento y de sus causas, en particular el odio. También se puede llegar más lejos y, movidos por el amor altruista, desear que todos los seres, incluso los criminales, encuentren las causas de la felicidad.

En oposición a la actitud del padre de la niña víctima del atentado de Oklahoma, la emisora de radio norteamericana VOA News describía los sentimientos de la gente justo antes de que se hiciera público el veredicto del juicio contra Timoty McVeigh: «Esperaban frente al edificio de los juzgados en silencio, cogidos de la mano. Saludaron el anuncio de la condena a muerte con aplausos y gritos de alegría». Una persona exclamó: «¡Llevaba un año esperando este momento!» En Estados Unidos se permite a los familiares de una víctima asistir a la ejecución de su asesino, y con gran frecuencia declaran que se sienten aliviados en el momento en que ven morir al criminal. Algunos incluso afirman que la muerte del condenado no basta y que habrían deseado que sufriera torturas tan crueles como las que él infligió. Kathy, por ejemplo, la hermana de Paul, que murió en ese mismo atentado, declaró en una entrevista en la BBC: «Cuando me enteré de que era una de las diez personas escogidas por sorteo para asistir a la ejecución, me sentí exultante. Esperaba que, durante los instantes que precedieran a su muerte, Timoty McVeigh sentiría hasta el límite de lo posible un miedo mucho más profundo e intenso que el que puede experimentar un condenado a cadena perpetua. [...] Después de la inyección letal, McVeigh exhaló un leve suspiro. Aunque no estuviera permitido, puse contra el cristal una fotografía de mi hermano pensando que le aliviaría ser testigo de la ejecución». Luego, con la voz quebrada por la emoción, Kathy añadió: «No sé... Espero haber hecho bien».

Se sabe que la pena de muerte ni siquiera es eficaz como método disuasorio. La supresión de la pena de muerte en Europa no dio lugar a un aumento de la criminalidad, y su restablecimiento en algunos estados norteamericanos no la ha hecho disminuir. Puesto que la cadena perpetua es suficiente para impedir que un criminal reincida, la pena de muerte no es sino una venganza legalizada. «Si el crimen es una transgresión de la ley, la venganza es lo que se ampara tras la ley para cometer un crimen», escribe Bertrand Vergely.[5]

Una vez oí en la televisión japonesa a un político decirle a uno de sus opositores en plena sesión de la Asamblea Nacional: «¡Ojalá muriera un millón de veces!» Para quien sólo piensa en vengarse, aunque su enemigo pudiera morir un millón de veces, eso nunca sería suficiente para hacerle feliz. La razón es muy simple: la finalidad de la venganza no es aliviar nuestro dolor, sino infligir sufrimiento a los demás. ¿Cómo va a poder ayudarnos a recuperar una felicidad perdida? En el extremo opuesto, renunciar a la sed de venganza y al odio a veces hace que en nosotros se derrumbe, como por arte de magia, una montaña de resentimiento.

Odiar el odio

¿Qué queda como blanco de nuestro resentimiento? El propio odio. Ese enemigo pérfido, encarnizado e inflexible que no cesa de conmocionar y de destruir la vida. En la misma medida en que, cualesquiera que sean las circunstancias, la paciencia se ve desplazada hacia el odio, conviene ser paciente, sin caer en la debilidad, con los que consideramos enemigos. Como dice Khyentsé Rimpoché: «Ha llegado el momento de desviar el odio de sus blancos habituales, vuestros supuestos enemigos, para dirigirlo contra sí mismo. En realidad, vuestro verdadero enemigo es el odio y es a él al que debéis destruir». Es inútil tratar de reprimirlo o de rechazarlo; hay que ir directamente a la raíz del odio y arrancarlo. Escuchemos de nuevo la voz de Etty Hillesum: «Hablamos de exterminar, pero valdría más exterminar el mal en el hombre que al propio hombre».[6] De este modo, doce siglos más tarde se hacía eco del pensamiento del poeta budista indio Shantideva: «¿A cuántos malos tendría que matar? Su número es, como el espacio, infinito. Pero si mato el espíritu de odio, todos mis enemigos perecen al mismo tiempo».[7]

Los únicos remedios son la toma de conciencia personal, la transformación interior y la perseverancia altruista. El mal es un estado patológico. Una sociedad enferma, presa de una furia ciega contra otra parte de la humanidad, no es más que un conjunto de individuos alienados por la ignorancia y el odio. En cambio, cuando un número suficiente de individuos ha realizado ese cambio altruista, la sociedad puede evolucionar hacia una actitud colectiva más humana, integrar en sus leyes el rechazo del odio y de la venganza, abolir la pena de muerte, promulgar el respeto de los derechos humanos y el sentido de la responsabilidad universal. Pero jamás hay que olvidar que no puede haber desarme exterior sin desarme interior.

* * *

Meditaciones sobre el amor y la compasión

El amor es lo único que se duplica cada vez que lo compartimos.

ALBERT SCHWEITZER

¿Cómo cultivar el altruismo? El practicante budista cultiva cuatro pensamientos que debe acrecentar ilimitadamente: el amor, la compasión, la alegría ante la felicidad de los demás y la imparcialidad. Meditar es familiarizarse con una forma nueva de ver las cosas. Porque hay que reconocer que la mayoría no funcionamos según las directrices del amor altruista. Nuestra concepción de la vida y nuestras prioridades a veces distan mucho de considerar el bien de los demás un objetivo esencial.

La persona que medita comienza por la compasión, el deseo y la determinación de aliviar a los seres del sufrimiento y liberarlos de sus causas. Para ello, evoque de la forma más realista posible los múltiples sufrimientos de los seres, hasta que sienta una compasión sin límites. A la larga, teniendo estos sufrimientos presentes en la mente de manera constante, corre el riesgo de sentirse impotente y desanimarse: «¿Cómo voy a poder remediar yo solo esos innumerables e interminables sufrimientos?» Pase entonces a la meditación sobre la alegría y piense en todos los que experimentan una forma de felicidad y poseen grandes cualidades humanas, en aquellos cuyas aspiraciones constructivas se ven coronadas por el éxito, y alégrese plenamente de ello.

Esa alegría corre el peligro a su vez de transformarse en euforia ciega. Ha llegado el momento de pasar a la imparcialidad para extender sus sentimientos de amor y de compasión a todos los seres —cercanos, desconocidos y enemigos— por igual. El escollo que puede aparecer entonces es el de la indiferencia. Es el momento de pasar al amor altruista, al deseo ardiente de que los seres encuentren la felicidad y las causas de la felicidad. Si ese amor se convierte en apego, medite de nuevo sobre la imparcialidad o sobre la compasión. Desarrolle de manera alternativa estos cuatro pensamientos, evitando caer en los excesos de uno u otro.

Hay otro método, que consiste en dejar que los pensamientos se calmen, en hacer el vacío en su interior y luego dejar que emerja con fuerza y claridad un profundo sentimiento de bondad y de compasión hasta que llene su mente. Cada ser recibe la totalidad de su amor. Un amor así debe ir acompañado de un aspecto de conocimiento, el de la interdependencia de los fenómenos y de todos los seres. La compasión y el conocimiento, como las dos alas de un pájaro, son indisociables. Un pájaro no puede volar con una sola ala. Sin compasión, el conocimiento es estéril; sin conocimiento, la compasión está ciega. Quien ha comprendido la naturaleza última de las cosas es capaz de llevar el amor y la compasión hasta su más alto grado. De su conocimiento nace espontáneamente una compasión infinita hacia los que, sometidos a los sortilegios de la ignorancia, vagan en el dolor. La compasión del sabio ilumina sin deslumbrar, calienta sin quemar. Está omnipresente como el aire.

Patrul Rimpoché envió un día a una gruta a uno de sus discípulos, Lhuntok, para que meditara exclusivamente sobre la compasión. Al principio, su sentimiento de amor hacia los seres era un poco forzado y artificial. Pero, poco a poco, su mente se dejó invadir por la compasión y acabó por permanecer sumergida en ella sin esfuerzo. Transcurridos seis meses, el discípulo vio desde la gruta a un jinete solitario que cabalgaba por el valle cantando. El eremita tuvo la premonición de que ese hombre iba a morir muy pronto. El contraste entre su canto alegre y la fragilidad de la existencia lo llenó de una tristeza infinita. Una compasión auténtica se desarrolló entonces en su mente para no abandonarlo jamás. Se había convertido en una segunda naturaleza.[8]

13

Felicidad y altruismo

¿Es la bondad fruto de la felicidad o a la inversa?

El hombre más feliz es aquel en cuya alma no hay ningún rastro de maldad.

PLATÓN[1]

Un hombre está tendido sobre el césped del parque de la Universidad de Manchester, en Inglaterra, al borde de un camino frecuentado. Parece mareado. La gente pasa. Sólo unos pocos (el 15 por ciento) se detienen para ver si necesita ayuda. El mismo conejillo de Indias está tendido en el mismo lugar, pero ahora lleva una camiseta del club de fútbol de Liverpool (un club rival del de Manchester, pero que tiene muchos seguidores entre los estudiantes originarios de Liverpool). El 85 por ciento de los transeúntes que son seguidores de este equipo se acerca para ver si su compañero necesita que le echen una mano. Al final del camino, un equipo de investigadores de la universidad interroga a todos los transeúntes, se hayan detenido o no. Este estudio[2] (y muchos otros) confirma que el sentimiento de pertenencia influye de forma considerable en la manifestación del altruismo. La gente es mucho más propensa a acudir en ayuda de un allegado o de alguien con quien tiene algo en común —etnia, nacionalidad, religión, opiniones— que de un desconocido con el que no siente ningún vínculo especial.

La postura del budismo consiste en extender gradualmente este sentimiento de pertenencia al conjunto de los seres. Para ello, es indispensable tomar íntimamente conciencia de que todos los seres vivos desean tanto como nosotros evitar el sufrimiento y sentir bienestar. Para que esta constatación tenga sentido, no debe limitarse a ser un simple concepto, sino que hay que interiorizarla hasta que se convierta en una segunda naturaleza. Finalmente, a medida que el sentimiento de pertenencia se extiende al conjunto de los seres vivos, sus alegrías y sus sufrimientos empiezan a afectarnos íntimamente. Es la noción de «responsabilidad universal», de la que habla a menudo el Dalai Lama.

* * *

¡La pesca, qué maravilla!

Para algunos grandes personajes respetables —Théophile Gautier, Winston Churchill y Pierre Clostermann—,[3] la pesca es fuente de las mayores alegrías. ¡Qué noble concepción de la felicidad compartida! No me cabe la menor duda de que no se han imaginado ni por un instante extraídos de su elemento vital por un gancho de hierro que les traspasara las mejillas y les desgarrara la garganta. Como escribe Churchill con tanta elevación: «Volvemos de pescar limpios, purificados..., rebosantes de una inmensa felicidad». Los peces estarán encantados de saberlo. En cuanto a Théophile Gautier, escribe sagazmente: «Nada calma las pasiones como esta diversión filosófica que los tontos ridiculizan como todo lo que no comprenden». Estoy seguro de que, entre los que han sufrido torturas comparables a las que se infligen a los animales, hay muchos tontos que no comprenden lo divertida que puede ser la filosofía.

Pierre Clostermann, que se suma a esas desoladoras invocaciones a la felicidad, tiene la bondad de soltar a sus presas «para que crezcan más prudentes en el futuro». En cierto modo, una forma de educar a palos. Comparto encantado con él la idea de que «no hay nada comparable a la plácida soledad sobre un estanque que despierta en un amanecer sin viento. La felicidad de remar lentamente entre la leve bruma del alba». Pero ¿por qué asociar a esa serenidad una actividad que, por naturaleza, produce placer matando a otros?

Estos distinguidos pescadores hacen gala de una visión de sentido único que resume elegantemente Georges Bernard Shaw: «Cuando un hombre mata a un tigre, es un héroe; cuando un tigre mata a un hombre, es una animal feroz». Y concluye: «Los animales son mis amigos, y yo no me como a mis amigos». En 2001, algunos casos de bañistas imprudentes atacados en Florida por tiburones ocuparon las portadas de la prensa sensacionalista norteamericana, donde aparecieron titulares como éste: «¡Los tiburones asesinos atacan!»

Ese año perecieron veinticinco personas en el mundo por haber tenido la desgracia de cruzarse en el camino de un tiburón que iba de caza. El mismo año, los hombres mataron cien millones de tiburones. El derecho a la felicidad del más filósofo, ¿no? «No sea ridículo, no se puede comparar eso con la pesca del gobio», objetará usted. Es una simple cuestión de cantidad.

* * *

Las alegrías del altruismo

¿Qué tiene eso que ver con la felicidad? Investigaciones realizadas con varios centenares de estudiantes han puesto de manifiesto una correlación indiscutible entre el altruismo y la felicidad.[4] Han demostrado que las personas que se declaran las más felices son también las más altruistas. Cuando se es feliz, el sentimiento de la importancia de uno disminuye, se está más abierto a los demás. Se ha demostrado, por ejemplo, que las personas que habían vivido

Noticia del 20/3/08, Dar plata a otra persona más satisfacción que gastarla en uno mismo.

un suceso feliz en la hora anterior se sentían más inclinadas que las otras a acudir en ayuda de desconocidos.

Por lo demás, se sabe que la depresión aguda va acompañada de una dificultad para sentir y expresar amor por los demás. «La depresión es una disminución pasajera de amor», escribe Andrew Solomon en el preámbulo a su obra *El demonio de la depresión*.[5] Más convincente todavía: los que han padecido de depresión afirman que dar amor a los demás y recibirlo es un factor importante de curación.[6] Esta afirmación concuerda con el punto de vista del budismo, que considera que el egocentrismo es la causa principal del malestar, y el amor altruista, el componente esencial de la verdadera felicidad. La interdependencia entre todos los fenómenos en general, y entre todos los seres en particular, es tal que nuestra propia felicidad está íntimamente vinculada a la de los demás. Tal como señalamos en el capítulo relativo a las emociones, la comprensión de la interdependencia se halla, pues, en el núcleo de *sukha*, y nuestra felicidad está necesariamente condicionada a la de los demás.

Las investigaciones de Martin Seligman, especialista norteamericano en la depresión y pionero de la «psicología positiva», demuestran que la alegría que acompaña a un acto de bondad desinteresada proporciona una satisfacción profunda. A fin de verificar esta hipótesis, pidió a sus alumnos que se dedicaran, por una parte, a una actividad recreativa, que «se divirtieran», y por otra, a una actividad filantrópica, y que escribieran después un informe para el curso siguiente.[7]

Los resultados fueron sorprendentes: las satisfacciones producidas por una actividad placentera (salir con amigos, ir al cine, tomar un helado) quedaban ampliamente eclipsadas por las que aportaba un acto bondadoso. Cuando dicho acto era espontáneo y había apelado a cualidades humanas, todo el día había transcurrido mejor: los sujetos notaron que ese día estaban más atentos, eran más amables y los otros los apreciaban más. «Al contrario que el placer —concluye Seligman—, el ejercicio de la bondad resulta gratificante.» Gratificante en el sentido de una satisfacción duradera y de un sentimiento de adecuación a su naturaleza profunda. Jean-Jacques

Rousseau, por su parte, dice: «Sé y siento que hacer el bien es la felicidad más auténtica de la que el corazón humano puede disfrutar».[8]

Podemos experimentar cierto placer logrando nuestros fines en detrimento de los demás, pero esa satisfacción es pasajera y epidérmica; esconde una sensación de malestar que no tardará en aflorar a la superficie. Una vez pasada la excitación, nos vemos obligados a admitir la presencia de cierta desazón. ¿No es eso un indicio de que la bondad se acerca mucho más que la maldad a nuestra «verdadera naturaleza»? Si es así, estar en armonía con esa naturaleza sustenta la alegría de vivir, mientras que alejarse de ella produce una insatisfacción crónica.

Pero ¿podemos hablar con pertinencia de una «naturaleza humana», sea buena, mala o híbrida? Los biólogos rechazan la noción según la cual determinados comportamientos y maneras de pensar son más «naturales» que otros. Afirman que todo lo que se encuentra en la naturaleza es natural por definición y que el proceso de la evolución explica tanto nuestros comportamientos como nuestras emociones. En consecuencia, según ellos no hay nada fundamentalmente «contra natura»: la biología no emite juicios morales. Para un biólogo, la bondad y la crueldad son naturales. La propia existencia de la moralidad en el ser humano se puede considerar una ventaja desde el punto de vista del desarrollo de la especie, sin que sea necesario añadir, desde el punto de vista de la biología, que ser moral es bueno en sí mismo.

La cosa cambia cuando nos preguntamos sobre la experiencia subjetiva de la felicidad y del sufrimiento. Entonces estamos plenamente autorizados a distinguir los factores mentales, las palabras y los actos que engendran un sentimiento de satisfacción profunda de aquellos que conducen al malestar.

¿Somos egoístas por naturaleza?

Si los biólogos desconfían de la noción de «naturaleza humana», los filósofos no se han privado de emitir opiniones tajantes. El filósofo inglés del siglo XVII Thomas Hobbes, por ejemplo, estaba convencido de que los seres vivos eran fundamentalmente egoístas y de que el verdadero altruismo estaba excluido de los comportamientos humanos. Según él, todo lo que parece altruismo no es, en realidad, sino egoísmo disfrazado de buenos sentimientos. Cuando, hacia el final de su vida, lo sorprendieron dándole una limosna a un mendigo, respondió a la pregunta de si no acababa de realizar un acto altruista: «No, hago esto para aliviar mi angustia ante la visión de este indigente». Sin duda el concepto de pecado original, propio de la civilización cristiana, y el sentimiento de culpa que produce no son ajenos a esta forma de pensar. De hecho, ha influido considerablemente en la esfera intelectual occidental y todavía hoy desempeña un papel nada desdeñable entre quienes ya no apelan a la religión. El budismo se sitúa en el extremo opuesto de esa noción, ya que admite la «bondad original» del ser humano; ofrece, pues, un clima cultural muy diferente.

Numerosos teóricos de la evolución sostuvieron durante mucho tiempo que los genes favorables a un comportamiento egocéntrico tenían más probabilidades de ser transmitidos a las generaciones siguientes. Como los individuos portadores de estos genes hacen pasar sistemáticamente sus intereses por encima de los de los demás, tienen más posibilidades de sobrevivir y de reproducirse que los altruistas. Posteriormente, estas afirmaciones han sido matizadas y ahora se admite que comportamientos de cooperación, en apariencia altruistas, pueden ser útiles para la supervivencia y la proliferación de las especies. El filósofo de la ciencia Elliot Sober, por ejemplo, ha demostrado que individuos altruistas aislados que se enfrentaran sólo a individuos egoístas y violentos desaparecerían rápidamente; en cambio, si esos altruistas se agruparan y se asociaran, poseerían una ventaja evolutiva innegable sobre los egoístas.[9]

Según el filósofo holandés Han F. de Wit, la divulgación de las ideas científicas concernientes a la selección natural y a los «genes egoístas» ha conducido en ocasiones a «conceder una posición casi existencial al egoísmo: forma parte del ser del hombre [...]. El ser humano acaba siempre por dar prioridad a su interés personal, a pesar de todo y de todos. Desde esta óptica, una explicación de la acción humana sólo es aceptable con la condición de atribuir su energía profunda al interés personal».[10] Según el sociólogo Garett Hardin, la regla fundamental que se desprende de ello es: «No le pidáis nunca a nadie que actúe contra su propio interés».[11]

Un altruismo auténtico

Las investigaciones contemporáneas sobre psicología del comportamiento han demostrado que no es así. El psicólogo Daniel Batson afirma: «El examen de veinticinco trabajos de investigación de psicología social, realizados a lo largo de quince años, ha permitido verificar la hipótesis según la cual el verdadero altruismo, el que no está motivado por ninguna otra razón que hacer el bien a los demás, existe».[12] ¡Lo sospechábamos, pero siempre va bien oírlo!

A fin de poner de relieve el altruismo puro, es preciso eliminar varias explicaciones más según las cuales todo comportamiento altruista es egoísmo disfrazado. De hecho, las experiencias dirigidas por Batson y su equipo han permitido distinguir varios tipos de altruista. Los «falsos altruistas» ayudan porque no soportan la angustia que les produce el sufrimiento de los demás y se apresuran a desactivar su propia tensión emocional. También ayudan por temor a la opinión que se formen de ellos o por deseo de ser elogiados, o incluso para evitar el sentimiento de culpa. Si no tienen más opción que intervenir, socorren a la persona en dificultades (con tal de que el precio que deban pagar no sea demasiado elevado), pero, si pueden evitar verse enfrentados al penoso espectáculo del sufrimiento o escabullirse sin que nadie los critique, no intervienen más que los individuos poco altruistas. Los «verdaderos altruistas», en cambio, ayudan a pesar de que les habría resultado fácil desviar la mirada o evitar intervenir sin que nadie se hubiera enterado. Estas investigaciones demuestran que, en una población occidental, encontramos una media del 15 por ciento de verdaderos altruistas y que ese altruismo es, en ellos, un rasgo de temperamento duradero.[13]

Pongamos un ejemplo. ¿Cómo saber si una persona calificada de altruista no actúa simplemente para experimentar el sentimiento de orgullo que le proporciona la realización de un gesto bondadoso? Comprobando que se siente igual de satisfecha si *otra persona* ofrece su ayuda. Para un verdadero altruista, lo que cuenta es el resultado, no la satisfacción personal de haber ayudado. Eso es precisamente lo que Batson y su equipo han demostrado.[14]

Ochenta estudiantes se prestaron a participar en este estudio. Cada uno de ellos se mete en una cabina y lee una nota en la que se le dice que va a poder ayudar a alguien sin ninguna consecuencia molesta para él. A través de unos auriculares, oye la voz de una mujer, Suzanne, que le cuenta que ella debe realizar un test de atención y que, cada vez que se equivoque, recibirá una descarga eléctrica. «No es excesivamente terrible (risa nerviosa), pero no deja de ser una buena descarga y me gustaría no cometer demasiados errores», añade, a fin de suscitar un sentimiento de empatía.

El estudiante va a realizar la misma prueba que Suzanne sin verse expuesto a recibir ninguna descarga. Cada vez que acierte, anulará la descarga que Suzanne tendría que recibir cuando se equivoca. Inmediatamente después de que los estudiantes hayan escuchado a Suzanne (en realidad, se trata de una grabación de su voz), se les pide que rellenen un cuestionario en el que deben evaluar, en una escala del 1 al 7, el nivel de empatía que sienten hacia ella. Después se comunica a la mitad de los estudiantes que al final se ha decidido no infligir ningún castigo a Suzanne, sino simplemente señalarle los errores que cometa. No obstante, todos los estudiantes deben hacer el test. Una vez terminado, se les pide que valoren su grado de satisfacción y se les pregunta sobre su estado de ánimo.

Los resultados revelan que los verdaderos altruistas (los que han manifestado más empatía al escuchar a Suzanne) sienten una satisfacción elevada cuando consiguen evitarle cierto número de descargas eléctricas, pero que esa satisfacción sigue siendo *igual* de elevada cuando se enteran de que, al final, no va a recibir ninguna descarga. Así pues, su satisfacción se hallaba vinculada al hecho de saber que Suzanne no había sufrido, y no a la idea de que eran ellos los que le habían evitado el dolor de las descargas eléctricas.

La experiencia demuestra también que los altruistas hacen mejor el test cuando saben que la suerte de Suzanne depende de ellos, y están menos atentos cuando saben que Suzanne no se expone a nada. Es lo contrario que les sucede a los que han manifestado poca empatía: obtienen unos resultados inferiores a los de los altruistas cuando Suzanne está en peligro, pues se sienten poco afectados por su suerte, pero, curiosamente, éstos son superiores cuando saben que no corre ningún riesgo. La explicación que se ofrece es que, en el segundo caso, las personas poco empáticas se interesan más por sus resultados personales, mientras que los altruistas pierden interés por el test, puesto que es indiferente para Suzanne.

Aunque todo esto parece complicado, encontramos constantemente estas diferencias de comportamiento en la realidad. Los ejemplos de altruismo auténtico son abundantes: ¿cuántas madres están sinceramente dispuestas a sacrificar su vida para salvar a su hijo? Podemos extender este ejemplo, pues, en el budismo, el verdadero altruista aprende a considerar a todos los seres igual de cercanos que un padre.

Citemos el ejemplo de Dola Jigmé Kalsang, un sabio tibetano del siglo XIX. Un día, mientras se dirigía en peregrinación a China, llegó a la plaza pública de un pueblo donde se hallaba congregada una multitud. Al acercarse, vio que un ladrón estaba a punto de ser ejecutado de un modo especialmente cruel: iban a hacerle montar a lomos de un caballo de hierro al rojo vivo. Dola Jigmé se abrió paso entre la multitud y declaró: «He sido yo quien ha cometido el robo». Se hizo un profundo silencio y el mandarín que presidía la ejecución se volvió, impasible, hacia el recién llegado y le preguntó: «¿Estás dispuesto a aceptar las consecuencias de lo que acabas de decir?» Dola Jigmé asintió. Murió sobre el caballo y el ladrón se salvó. En un caso tan impresionante, incluso extremo, ¿cuál podía ser la motivación de Dola Jigmé sino una compasión infinita por el condenado? Siendo extranjero, habría podido seguir su camino sin que nadie le prestara la menor atención. Actuó por altruismo para salvarle la vida a un desconocido.

En una época mucho más cercana, tenemos a Maximilien Kolbe, el franciscano que se ofreció en Auschwitz a reemplazar a un padre de familia cuando, como represalia por la evasión de un prisionero, fueron designados diez hombres para morir de hambre y de sed. Así pues, aunque hasta 1830 Auguste Comte no inventó la palabra, en contraposición al término egoísmo, es posible ser *fundamentalmente altruista*, es decir, sentirse más afectado por la suerte de los demás que por la propia. De entrada, tal actitud puede formar más o menos parte de nuestro temperamento, pero es posible ampliarla.

Es interesante señalar que, según otros estudios,[15] las personas que mejor saben controlar sus emociones se comportan de forma más altruista que las que son muy emotivas. Frente al sufrimiento de los demás, estas últimas están en realidad más dominadas por el miedo, la ansiedad y la angustia, más preocupadas por el control de sus propias emociones que por el sufrimiento de los demás. Una vez más, esto parece lógico desde el punto de vista del budismo, pues la libertad interior, que libera de la presión de las emociones conflictivas, sólo se adquiere haciendo que disminuya el amor obsesivo por uno mismo. Una mente libre, vasta y serena es mucho más apta para considerar una situación dolorosa desde un punto de vista altruista que una mente constantemente afligida por conflictos internos. Por lo demás, resulta interesante observar que algunos testigos de una injusticia o de una agresión se preocupan más de perseguir, insultar o maltratar al malhechor que de ayudar a la víctima. Eso ya no es altruismo, sino cólera.

El oro sigue siendo oro

El budismo considera que las emociones destructivas son construcciones mentales que surgen en la corriente de la conciencia, pero no pertenecen a su naturaleza fundamental. Hemos visto que esta naturaleza primera de la mente es la facultad cognitiva que «ilumina», en el sentido de que percibe todo lo que conocemos. Esta facultad sostiene los pensamientos, pero ella misma no es modificada de manera esencial por estos últimos. La naturaleza de la mente no es, pues, fundamentalmente ni buena ni mala.

Si dirigimos la mirada hacia el interior y observamos de manera prolongada cómo funciona la mente, vemos que las emociones negativas —la cólera, por ejemplo— son más periféricas y menos fundamentales que el amor y la ternura. Surgen principalmente en forma de *reacciones* a provocaciones u otros sucesos específicos, y no son estados constitutivos o permanentes de la mente. Aunque uno tenga un carácter irascible y monte fácilmente en cólera, ésta siempre es desencadenada por un incidente concreto. Con excepción de casos patológicos, es muy raro experimentar un estado prolongado de odio que no esté dirigido hacia un objeto preciso. El amor y la compasión constituyen, en cambio, estados mucho más fundamentales, que casi podríamos considerar independientes de objetos o de estímulos particulares.

La cólera puede servir para apartar obstáculos, pero únicamente puede y debe ser episódica. Por el contrario, el amor y la ternura prolongados son mucho más esenciales para la supervivencia. El recién nacido no sobreviviría más de unas horas sin la ternura de su madre; un anciano inválido moriría rápidamente sin los cuidados de los que le rodean. Necesitamos recibir amor para poder y saber darlo, aunque también es necesario que reconozcamos y apreciemos en su justo valor ese potencial de ternura y de amor para actualizarlo plenamente. Este reconocimiento es paralelo a la investigación de la naturaleza de la mente y el sentimiento de estar de acuerdo con su naturaleza profunda. ¿No decimos muchas veces, después de sufrir un acceso de cólera: «Estaba fuera de mí» o «No era yo»? En cambio, cuando realizamos de forma espontánea un acto de bondad desinteresada, como permitir a un ser humano o a un animal que recupere la salud o la libertad, o incluso que escape de la muerte, ¿no tenemos la impresión de que las barreras ilusorias creadas por el yo se han desvanecido y el sentimiento de comunión con el otro refleja la interdependencia esencial de todos los seres?

Los factores mentales destructores son desviaciones que nos alejan cada vez un poco más de nuestra naturaleza profunda, hasta que olvidamos su existencia misma. Sin embargo, nada está nunca irremisiblemente perdido. Aunque esté recubierto de impurezas, el oro sigue siendo oro en su naturaleza esencial. Las emociones destructivas no son sino velos, superposiciones. El padre Ceyrac, que se ocupa desde hace sesenta años de treinta mil niños en el sur de la India, me decía:

> Pese a todo, estoy impresionado por la inmensa bondad de la gente, incluso por parte de aquellos que parecen tener el corazón y los ojos cerrados. Los demás, todos los demás, son los que constituyen la trama de nuestras vidas y forman la materia de nuestras existencias. Cada uno es una nota en el «gran concierto del universo», como decía el poeta Tagore. Nadie puede resistirse a la llamada del amor. Al cabo de un tiempo, siempre cedemos. Yo creo de verdad que el hombre es intrínsecamente bueno. Hay que ver siempre lo bueno, lo hermoso de una persona, no destruir jamás, buscar siempre la grandeza del hombre, sin distinción de religión, de casta, de pensamiento.[16]

La relación entre bondad y felicidad resulta entonces más clara. Se engendran y se refuerzan la una a la otra y ambas reflejan un acuerdo con nuestra naturaleza profunda. La alegría y la satisfacción están estrechamente unidas al amor y a la ternura. En cuanto a la desgracia, lleva aparejados el egoísmo y la hostilidad. Shantideva escribe:

> *Todos los que son desgraciados lo son por haber buscado su propia felicidad; todos los que son felices lo son por haber buscado la felicidad de los demás.*
>
> *¿De qué sirven tantas palabras?*

> *Comparad simplemente al necio aferrado a su propio interés*
> *con el santo que actúa en interés de los demás.*[17]

En consecuencia, engendrar y expresar la bondad hará que el malestar desaparezca enseguida para dejar paso a un sentimiento de plenitud duradera. Recíprocamente, la actualización progresiva de *sukha* permite a la bondad desarrollarse como el reflejo natural de la alegría interior.

14

La felicidad de los humildes

Un arrebato de orgullo se disipa como una bruma matinal en quien sabe ser humilde.

DILGO KHYENTSÉ RIMPOCHÉ[1]

El orgullo, exacerbación del yo, consiste en presumir de las cualidades que uno posee y atribuirse aquellas de las que carece. Cierra la puerta a todo progreso personal, pues para aprender primero hay que pensar que uno no sabe. Como dice un adagio tibetano: «El agua de las cualidades no permanece en la roca del orgullo». Y a la inversa: «La humildad es como la copa que descansa en el suelo, dispuesta a recibir la lluvia de las cualidades».

La humildad es un valor que el mundo contemporáneo, teatro de las apariencias, ha olvidado. Las revistas no paran de dar consejos para «afirmarse», para «parecer un luchador», suponiendo que uno no lo sea. Esta obsesión por la imagen que debemos dar de nosotros mismos es tal que ni siquiera nos preguntamos ya si aparentar es legítimo, sino sólo cómo hacerlo bien.

¿Qué imagen dar de uno mismo? Sabemos que los políticos y las estrellas del espectáculo tienen «asesores de comunicación» cuyo objetivo es crearles una imagen favorable ante el gran público, a veces incluso enseñarles a sonreír. Da igual que esa imagen esté en las antípodas de lo que son de verdad, con tal de que permita que los elijan, los reconozcan, los admiren, los adulen. Los periódicos dedican cada vez más espacio a las páginas de «gente», con secciones llamativas sobre la «gente de la que se habla», su «cotización», los que están *in* y los que están *out*. Ante tal derroche de egos mundanos, ¿qué lugar queda para la humildad, valor tan raro que casi podríamos relegarlo al museo de las virtudes caídas en desuso?

La noción de humildad está demasiado asociada al menosprecio de uno mismo, a una falta de confianza en nuestras capacidades, a la depresión ante nuestra impotencia, incluso a un complejo de inferioridad o un sentimiento de indignidad.[2] Ello supone subestimar considerablemente los beneficios de la humildad, pues, si la suficiencia es patrimonio del necio, la humildad es la virtud fecunda de quien calibra todo lo que le falta por aprender y la extensión del camino que todavía debe recorrer. Según S.K. Singh: «La verdadera humildad consiste en estar libre de toda conciencia de uno mismo, lo que implica estar libre de la conciencia de la humildad. El que es totalmente humilde desconoce su humildad».[3] Los humildes no son personas bellas e inteligentes que se afanan en convencerse de que son feas y tontas, sino seres que hacen poco caso de su ego.[4] Puesto que no son el ombligo del mundo, se abren a los demás y se sitúan en la correcta perspectiva de la interdependencia.

En un plano colectivo, el orgullo se expresa mediante la convicción de ser superior al otro como pueblo o raza, de estar en posesión de los verdaderos valores de la civilización y de tener el deber de imponer, de buen grado o por la fuerza, ese «modelo» dominante a los pueblos «ignorantes». Semejante actitud a menudo sirve de pretexto para «hacer fructificar» los recursos de esos países subdesarrollados, es decir, para esquilmarlos. Los conquistadores y sus obispos incendiaron sin vacilar las inmensas bibliotecas mayas y aztecas de México, de las que sólo se salvaron doce volúmenes. Los manuales escolares y los medios de comunicación chinos continúan complaciéndose en describir a los tibetanos como bárbaros atrasados y al Dalai Lama como un monstruo que, cuando todavía estaba en el Tíbet, se alimentaba de cerebros de recién nacidos y tapizaba su habitación con su piel. ¿No es orgullo lo que puede fingir que no existieron los cientos de miles de volúmenes de filosofía que albergaban los monasterios tibetanos antes de que seis mil de ellos fueran arrasados?

¿En qué medida es la humildad un componente de la felicidad? El arrogante y el narcisista se alimentan de fantasmas y se estrellan sin cesar contra la realidad. Las desilusiones inevitables que se derivan de ello pueden engendrar el odio hacia uno mismo (cuando nos damos cuenta de que no estamos a la altura de nuestras expectativas) y una sensación de vacío interior. Valiéndose de una sabiduría en la que las fanfarronadas del yo no tienen cabida, la humildad evita esos tormentos inútiles. A diferencia de la afectación, que necesita ser reconocida para sobrevivir, la humildad lleva aparejada una gran libertad interior.

El humilde no tiene nada que perder ni nada que ganar. Si lo alaban, considera que es una alabanza de la humildad como tal, no de él. Si lo critican, considera que exponer sus defectos a la luz del día es el mejor favor que se le puede hacer. «Pocas personas son lo bastante sabias para preferir la censura que les es útil a la alabanza que las traiciona», escribe La Rochefoucauld,[5] recogiendo la idea de los sabios tibetanos cuando dicen: «La mejor instrucción es la que desenmascara nuestros defectos ocultos». De este modo, libre de esperanza y de temor, el humilde conserva una naturaleza despreocupada.

La humildad es también una actitud esencialmente dirigida hacia los demás y su bienestar. Estudios de psicología social han demostrado que las personas que se sobreestiman presentan una tendencia a la agresividad superior a la media.[6] Asimismo, se ha observado una relación entre la humildad y la capacidad de perdonar. Las personas que se consideran superiores juzgan con más dureza las faltas de los demás y las consideran menos perdonables.[7]

Paradójicamente, la humildad favorece la fortaleza de carácter; el humilde toma sus decisiones de acuerdo con lo que considera justo y las mantiene, sin preocuparse ni de su imagen ni de la opinión de los demás. Como dice un adagio tibetano: «Exteriormente es tan suave como un gato al que acariciamos; interiormente, tan difícil de retorcer como el cuello de un yak». Esta determinación no tiene nada que ver con la obstinación y la tozudez. Es fruto de una percepción lúcida del objetivo marcado. Es inútil intentar convencer al leñador que conoce perfectamente el bosque de que tome un camino que conduce a un precipicio.

La humildad es una cualidad que encontramos invariablemente en el sabio, al que se compara con un árbol cargado de frutos, cuyas ramas se inclinan hacia el suelo. El fatuo se asemeja más al árbol pelado cuyas ramas se alzan orgullosamente. La humildad se traduce también en un lenguaje corporal desprovisto de altivez y de ostentación. El humilde no mira nunca por encima del hombro. Viajando con Su Santidad el Dalai Lama, he podido constatar la humildad impregnada de amabilidad de ese hombre venerado. Siempre está pendiente de los humildes y nunca se las da de persona insigne. Un día, después de haberse despedido de François Mitterrand, que acababa de bajar con él la escalinata del Elíseo, el Dalai Lama se acercó, antes de montar en el coche y ante la mirada atónita del presidente, a un guardia de la República que permanecía algo apartado para estrecharle la mano.

En otra ocasión, al entrar en una sala del Parlamento Europeo donde se ofrecía un banquete en su honor, vio a los cocineros observándolo por una puerta entreabierta. Se fue directo a las cocinas a visitarlos y cuando salió, al cabo de un momento, les dijo a la presidenta y los quince vicepresidentes del Parlamento: «¡Huele muy bien!» Una excelente forma de romper el hielo en aquella solemne comida.

Ser testigo del encuentro de dos maestros espirituales es asimismo una fuente inagotable de inspiración. Actuando de forma totalmente contraria a dos personalidades pagadas de sí mismas, que no pararían de empujarse para ocupar el lugar de honor, ellos «rivalizan» en humildad. Las reuniones del Dalai Lama y Dilgo Khyentsé Rimpoché eran conmovedoras; los dos se prosternaban al mismo tiempo uno ante el otro, y sus cabezas se tocaban mientras estaban en el suelo. Dilgo Khyentsé Rimpoché era muy mayor y Su Santidad, que estaba muy ágil, se prosternaba tres veces antes de que él hubiera tenido tiempo de incorporarse de la primera prosternación. Entonces el Dalai Lama se echaba a reír alegremente.

A los occidentales también les sorprende oír decir a los grandes eruditos o contemplativos: «Yo no soy nada, no sé nada». Creen que se trata de falsa modestia o de una costumbre cultural, cuando en realidad esos sabios simplemente no piensan: «Soy un sabio» o «soy un gran meditador». El desinterés natural que sienten por su persona no les impide, cuando se les hace una pregunta específica sobre una cuestión filosófica ardua, dar encantados y sin afectación respuestas que delatan sus conocimientos o su sabiduría. Es una actitud espontánea que, bien entendida, es conmovedora y en ocasiones divertida, como demuestra esta anécdota de la que fui testigo. Un día, dos grandes eruditos del Tíbet vinieron a visitar a Dilgo Khyentsé Rimpoché a Nepal. El encuentro entre aquellos seres extraordinarios estaba impregnado de encanto, de sencillez alegre y de vivacidad. Durante la conversación, Khyentsé Rimpoché les pidió que impartieran unas enseñanzas a los monjes de nuestro monasterio. Uno de los eruditos contestó cándidamente: «¡Pero si yo no sé nada!» Y acto seguido añadió, señalando a su compañero: «¡Y él tampoco sabe nada!» Daba por supuesto que el otro erudito habría dicho lo mismo. Y, efectivamente, este último se apresuró a asentir con la cabeza.

15

Los celos

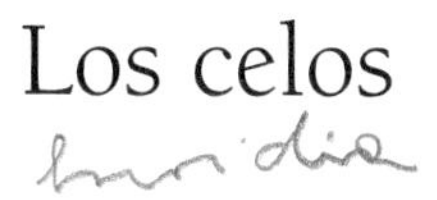

Qué cobardía sentirse desanimado por la felicidad de los demás y abatido por su fortuna.

MONTESQUIEU[1]

Extraños sentimientos, los celos. Nos sentimos celosos de la felicidad de los demás, pero desde luego no de su desgracia. ¿No es absurdo? ¿No sería natural desear su felicidad? ¿Por qué sentirse afectado cuando son felices? ¿Por qué concebir despecho al constatar sus cualidades? Lo contrario de los celos es alegrarse por todas las alegrías, grandes y pequeñas, que experimentan los demás. Su felicidad se convierte en la nuestra.

Los celos no tienen el aspecto atrayente del deseo, no se presentan disfrazados de justicieros, como la cólera, ni se adornan con ningún artificio, como el orgullo; ni siquiera son letárgicos, como la ignorancia. Cualquiera que sea la perspectiva desde la que los examinemos, lo que encontramos es un horrendo y miserable personaje. Así los retrata Voltaire:

Los oscuros Celos de tez pálida y lívida
siguen con paso vacilante a la Sospecha que los guía.[2]

Hay, por supuesto, varios grados de celos, un amplio abanico que va de la envidia a la rabia feroz, ciega y devastadora. La envidia benigna, normal y corriente, que aflora en pensamientos semiinconscientes y se expresa en comentarios descorteses. Una envidia que se traduce en una ligera malevolencia hacia un compañero al que le va mejor que a nosotros, en pensamientos acerbos sobre una amiga a quien todo parece sonreírle. A esos celos de medias tintas se opone la machaconería obsesiva, que a veces se convierte en acceso de furia incontrolable ante una infidelidad o porque han otorgado una distinción a un amigo cuando esperábamos recibirla nosotros.

En todos los casos, los celos proceden de una herida del yo, de modo que son fruto de una ilusión. Como forma exacerbada de la envidia, conducen rápidamente a la obsesión y al odio. Sus consecuencias, que a veces van hasta el crimen, resultan tan trágicas como el engaño del que han nacido. Por complicados que sean los celos, no hay que olvidar que son fundamentalmente *una incapacidad para alegrarse de la felicidad ajena.*

Por si fuera poco, los celos son absurdos para quien los siente, pues, a no ser que recurra a la violencia, es su única víctima. Su despecho no impide que las personas de las que está celoso tengan más éxito, dinero o cualidades. Como dice el Dalai Lama: «Aunque quien es más rico e inteligente que nosotros no permita que nadie más se beneficie de eso, ¿qué ganamos dejando que los celos nos torturen?»

Pascal Bruckner habla de esos envidiosos para los que «no hay nada más intolerable que la visión de la felicidad de los demás cuando a ellos no les van bien las cosas».[3] En realidad, ¿qué puede *quitarnos* la felicidad de los demás? Nada, por supuesto. Tan sólo el ego puede resultar magullado y sentirla como un dolor. Es él el que no soporta la alegría de los demás cuando estamos deprimidos, ni su salud resplandeciente cuando estamos enfermos. ¿Por qué no tomarse la alegría ajena como una fuente de inspiración, un ejemplo vivo de la felicidad plena, en lugar de convertirla en una fuente de humillación y de tormento?

¿Y qué pasa con los celos nacidos del sentimiento de injusticia o de traición? Ser engañado por la persona a la que nos sentimos muy apegados destroza el corazón, pero el responsable de ese intenso sufrimiento es de nuevo el amor a uno mismo. La Rochefoucauld observa en sus *Máximas*: «Hay en los celos más amor propio que amor».

Una amiga me confesó recientemente: «La traición de mi marido me hace sufrir en lo más profundo de mí misma. No soporto que sea más feliz con otra mujer. No paro de preguntarme: "¿Por qué no yo? ¿Qué encuentra en ella que yo no tengo?"»

Aunque, en un caso así, es tremendamente difícil conservar la ecuanimidad, ¿qué crea esa dificultad sino el yo? El miedo al abandono y el sentimiento de inseguridad están íntimamente unidos a la falta de libertad interior. El amor por uno mismo, con su inseparable cortejo de temor y de esperanza, de atracción y de rechazo, es el principal enemigo de la paz interior. Si no, ¿qué impediría alegrarse al ver que una persona querida es más feliz con otra? No es una tarea fácil, desde luego, pero, si deseamos de verdad la felicidad de alguien, no podemos imponerle la manera de ser feliz. Sólo el ego tiene el descaro de afirmar: «Tu felicidad sólo es posible a través de la mía». Como escribe Svami Prajnanpad: «Cuando quieres a alguien, no puedes esperar que haga lo que a ti te gusta. Eso equivaldría a quererte a ti mismo».[4]

Desmantelar el bastión

Nuestros apegos han construido el edificio de la posesión afectiva, y aunque el ego pone todo su empeño en apuntalar los muros, los celos los hacen agrietarse por todas partes. La adoración egocéntrica ha levantado esa ciudadela a expensas de nuestra felicidad y de la felicidad de los que nos rodean, del mismo modo que los tiranos erigen castillos arrogantes e inútiles a costa del tormento de los siervos a los que oprimen. Así pues, no es de extrañar que el bastión del ego se convierta en el blanco de los revolucionarios que aspiran a la libertad interior. En realidad, sólo hay una solución: desmontar piedra a piedra las murallas de esa fortaleza.

La incapacidad para alegrarse de la felicidad de los demás y esa obsesión que incita a imaginar las peores represalias contra el «usurpador» al que hemos hecho objeto de nuestros celos, se deben por entero al olvido del potencial de ternura y de paz que yace en lo más profundo de todos. Un alma en paz puede compartir su felicidad, pero no tiene nada que hacer con los celos. Las emociones perturbadoras no influyen en ella; las percibe como abigarradas imágenes proyectadas sobre una pantalla, que se desvanecen a la luz del sol, como las tribulaciones de un sueño, que desaparecen al despertar.

16

Ver la vida de color dorado, rosa o gris

Optimismo, ingenuidad y pesimismo

Apreciaba tanto la lluvia como el sol. Hasta sus más ínfimos pensamientos tenían un color alegre, como hermosas y lozanas flores, que gustan todas.

ALAIN[1]

Una mañana, miraba un árbol salpicado de flores rojas y una docena de gorriones. Todo lo que veía producía en mí un sentimiento de júbilo interior y de percepción de la pureza infinita de los fenómenos. Después imaginé una situación de «fracaso» que suscitó en mí toda clase de sentimientos negativos. De repente, el árbol me pareció polvoriento, las flores descoloridas y el gorjeo de los gorriones irritante. Me pregunté cuál era la forma correcta de ver las cosas. La razón que me hizo pensar que la primera era la adecuada es que engendra una actitud abierta, creadora y liberadora, y se traduce en una mayor satisfacción. Esta actitud permite abrazar espontáneamente el universo y a los seres, y abolir toda separación egocéntrica entre uno mismo y el mundo. En cambio, cuando nos atenemos a una percepción «impura» de los fenómenos, hay algo que falla: nos sentimos «desconectados» del universo, que aparece como una imagen turbia, extraña, lejana y artificial.

Hay numerosas formas de experimentar el mundo. Ver la vida de color dorado es esencialmente darse cuenta de que todos los seres, incluidos nosotros, poseen un extraordinario potencial de transformación interior y de acción. Es abordar el mundo y a los seres con confianza, amplitud de miras y altruismo. Pero eso no significa que haya que ver la vida de color rosa, taparse los ojos ante la realidad y declarar con una ingenuidad bobalicona que todo va maravillosamente bien. ¿Qué sentido tiene engañarse? Para quien es víctima o testigo de un genocidio, el horror es real. No se trata de desentenderse de los sufrimientos que afligen a los seres y desdeñar el sentido de la responsabilidad, pasando por alto las leyes de causa y efecto que provocan dichos sufrimientos. El equilibrio consiste en combinar una firme determinación a acudir en su ayuda con una visión amplia que no pierda nunca de vista ese potencial de transformación, ni siquiera cuando el sufrimiento parece omnipresente. Eso nos evita caer en el otro extremo, que consiste en ver la vida de color gris y pensar que está condenada al fracaso y a la desgracia, que no podemos convertirla en algo bueno, como tampoco podemos tallar un pedazo de madera podrida.

En lenguaje psicológico, ver la vida de color dorado se llama optimismo, una palabra que, como la felicidad, a menudo es objeto de burla. Ver la vida de color gris es pesimismo, y verla de color rosa, ingenuidad.

EL FALSO PROCESO DEL OPTIMISMO

Durante mucho tiempo, los psicólogos creyeron que las personas ligeramente depresivas eran las más «realistas». Los optimistas tienen tendencia a recordar con más frecuencia los sucesos agradables que las situaciones dolorosas, es verdad, y a sobrestimar sus logros pasados y su dominio de las cosas. Un equipo de investigadores sometió a un grupo de personas a una serie de preguntas cuya dificultad iba a hacer que se equivocaran la mitad de las veces en la respuesta. Cada vez que contestaban, se les informaba del resultado, pero no se les comunicaba el cómputo final. Al día siguiente, cuando los investigadores preguntaban a cada participante qué resultado creía que había obtenido, las personas ligeramente deprimidas estimaron de forma correcta que se habían equivocado en la mitad de las respuestas, mientras que los optimistas pensaron que sólo habían fallado en una de cada cuatro preguntas.[2]

Parece ser, pues, que el pesimista se da cuenta de los errores y evalúa las situaciones con más lucidez que el optimista. «Aunque la realidad no siempre es divertida, hay que ver las cosas tal como son», dirá, mientras que el optimista es un soñador simpático pero incurablemente ingenuo. «La vida no tardará en devolverlo a la realidad», pensamos de este último. Pues bien, no es así. Unos trabajos posteriores han demostrado que no hay que conformarse con tomar en consideración la evaluación objetiva, distanciada y desconfiada de la realidad que llevan a cabo los pesimistas. Cuando ya no se trata de tests, que parecen juegos, sino de situaciones de la vida cotidiana, los optimistas son, de hecho, más realistas y pragmáticos que los pesimistas. Si presentamos, por ejemplo, a unas consumidoras de café un informe sobre el aumento del riesgo de cáncer de mama causado por la cafeína, o si explicamos a los aficionados a tomar el sol que el bronceado aumenta el riesgo de contraer cáncer de piel, una semana más tarde, los optimistas recuerdan más detalles de esos informes que los pesimistas y toman más precauciones que estos últimos.[3] Además, se concentran atenta y selectivamente en los riesgos que les afectan de verdad, en vez de preocuparse inútil e ineficazmente por todo.[4] De este modo, se mantienen más serenos que los pesimistas y reservan su energía para verdaderos peligros.

Si observamos la manera en que la gente percibe los acontecimientos de su vida, aprecia la calidad del momento vivido y construye su futuro superando los obstáculos gracias a una actitud abierta y creativa, vemos que los optimistas poseen una ventaja indiscutible sobre los pesimistas: un gran número de datos demuestra que obtienen mejores resultados en los exámenes, en su profesión y en su pareja, viven más tiempo y gozando de mejor salud, tienen más posibilidades de sobrevivir a un choque postoperatorio y están menos expuestos a la depresión y al suicidio.[5] No está mal, ¿verdad? ¿Quiere cifras? Se ha realizado un estudio con más de novecientas personas que fueron ingresadas en un hospital estadounidense en 1960. Su grado de optimismo, así como otros rasgos psicológicos, fueron evaluados mediante tests y cuestionarios.[6] Cuarenta años más tarde, resulta que los optimistas han vivido una media del 19 por ciento más que los pesimistas, lo que equivale a dieciséis años de vida en el caso de un octogenario. Por lo demás, se sabe que los pesimistas tienen ocho veces más posibilidades de caer en la depresión cuando las cosas van mal. También «obtienen unos resultados escolares, deportivos y profesionales inferiores a lo que sus aptitudes permitían presagiar y tienen más dificultades en las relaciones».[7] Se ha podido demostrar que es el pesimista el que agrava la depresión y las demás dificultades mencionadas, y no al contrario, pues, si se enseña a esas personas a remediar de manera específica el pesimismo transformando su visión de las cosas, están claramente menos expuestas a sufrir recaídas depresivas. Existen razones precisas para ello. De hecho, los psicólogos describen el pesimismo como una *manera de explicar* el mundo que engendra una *impotencia adquirida*.[8]

Dos maneras de mirar el mundo

Un optimista es una persona que considera que sus dificultades son momentáneas y controlables, que están relacionadas con una situación concreta. Dirá: «No hay motivos para hacer de esto una montaña, estas cosas no duran eternamente. Seguro que encuentro una solución; normalmente salgo airoso de los apuros». El pesimista, por el contrario, piensa que sus problemas no se van a acabar («no son cosas que tengan arreglo»), que estropean todo lo que emprende y que escapan a su control («¿qué quieres que haga?»). Considera también que alberga en su interior algún vicio fundamental y declara: «Haga lo que haga, el resultado siempre es el mismo». Presupone que la situación no tiene salida y concluye: «Mi sino no es ser feliz».

El sentimiento de inseguridad que experimentan muchos de nuestros contemporáneos está íntimamente unido al pesimismo. El pesimista se anticipa constantemente al desastre y se vuelve una víctima crónica de la ansiedad y de la duda. Taciturno, irritable y angustiado, no confía ni en el mundo ni en sí mismo y siempre teme ser humillado, abandonado e ignorado.

El optimista, en cambio, confía en que puede hacer realidad sus aspiraciones y en que, con paciencia, decisión e inteligencia, terminará por lograrlo. De hecho, casi siempre lo consigue.

En la vida cotidiana, el pesimista es también el que siempre adopta de entrada una actitud de rechazo, incluso cuando es totalmente absurda. Recuerdo a un oficial butanés con el que trataba a menudo. Cada vez que le hacía una pregunta o le pedía algo, empezaba sistemáticamente contestando: «No, no, no...», fuera cual fuese la continuación de la frase, lo que daba lugar a diálogos muy cómicos:

—¿Cree que podremos salir mañana por la mañana?

—No, no, no... Esté preparado a las nueve.

El pesimista es muy receloso y pocas veces concede el beneficio de la duda. Como dice Alain: «Un cumplido era una burla; una ventaja, una humillación. Un secreto era una conspiración terrible. Esos males imaginarios no tienen remedio, en el sentido de que los mejores acontecimientos sonríen en vano al hombre desgraciado. Hay más voluntad de lo que creemos en la felicidad».[9] Desde un punto de vista subjetivo, los optimistas disfrutan de un mayor bienestar, abordan nuevas relaciones y situaciones con confianza en lugar de con desconfianza.

¿Es la enumeración de tales ventajas una forma de agresión arrogante y fuera de lugar contra los pesimistas? Algunos creen que les está vedado para siempre ser felices. Si el pesimismo y el malestar fueran unas características tan inmutables como las huellas dactilares y el color de los ojos, sería preferible tener la delicadeza de no pregonar las ventajas de la felicidad y del pesimismo. Pero si el optimismo es una visión de la existencia, y la felicidad un estado que podemos cultivar, más vale ponerse a la tarea y dejar de gimotear y dudar. «¡Qué maravillosa sería la sociedad de los hombres, si cada uno pusiera leña suya en el fuego en vez de llorar sobre cenizas!», escribe también Alain.[10]

Aunque nazcamos con cierta predisposición a ver la vida de color rosa, aunque la influencia de los que nos educan haga que nuestra actitud se deslice hacia el pesimismo o hacia el optimismo, nuestra interpretación del mundo puede evolucionar después de forma importante, ya que la mente es maleable.

No nos quedemos con la imagen del optimista tontorrón. Detrás de ese cliché del que nos gusta burlarnos se ocultan muchas cualidades: esperanza, decisión, capacidad de adaptación, lucidez, serenidad y fortaleza de carácter, pragmatismo, valor e incluso audacia; cualidades que encontramos también en *sukha*, la felicidad verdadera.

La esperanza

Para un optimista, perder la esperanza no tiene ningún sentido. *Siempre* se puede hacer algo mejor (en vez de estar abatido, resignado o asqueado), buscar otra solución (en lugar de quedarse lamentablemente empantanado en el fracaso), reconstruir lo que ha sido destruido (en lugar de decirse «¡se ha acabado!»), considerar la situación actual un punto de partida (en vez de pasarse el tiempo añorando el pasado y lamentándose del presente), volver a empezar de cero (en vez de darse por vencido), comprender que es esencial hacer esfuerzos continuados en la dirección que parece la mejor (en vez de estar paralizado por la indecisión y el fatalismo), utilizar cada momento presente para avanzar, apreciar, actuar, disfrutar de la paz interior (en lugar de perder el tiempo cavilando sobre el pasado y temiendo el futuro).

Así pues, están los que declaran, como un granjero australiano hizo en la radio durante los incendios forestales de 2001: «Lo he perdido todo, jamás podré rehacer mi vida», y los que, como el navegante Jacques-Yves Le Toumelin al ver arder su primer barco, incendiado por los alemanes en 1944, recuerdan las palabras de Rudyard Kipling: «Si eres capaz de ver destruir la obra de tu vida y ponerte a trabajar de nuevo sin tardanza, entonces serás un hombre, hijo mío». Le Toumelin construyó enseguida otro barco y dio la vuelta al mundo a vela en solitario, sin motor.

¿Una anécdota de pesimista? Un día de verano, a un automovilista se le pincha una rueda en medio del campo. Para colmo de desgracias, se da cuenta de que no lleva gato. Es un paraje prácticamente desierto. Sólo se divisa una casa, hacia la mitad de la colina. Tras unos instantes de vacilación, el viajero se decide a ir a pedir prestado un gato. Mientras sube hacia la casa, se dice: «Vete a saber si quien vive ahí me prestará un gato. Claro que no sería una actitud muy amistosa dejarme abandonado en esta situación». A medida que se acerca a la casa, va poniéndose más nervioso. «¿Cómo va a atreverse a hacerle eso a un extraño? ¡Sería realmente odioso!» Por fin, llama a la puerta de la casa y, cuando ésta se abre, le espeta al propietario: «¡Métete el gato donde te quepa, cerdo!»

Los psicólogos definen la esperanza como la convicción de que podemos encontrar los medios para alcanzar nuestros objetivos y desarrollar la motivación necesaria para su realización.[11] Es sabido que la esperanza mejora los resultados de los estudiantes en los exámenes y las marcas de los atletas,[12] ayuda a soportar las enfermedades y las minusvalías y a resistir el dolor (quemaduras, artritis, heridas de la columna vertebral y ceguera). Se ha podido demostrar, por ejemplo, que las personas cuyo temperamento revela una tendencia marcada a la esperanza soportan el doble de tiempo el contacto con una superficie muy fría, según un método que permite medir la resistencia al dolor.[13]

La esperanza de vivir

Los innegables efectos curativos de los placebos y de buen número de medicamentos «blandos» hay que atribuirlos también a los beneficios de la esperanza, que engendra el pensamiento de que vamos a curarnos asociado a la decisión de seguir un tratamiento. El efecto placebo se debe simplemente a un cambio de actitud, pese al hecho de que el tratamiento en sí mismo no tenga ningún efecto curativo. Los científicos «duros» cuestionan los efectos de los medicamentos «blandos», pero nadie cuestiona el efecto placebo, del que sabemos que, en un porcentaje de casos de entre un 10 y un 40, según el tipo de enfermedad, conduce a una mejoría. El placebo es una especie de «chupete de optimismo», pero no es imprescindible recurrir a él; vale más desarrollar uno mismo la alegría de vivir y el deseo de sobrevivir.

A las personas que apenas alimentan esperanzas, están centradas por completo en ellas mismas, se compadecen constantemente de su suerte y experimentan un profundo sentimiento de impotencia, les sucede todo lo contrario. Los médicos y las enfermeras saben que enfermos en fase terminal que quieren «aguantar» un poco más, por ejemplo para ver a un ser querido, viven más tiempo del que su estado permitía prever. Asimismo, los enfermos que están firmemente decididos a sobrevivir y confían en que pueden curarse, resisten mejor los momentos críticos.

El estudio y seguimiento durante quince años de un grupo de pacientes afectadas de cáncer de mama y un estudio similar sobre hombres enfermos de sida[14] han demostrado que, en ambos casos, los que después de haberse enterado de que padecen una enfermedad incurable piensan «estoy perdida» o «soy hombre muerto», y se sumen en una resignación pasiva o desesperada, mueren antes que los que aprovechan los últimos meses de vida para revisar sus prioridades y emplear el tiempo que les queda de la manera más constructiva posible.

La determinación

Esta actitud es lo contrario de la pereza. Ahora bien, hay muchos tipos de pereza. El budismo reconoce tres principales. La primera, la más burda, equivale a desear únicamente comer bien, dormir bien y no hacer nada. La segunda, la más paralizadora, lleva a renunciar a competir antes de haber cruzado la línea de salida. Uno se dice: «Todo eso no es para mí, está muy por encima de mis aptitudes». La tercera, la más perniciosa, sabe lo que cuenta de verdad en la existencia, pero siempre lo deja para más tarde y se dedica a cien mil cosas menos importantes.

El optimista no renuncia enseguida; gracias a la fuerza que le otorga la esperanza de que va a tener éxito, persevera y lo obtiene con más frecuencia que el pesimista, sobre todo en circunstancias adversas. El pesimista tiene tendencia a retroceder ante las dificultades, a hundirse en la resignación o a refugiarse en distracciones pasajeras que no resolverán sus problemas.[15] El pesimista hará gala de poca determinación, pues duda de todo y de todos, ve el fracaso en todas las empresas (en lugar de la posibilidad de crecer, desarrollarse, fructificar), al malintencionado, el egoísta y el aprovechado en todas las personas (en lugar de ver seres humanos que, como todo el mundo, aspiran a ser felices y temen sufrir). Ve una amenaza en cada novedad y cree que siempre se avecinan catástrofes. En resumen, al oír chirriar una puerta, el optimista piensa que se abre y el pesimista que se cierra.

Hace unos años, me encontraba en Estados Unidos para hablar de la posibilidad de llevar a cabo proyectos humanitarios en el Tíbet pese a la presencia de los comunistas chinos. Un cuarto de hora después de haber empezado la reunión, alguien dijo, dirigiéndose a dos de nosotros: «Hablan de lo mismo como si se tratara de dos mundos diferentes: uno cree que todo va a ir mal y el otro que todo va a ir bien». El primer interviniente decía: «En primer lugar, hay pocas posibilidades de que toleren su presencia en esa región y se exponen a ser expulsados enseguida. En segundo lugar, ¿cómo obtendrán permiso para construir una escuela? Incluso suponiendo que la construyan ustedes, los empresarios, que están conchabados con las autoridades locales corruptas, les estafarán. Además, tengan en cuenta que no llegarán a imponer el estudio del tibetano y que al final sólo se darán clases en chino». Personalmente, la conversación me parecía paralizadora y sólo pensaba en una cosa: irme lo antes posible, pasar a través de las mallas de la red y poner en marcha los proyectos. Desde entonces, en tres años, en colaboración con una amiga particularmente entusiasta y con el apoyo de generosos benefactores, hemos construido una docena de dispensarios, seis escuelas y otros tantos puentes. En muchos casos, nuestros amigos locales no han pedido permiso para construir hasta que el dispensario o la escuela estaban terminados. Hoy curan y educan allí a miles de pacientes y de niños. Las autoridades, reticentes al principio, ahora están encantadas, ya que les va muy bien incluir estos proyectos en sus estadísticas. Por nuestra parte, hemos alcanzado nuestro objetivo: ayudar a los que tanto lo necesitan.

Aunque el optimista sueña un poco cuando contempla el futuro (diciéndose que las cosas acabarán por arreglarse, cuando no siempre es así), su actitud es más fecunda, pues, con la esperanza de realizar *cien* proyectos, si actúa diligentemente acabará por llevar a cabo *cincuenta*. En el otro extremo, el pesimista, esperando realizar sólo *diez* proyectos, en el mejor de los casos llevará a cabo *cinco*, pero la mayoría de las veces menos, ya que dedicará poca energía a una tarea que considera con escasas posibilidades de éxito. La mayoría de las personas a las que conozco día tras día en los países donde la miseria y la opresión inspiran su ayuda, son optimistas que se enfrentan con temeridad a la desproporción extrema entre la enormidad de la tarea y la precariedad de los medios de que disponen.

* * *

El optimismo al servicio del desarrollo

Tengo un amigo en Nepal, Malcom Mc Odell, que desde hace treinta años trabaja en los campos nepalíes según el principio de la «investigación positiva», una sorprendente manera de practicar el optimismo. «Cuando llego a un pueblo —cuenta—, la primera reacción de la gente es quejarse de sus problemas. Yo les digo: "Un momento, es imposible que *sólo* tengáis problemas. Decidme cuáles son las posibilidades y los aspectos positivos de vuestro pueblo y de cada uno de vosotros". Nos reunimos, a veces por la noche alrededor de una fogata; las mentes y las lenguas se desatan y, con un ánimo muy distinto, los lugareños hacen una lista de sus aptitudes y recursos. Inmediatamente después, les pido que imaginen cómo podrían aprovechar todos juntos esas cosas. Una vez que han concebido un plan, aprovechando el entusiasmo, hago la pregunta final: "¿Quién está dispuesto a asumir, aquí y ahora, la responsabilidad de una parte del programa?" Se alzan manos, se hacen promesas y al cabo de unos días se empieza a trabajar.» Esta manera de actuar se encuentra a años luz de la que adoptan los que se dedican a enumerar problemas, que hacen menos cosas, y las hacen peor y más despacio. Mc Odell se ha concentrado sobre todo en la mejora de la condición de las mujeres nepalíes, y actualmente más de treinta mil se benefician de sus iniciativas.

* * *

La capacidad de adaptación

Es interesante señalar que, cuando una dificultad parece insuperable, los optimistas reaccionan de forma más constructiva y creadora: aceptan los hechos con realismo, saben considerar rápidamente la adversidad desde un aspecto positivo, extraer de ella una enseñanza y pensar en una solución de recambio o dirigir sus pasos hacia otro proyecto. Los pesimistas apartarán la vista del problema o adoptarán estrategias de huida: recurrir al sueño, al aislamiento, a la bulimia, al consumo de drogas o de alcohol, que disminuyen la toma de conciencia de sus problemas.[16] En lugar de afrontarlo con determinación, preferirán darle vueltas a su desgracia y alimentarse de fantasmas complaciéndose en imaginar soluciones «mágicas». Les cuesta extraer lecciones del pasado, lo que a menudo provoca una repetición de sus problemas. Son más fatalistas («os había dicho que no funcionaría; haga lo que haga, el resultado siempre es el mismo») y se convierten fácilmente en «simples peones en el juego de la vida».[17]

Wyatt, preso en una cárcel de Wisconsin, en Estados Unidos, participó en una revuelta cuando sólo le quedaban tres años de pena por cumplir. Lo condenaron a ciento veinte años de prisión suplementarios. «Tras una primera reacción de choque y de incredulidad, me hundí en la desesperación. Me pasaba prácticamente las veinticuatro horas del día encerrado, y había veces que ni siquiera conseguía levantarme de la cama. Estaba triste, atormentado; lo único que me mantenía era la idea de que los demás estaban tan mal como yo.» Después lo invadió la cólera y la amargura: «Ese veneno me corroía, y yo lo justificaba diciéndome que valía más estar habitado por la cólera que por un sentimiento de derrota». Más tarde hizo un examen retrospectivo de su conducta. Con la ayuda de Bo Lozoff, que durante veinte años ha dirigido un magnífico proyecto de ayuda a los presos y con quien se carteaba, comprendió que debía cambiar su manera de pensar. «Ahora veo que esas dos actitudes son destructivas, que las dos nos debilitan, aunque una, la cólera, nos da una impresión de fuerza.»

Actualmente Wyatt llega a concebir una espiritualidad laica que «se expresa mediante nuestra disposición para actuar, para pensar y para "hacer nuestro tiempo"; no sólo nuestro tiempo en la cárcel, sino nuestro tiempo sin más, en cada instante de nuestra vida... Todavía no soy un santo, ni siquiera me porto siempre bien, pero al menos lo sé y he aprendido a controlarme. En vez de perder la cabeza a causa de mis faltas y cargarme de culpabilidad, me perdono, pego los platos rotos y continúo mi camino [...]. No hace falta pregonarlo a los cuatro vientos, pero estoy a gusto aquí [...]. Las cosas van colocándose en su sitio; la vida es una aventura. Podría estar navegando o escalando una montaña, pero no, estoy sentado en una celda, y eso también está bien».[18]

* * *

Pesar y culpa

El pesar consiste ante todo en una constatación de hechos. Es una muestra de inteligencia y un motor de transformación. Permite reconocer los errores y desear no repetirlos. Incita a reparar el daño hecho cuando es posible. Si hemos causado pesadumbre a alguien, el recuerdo de ese acto y el pesar que engendra nos ayudan a evitar herir de nuevo a esa persona. Por paradójico que pueda parecer, el pesar es totalmente compatible con el optimismo, puesto que va acompañado de un deseo de transformación y ayuda a considerar la situación actual un punto de partida en el camino que permite convertirse en un ser mejor. Como dice un proverbio: «Hoy es el primer día del resto de la vida».

El sentimiento de culpa es totalmente distinto. Es estéril y constituye una fuente inútil de dolor. El pesar se concentra en un acto concreto: «He hecho una cosa horrible», mientras que el sentimiento de culpa, aunque lo desencadena un acto concreto, invade la totalidad del ser: «Soy una persona horrible». Se traduce en una desvalorización de uno mismo y en una duda sobre la capacidad de transformarse, de hacer las cosas que vale la pena hacer. Combinado con el pesimismo, el sentimiento de culpa nos persuade de que acarreamos el peso de una falta indefinible y merecemos, además de nuestros propios reproches, la censura de los demás. El desánimo e, incluso, la desesperación que semejante estado de ánimo provoca impiden realizar un análisis lúcido y no contribuyen en absoluto a reparar los daños o los sufrimientos que se hayan podido causar.

¿Podemos evitar experimentar un profundo sentimiento de culpa cuando somos responsables de la muerte de una persona, en un accidente, por ejemplo? Hay que saber aceptar la *responsabilidad* de los propios actos. Es normal sentir tal pesar que estaríamos dispuestos a dar la vida si pudiéramos volver atrás y evitar la muerte que hemos provocado. Pero no sirve de nada dudar de la posibilidad de hacer tanto bien como mal hemos causado. Si el daño es reparable, dediquémonos a repararlo. Si no lo es, que dé un giro radical a nuestra vida: en lo sucesivo, pongámonos al servicio de los demás.

Culturalmente, en Occidente el sentimiento de culpa se halla influido por el pecado original. En otro contexto cultural, sobre todo en Oriente, se considera que «la única cualidad de una falta reside en el hecho de que puede ser reparada». No hay en nosotros nada fundamentalmente malo. Se tiende más a hablar de «bondad original»: cada ser posee en lo más profundo de sí mismo un potencial de perfección que, si bien puede quedar velado, nunca es abolido ni se pierde. Por ello, las faltas y los defectos son accidentes, desviaciones que se pueden corregir y que no degradan en absoluto dicho potencial. En consecuencia, hay que afanarse en sacarlo a la luz en lugar de lamentarse sobre las manchas que lo ocultan.

* * *

La serenidad

Gracias a que ha contemplado y seguido con diligencia todas las vías posibles, aunque momentáneamente fracase, el optimista está libre de pesar o de sentimiento de culpa. Sabe mirar las cosas con perspectiva y está dispuesto a contemplar otra solución sin acarrear el fardo de los fracasos anteriores y sin pensar constantemente que lo peor le espera a la vuelta de la esquina. Debido a ello, conserva la serenidad. Su confianza es firme como una roca y le permite avanzar por las aguas de la existencia tanto si están en calma como agitadas.

Un amigo que vive en Nepal me contó que un día tenía que coger el avión para dar una importante conferencia en los Países Bajos al día siguiente. Los organizadores habían alquilado una sala y anunciado la conferencia en los periódicos, y esperaban que asistiera un millar de personas. Al llegar al aeropuerto, mi amigo se enteró de que habían cancelado el vuelo y de que no había otra manera de salir de Nepal esa noche. «Estaba desolado por los organizadores, pero no se podía hacer absolutamente nada —me dijo—. Entonces una gran calma invadió mi mente. A mi espalda, me había despedido de mis amigos de Katmandú, delante de mí, mi destino acababa de desvanecerse. Experimentaba una sensación deliciosamente ligera de libertad. Una vez en la calle, delante del aeropuerto, me senté sobre la bolsa de viaje y empecé a bromear con los porteadores y algunos críos que había por allí. Sonreí al pensar que podría estar muerto de preocupación, cosa que no habría servido de nada. Al cabo de media hora, me levanté y partí a pie hacia Katmandú con mi pequeña bolsa de viaje, disfrutando del fresco del atardecer.»

La fuerza interior

El optimista sabe encontrar en sí mismo los recursos necesarios para superar las tribulaciones de la existencia. Hace gala de imaginación y de recursos para encontrar los medios que le permitan salir del apuro. No es débil y demuestra ser menos vulnerable que el pesimista ante los problemas. Al optimista le resulta más fácil pensar en soluciones que exigen valor y audacia para afrontar los obstáculos y los peligros que se alzan ante él.

Recuerdo un viaje por el este del Tíbet. Unas lluvias torrenciales, combinadas con la deforestación casi total llevada a cabo por los chinos, habían provocado crecidas devastadoras. Nuestro vehículo todoterreno avanzaba como podía por una carretera llena de baches al fondo de desfiladeros muy profundos, junto a un río que se había metamorfoseado en un gigantesco torrente enfurecido. Iluminadas por la luz amarillenta del crepúsculo, las paredes rocosas parecían elevarse hasta el cielo y amplificaban el rugido de las aguas. La mayoría de los puentes habían sido arrastrados y las aguas tumultuosas destrozaban con rapidez la única carretera todavía practicable. De vez en cuando, unas rocas caían rodando por las escarpadas laderas y se estrellaban contra el suelo. Una buena prueba para el optimismo de los pasajeros. La diferencia era abismal: mientras que unos estaban muy preocupados y querían parar (a pesar de que no había ningún sitio donde refugiarse), otros se lo tomaban con flema y sentido del humor y preferían seguir para dejar atrás aquello lo antes posible. Uno acabó por decirle al que estaba más preocupado: «A vosotros os encantan las películas de aventuras, ¿no? Pues hoy estáis servidos, estáis viviendo una en directo». Todos nos echamos a reír a carcajadas y nos sentimos más animados.

El sentido

Pero hay una dimensión todavía más fundamental del optimismo, la de la realización del potencial de transformación que hemos mencionado con frecuencia y que se encuentra en todos los seres humanos, sea cual sea su condición. Eso es, en definitiva, lo que da sentido a la vida humana. El pesimismo extremo equivale a pensar que no vale la pena vivir la vida en su conjunto; el optimismo extremo, a comprender que cada instante que transcurre es un tesoro, tanto en la alegría como en la adversidad. No se trata de simples matices, sino de una diferencia fundamental en la manera de ver las cosas. Esta distancia entre una perspectiva y otra está relacionada con el hecho de haber encontrado o no en uno mismo esa plenitud, que es lo único que puede alimentar una paz interior y una serenidad permanentes.

17

La felicidad en la tormenta

Cuando uno es desgraciado, resulta muy difícil no creer que ciertas imágenes tienen garras y púas y nos torturan por sí solas.

ALAIN[1]

Destrozados por la pérdida de un ser querido, consternados por una ruptura, abrumados por el fracaso, deshechos por la constatación del sufrimiento de los demás o corroídos por emociones negativas, a veces tenemos la impresión de que la vida entera se hace añicos. Hasta tal punto que parece que ya no queda ninguna salida de emergencia. La cantinela de la tristeza no se aparta de la mente. «Un solo ser nos falta y todo está despoblado», se lamentaba Lamartine.[2] Incapaces de ver un fin al dolor, nos encerramos en nosotros mismos y cada momento venidero nos resulta una fuente de angustia. «Cuando intentaba reflexionar, tenía la impresión de que mi mente estaba amurallada, de que no podía abrirse en ninguna dirección. Sabía que el sol salía y se ponía, pero su luz apenas llegaba hasta mí», escribe Andrew Solomon.[3] Por trágica que sea una situación (en el caso de la muerte de un allegado, por ejemplo), hay innumerables maneras de vivirla. La felicidad se encuentra atrapada en la tormenta cuando no se tienen los recursos interiores suficientes para conservar ciertos elementos fundamentales de *sukha*: el gusto por vivir, la convicción de que la alegría sigue siendo posible y la comprensión de la naturaleza efímera de todas las cosas.

Es interesante señalar que no es necesariamente cuando sufrimos grandes conmociones interiores cuando nos sentimos peor con nosotros mismos. Se ha observado que los índices de depresión y de suicidio disminuyen considerablemente en época de guerra. Se sabe asimismo que los cataclismos a veces hacen que salga a la luz lo mejor del hombre, en lo que se refiere a valor, solidaridad y voluntad de vivir (aunque también pueden dar lugar al saqueo y al «sálvese quien pueda»), y que el altruismo y la ayuda mutua manifestados en tales situaciones contribuyen considerablemente a reducir los trastornos postraumáticos asociados a estas tragedias. La mayor parte de las veces, no son los acontecimientos exteriores, sino nuestra propia mente y sus emociones negativas las que nos incapacitan para preservar la paz interior y hacen que nos hundamos.

Así pues, la mente merece que le dediquemos esfuerzos. Durante mucho tiempo le hemos dado rienda suelta y la hemos dejado vagar por donde se le antojaba. ¿Y adónde nos ha conducido eso? ¿En qué sombría orilla nos han hecho embarrancar las pasiones? Casi siempre nos damos cuenta de que un impulso o una acción va en contra de nuestro bienestar en el mismo momento de realizar el acto, pero, aun así, «es más fuerte que nosotros». Extraña simultaneidad de la inteligencia, espectadora impotente ante la ruina de su propia felicidad, y de las tendencias habituales que se imponen. Esta situación recuerda un poco la de las fuerzas internacionales encargadas de mantener la paz en un país en crisis, que, como ha sucedido en Somalia y en Irak, miran sin intervenir cómo saquean los mercenarios las universidades, los hospitales y los depósitos de alimentos.

Las emociones conflictivas hacen en nuestro pecho nudos que se resisten obstinadamente a ser deshechos. Intentamos en vano combatirlas o reducirlas al silencio. En cuanto creemos haberlo conseguido, resurgen con más fuerza. Estos tormentos emocionales se resisten a aceptar tregua alguna y toda tentativa de acabar con ellos parece condenada al fracaso. Mientras se producen estos conflictos, nuestro mundo se fragmenta en una multitud de contrarios que engendran la adversidad, la opresión y la angustia. ¿Qué ha ocurrido?

Cuando los pensamientos se alzan en armas

Los pensamientos pueden ser unas veces nuestros mejores amigos y otras nuestros peores enemigos. Cuando nos hacen creer que el mundo entero está contra nosotros, cada percepción, cada encuentro, la existencia misma del mundo se convierten en causa de tormentos. Para los contemplativos tibetanos, son nuestros propios pensamientos los que «se alzan en armas». Nos atraviesan a miles la mente, creando cada uno su propia fantasmagoría en un tumulto que no cesa de acrecentar nuestra confusión. No funciona nada fuera porque no funciona nada dentro.

Mirando de cerca el contenido de los pensamientos cotidianos, nos percatamos de hasta qué punto colorean la película interior que proyectamos sobre el mundo. El ansioso, por ejemplo, teme el menor movimiento: si tiene que coger un avión, piensa que se va a estrellar; si debe hacer un trayecto en coche, que va a tener un accidente; si va al médico, teme tener un cáncer. Para el celoso, el menor desplazamiento de su compañera resulta sospechoso, la menor sonrisa dirigida a otro es fuente de tormento, y la menor ausencia suscita una multitud de preguntas inútiles que causan estragos en su mente. Para estos dos sujetos, así como para el irascible, el avaro y el obsesivo, los pensamientos se vuelven tormentosos casi todos los días, oscurecen los colores de la existencia hasta destruir su alegría de vivir y la de sus allegados.

Ahora bien, ese peso que nos oprime el pecho no lo ha dejado caer el marido infiel, el objeto de nuestra pasión, el socio desaprensivo o el acusador injusto, sino nuestra mente. Y lo que proporciona la materia prima de ese peso y le permite caer sobre nosotros es el sentimiento de la importancia de uno mismo. Todo lo que no responde a las exigencias del yo se convierte en una contrariedad, una amenaza o una ofensa. El pasado hace daño, somos incapaces de disfrutar del presente y nos encogemos ante la proyección de nuestros tormentos futuros. Según Andrew Solomon: «En la depresión, lo único que sucede en el presente es el anticipo del dolor futuro, pues el presente como tal ha dejado de existir por completo».[4] La incapacidad para gestionar los pensamientos resulta ser la causa principal del malestar. Poner una sordina al incesante estrépito de los pensamientos perturbadores representa una etapa decisiva en el camino de la paz interior. Como explica Dilgo Khyentsé Rimpoché:

> Esas cadenas de pensamientos no cesan de transformarse, como las nubes deformadas por el viento, pero, pese a ello, les concedemos una gran importancia. Un anciano que mira jugar a unos niños sabe muy bien que lo que sucede entre ellos no tiene ninguna repercusión; no le produce ni excitación ni desánimo, mientras que los niños se lo toman muy en serio. Nosotros somos exactamente igual que ellos.[5]

Reconozcámoslo: mientras no actualicemos *sukha*, nuestra felicidad se encuentra a merced de las tempestades. Ante los desgarramientos interiores, evidentemente podemos tratar de olvidar, de distraernos, de cambiar de horizontes, de hacer un viaje, etc., pero todo eso es como poner cataplasmas en una pata de palo. Como tan bellamente dice Boileau:

> *Un loco cargado de errores, angustiado,*
> *en la ciudad o en el campo se siente abrumado.*
> *En vano monta a caballo para su desazón olvidar:*
> *la inquietud sube a la grupa y con él echa a galopar.*[6]

Es relativamente fácil conseguir un alto el fuego, pero la paz no es sólo la ausencia de guerra. Para firmar la paz con las emociones, hay que liberarse de las tendencias que las alimentan, ceder en lo más profundo de uno mismo, suprimir los blancos del sufrimiento que el yo se las ingenia para construir.

Poner remedio cuanto antes

¿Cómo hacerlo? En primer lugar, es conveniente posar tranquilamente la mirada sobre la fuerza bruta del sufrimiento interior. En lugar de evitarla o de enterrarla en un rincón oscuro de la mente, convirtámosla en objeto de meditación, pero sin darle vueltas a los acontecimientos que han provocado el dolor ni examinar una a una las imágenes de la película de nuestra vida. ¿Por qué no es necesario en este estadio insistir en las causas lejanas de nuestro sufrimiento? El Buda presentaba la imagen siguiente: ¿Se preguntará el hombre herido por una flecha en el pecho, de qué madera es esta flecha, de qué clase de pájaro proceden sus plumas, qué artesano la ha construido, si ese artesano era un hombre de bien o un bribón, cuántos hijos tenía? Desde luego que no. Su primera preocupación será arrancarse la flecha del pecho.

Cuando somos víctimas de una emoción dolorosa, si nos pasamos el tiempo buscando sus causas, hay muchas posibilidades de que se intensifique. Lo más urgente es, pues, mirarla de frente, aislándola de los pensamientos invasores que la atizan. En un capítulo anterior hemos visto que manteniendo simplemente la mirada interior sobre la *propia emoción*, ésta se desvanece de forma gradual del mismo modo que la nieve se funde al sol. Además, una vez que la fuerza de la emoción haya disminuido, las razones que la desencadenaron ya no parecerán tan dramáticas y así tendremos una posibilidad de salir del círculo vicioso de los pensamientos negativos.

Tener más de una cuerda en el arco

Para ello, reanudemos el análisis consistente en preguntarse de dónde ha sacado esa emoción su poder. ¿Tiene una sustancia? ¿Una localización? ¿Un color? Examinándola, no le encontramos ninguna de estas cualidades. Ello contribuye a reducir la importancia que le concedíamos. Pero, en la mayoría de los casos, la emoción surgirá de nuevo. Entonces hay que pasar a otro plano. En realidad, el mal que nos aflige generalmente extrae su fuerza de la reducción de nuestro universo mental. Cuando tal cosa sucede, los acontecimientos y los pensamientos no cesan de rebotar contra las paredes de esa prisión interior. Se aceleran y se amplifican, y cada rebote nos causa nuevas magulladuras. Es preciso, pues, ampliar nuestro horizonte interior hasta que la emoción deje de tener muros donde rebotar sin descanso. Y cuando esos muros, totalmente creados por nuestro yo, se desvanezcan, como un encantamiento que se deshace de forma súbita, los proyectiles de la desgracia se perderán en el vasto espacio de la libertad interior. Nuestro malestar no era sino un olvido de nuestra verdadera naturaleza, que permanece inalterada bajo la nube de las emociones. Desarrollar y preservar esa ampliación del horizonte interior es capital; los acontecimientos exteriores y los pensamientos corrientes surgen entonces como miles de estrellas que se reflejan en la superficie tranquila de un vasto océano, sin agitarlo jamás.

Para alcanzar ese estado, uno de los mejores medios consiste en meditar sobre sentimientos que desborden nuestras aflicciones mentales. Si meditamos, por ejemplo, sobre un sentimiento de amor altruista hacia *todos* los seres, es raro que el calor de semejante pensamiento no haga que se funda el hielo de nuestras frustraciones, que su suavidad no pueda templar el fuego de nuestros deseos. Hemos conseguido elevarnos a un plano que sobrepasa el dolor personal, hasta el punto de que éste se vuelve imperceptible.

Imaginemos un mar embravecido, con olas altas como casas. Cada ola adquiere una importancia absolutamente particular, y cuando una de ellas, más monstruosa que las demás, parece a punto de engullir el barco donde estamos, nuestra vida sólo depende de esos pocos metros de más en el muro de agua. En el corazón de la tormenta, ésa es nuestra única realidad. Por contraste, si miramos esa misma escena desde un avión que vuela a considerable altitud, las olas forman un fino mosaico azul y blanco, como mucho un estremecimiento en el agua. En el silencio del espacio, el ojo contempla esos dibujos casi inmóviles; luego la mente puede sumergirse en la luz de las nubes y del cielo.

¿No sucede lo mismo con las pasiones? Sus olas parecen reales, pero no son más que elaboraciones de la mente. ¿Qué sentido tiene permanecer en el barco de la angustia y de las cavilaciones? Vale más mirar la naturaleza última de la mente, vasta como el cielo, y darse cuenta de que las olas han perdido la fuerza que les atribuíamos.

Un ejercicio espiritual: observar la fuente de los pensamientos

¿Cómo podemos acabar con el sempiterno regreso de los pensamientos perturbadores? La respuesta se encuentra en los métodos de entrenamiento de la mente, gracias a los cuales la fuerza de los hábitos mentales puede disminuir y acabar desapareciendo. Khyentsé Rimpoché utiliza la imagen del deshielo:

> Durante el invierno, el hielo petrifica los lagos y los ríos, y el agua se vuelve tan sólida que puede sostener hombres, animales y vehículos. Con la primavera, la tierra y las aguas se calientan: es el deshielo. ¿Qué queda entonces de la dureza del hielo? El agua es suave y fluida; el hielo, duro y cortante. No podemos decir que son idénticos ni tampoco que son diferentes, pues el hielo es agua solidificada, y el agua, hielo fundido. Lo mismo sucede con nuestras percepciones del mundo exterior. Aferrarse a la realidad de los fenómenos, estar atormentado por la atracción y la repulsión, así como por las preocupaciones mundanas, produce una especie de barrera de hielo en nuestra mente. Así pues, hagamos que se funda el hielo de nuestras frustraciones a fin de que su frescura modere los ardores de la pasión.[7]

Nos hemos elevado a un plano que sobrepasa el dolor hasta tal punto que se vuelve imperceptible. De lo contrario, resignándonos a ser permanentemente víctimas de nuestros pensamientos, actuamos como el perro que echa a correr detrás de todas las piedras que le lanzan. Estrechamente identificados con cada pensamiento, lo seguimos y lo reforzamos en interminables encadenamientos de emociones. Sin embargo, si examináramos la situación con un poco de perspectiva, le encontraríamos un aspecto cómico; presas de los tormentos del ego, somos como chiquillos que patalean de rabia porque les niegan sus caprichos.

En lugar de atormentarnos tanto, miremos simplemente lo que hay en el fondo de la mente, detrás de los pensamientos. ¿No hay una presencia despierta, libre de construcciones mentales, transparente, luminosa, que no se deja confundir por las ideas relativas al pasado, al presente y al futuro? Intentando de este modo permanecer en el instante presente, libre de conceptos, aumentando poco a poco el intervalo que separa la desaparición de un pensamiento de la aparición del siguiente, es posible mantenerse en un estado de simplicidad límpida que no por estar libre de construcciones mentales es menos lúcido y no por persistir sin esfuerzo descuida la vigilancia.

Entrenándonos en la observación de la fuente de los pensamientos, nos percatamos de que cada uno de ellos surge de esa conciencia pura para diluirse en ella de nuevo, al igual que las olas emergen del mar y se disuelven en él. No es necesario aplastar esas olas por la fuerza, como queriendo cubrirlas con una bandeja de cristal; se reabsorben por sí solas. En cambio, es saludable aplacar el viento de los conflictos interiores que forman esas olas y las propagan. Ya hemos visto que comprendiendo la vacuidad de existencia propia de los pensamientos es posible romper su interminable encadenamiento. Ya no somos el perro que echa a correr detrás de todas las piedras, sino el león al que sólo se le puede lanzar una, pues, en lugar de perseguirla, se vuelve contra quien la ha lanzado. El primer pensamiento es como una chispa; sólo adquiere fuerza si le facilitamos un medio para propagarse. Entonces es cuando puede adueñarse de nuestra mente.

Dilgo Khyentsé Rimpoché contaba la historia de un jefe guerrero del Tíbet oriental que había abandonado todas sus actividades marciales y mundanas para retirarse a una caverna, donde pasó varios años meditando. Un día, una bandada de palomos se posó delante de la caverna y él les dio cereales. Pero la contemplación de aquellos pájaros que se desplazaban como un pequeño ejército le evocó las legiones de guerreros que había tenido bajo sus órdenes. Ese pensamiento le recordó sus expediciones y sintió una cólera creciente contra sus antiguos enemigos. Los recuerdos no tardaron en invadir su mente. Bajó al valle, se reunió con sus compañeros de armas y se fue a luchar de nuevo. Este ejemplo ilustra con toda claridad el modo en que un simple pensamiento anodino crece hasta convertirse en una obsesión irreprimible, al igual que una minúscula nube blanca se transforma en una enorme masa negra agrietada por relámpagos.

A no ser que intervengamos en el núcleo del mecanismo del encadenamiento de los pensamientos, tales proliferaciones no cesan de extenderse. Como dice Khyentsé Rimpoché:

> Los pensamientos, abandonados a sí mismos, crean el *samsara*. Al no ser sometidos a ningún examen crítico, conservan su aparente realidad y perpetúan la confusión cada vez con más fuerza. Sin embargo, ninguno de ellos, sea bueno o malo, posee la menor realidad tangible. Todos, sin excepción, están completamente vacíos, como arcos iris, inmateriales e impalpables. Nada puede alterar la vacuidad, ni siquiera cuando velos superficiales la ocultan a nuestra vista. En realidad, no es necesario esforzarse en retirar esos velos; basta con reconocer que son ilusorios para que desaparezcan. Cuando los pensamientos oscurecedores se desvanecen, la mente reposa, vasta y serena, en su propia naturaleza.[8]

Familiarizándonos poco a poco con esta forma de gestionar los pensamientos, aprendemos a liberarnos de las toxinas interiores, de la ansiedad y de la duda. La mente se vuelve como un cielo que permanece siempre despejado, que no alimenta la esperanza de ver aparecer un arco iris ni se siente decepcionado por no ver ninguno. Las pulsiones y los apegos que nos afectaban hasta entonces se encuentran tan alejados como la algarabía de la ciudad para quien está sentado en la cima de una montaña.

* * *

Al fondo del abismo

Según su médico, Sheila Hernandez estaba «virtualmente muerta» cuando ingresó en el John Hopkins Hospital. Era seropositiva y padecía endocarditis y neumonía. El consumo constante de drogas había afectado tanto a su circulación sanguínea que no podía andar. Cuando Glenn Treisman, que trata desde hace decenas de años la depresión en indigentes seropositivos y toxicómanos, fue a verla, Sheila le dijo que no quería hablar con él porque no iba a tardar en morir y que pensaba irse del hospital lo antes posible. «No —le contestó Treisman—. Ni hablar. No saldrá de aquí para ir a morir estúpida e inútilmente en la calle. Es una idea de lo más tonta. Es lo más insensato que he oído nunca. Usted se quedará aquí y dejará de drogarse. Vamos a curarle las infecciones, y si la única manera de conseguir que se quede es declararla loca peligrosa, lo haré.» Sheila se quedó. Andrew Solomon reproduce su testimonio: «Ingresé en el hospital el 15 de abril de 1994 —dice, con una risa irónica—. En esos momentos ya ni siquiera me consideraba un ser humano. Incluso cuando era pequeña, recuerdo que me sentía sola. Las drogas entraron en escena como una ayuda para liberarme de ese sufrimiento íntimo. Cuando tenía tres años, mi madre se deshizo de mí y me dejó con unos extranjeros, un hombre y una mujer, y a los catorce años él empezó a maltratarme. Me pasaron muchas cosas dolorosas y quería olvidar. Recuerdo que me despertaba por la mañana y me ponía furiosa simplemente por estar despierta. Me decía que nadie podía ayudarme, que ocupaba un sitio inútil en la tierra. Sólo vivía para drogarme, y me drogaba para vivir, y como las drogas me deprimían todavía más, sólo tenía ganas de una cosa: de morir».[9] Sheila Hernandez permaneció treinta y dos días en el hospital y le hicieron una cura de desintoxicación. Le prescribieron antidepresivos. «Al final me di cuenta de que todo lo que creía antes de ingresar en el hospital era falso. Aquellos médicos me dijeron que tenía tal cualidad y tal otra, en definitiva, que valía algo. Para mí, aquello fue como volver a nacer.

»Empecé a vivir. El día que me marché oí el canto de los pájaros. ¿Y sabe qué? ¡Nunca los había oído cantar hasta entonces! ¡Hasta ese día no supe que los pájaros cantaban! Percibí por primera vez el olor de la hierba, de las flores..., y hasta el cielo me parecía nuevo. Nunca me había fijado en las nubes, ¿entiende lo que quiero decir?»

Sheila Hernandez no volvió a caer en la droga. Unos meses más tarde, volvió al Hopkins como empleada del hospital. Ha realizado tareas de apoyo jurídico para un estudio clínico sobre la tuberculosis y ayuda a los participantes a encontrar alojamiento. «Mi vida ha cambiado por completo. Hago cosas para ayudar a la gente, y me gusta de verdad.»

Hay muchas Sheilas que no salen jamás del abismo. Son pocas las que lo consiguen, no porque su situación sea irremediable, sino porque nadie acude en su ayuda. El ejemplo de Sheila y de muchos otros demuestra que manifestar bondad y amor puede permitirles renacer de un modo sorprendente, como le sucede a una planta marchita cuando la regamos cuidadosamente. El potencial de ese renacimiento estaba presente, muy cerca pero negado y escondido durante mucho tiempo. En este caso, la mayor lección es la fuerza del amor y las consecuencias trágicas de su ausencia.

* * *

¿Por qué acusar al mundo entero?

Resulta tentador echar sistemáticamente la culpa al mundo y a los demás. Cuando nos sentimos mal, angustiados, deprimidos, irritables, interiormente cansados, enseguida trasladamos la responsabilidad al exterior: tensiones con los compañeros de trabajo, discusiones con el cónyuge... El propio color del cielo puede convertirse en una causa de sufrimiento. Ese reflejo es mucho más que una simple escapatoria psicológica. Refleja una percepción errónea de las cosas que nos hace atribuir cualidades inherentes a los objetos exteriores, cuando en realidad esas cualidades dependen en gran medida de nuestra propia mente. Transformando nuestra mente es como podemos transformar «nuestro» mundo. En la literatura búdica se pone el siguiente ejemplo:

¿Dónde encontrar un trozo de piel lo bastante grande para cubrir la tierra?
La piel de una simple sandalia es suficiente.
Del mismo modo, no puedo dominar los fenómenos exteriores,
pero dominaré mi mente: ¡qué me importan los otros dominios![10]

Es, pues, en esta tarea en la que hay que centrarse en primer lugar. Unas emociones difíciles de controlar también pueden producir un efecto positivo, no porque el sufrimiento que acarrean sea bueno (ningún sufrimiento es bueno en sí mismo), sino en la medida en que actúan como revelador de las causas de nuestro sufrimiento. Cada vez que uno mismo es el escenario de una emoción, el culpable de nuestros tormentos permanece al descubierto ante nuestros ojos, expuesto a los focos de nuestra inteligencia, surgido de la oscuridad de nuestro subconsciente. En ese momento preciso, tenemos total libertad para examinar el proceso del sufrimiento mental y descubrir sus remedios.

Por poner un ejemplo personal, yo, que no soy de natural irascible, en las dos o tres veces que he montado en cólera durante los últimos veinte años he aprendido más sobre la naturaleza de esa emoción destructiva que en años de calma. Como dice un proverbio: «Un solo perro ladrando hace más ruido que cien perros callados». La primera vez, en los años ochenta, acababa de comprarme el primer ordenador portátil y lo utilizaba para hacer traducciones de textos tibetanos. Una mañana, mientras trabajaba sentado en el suelo, en un monasterio situado en un rincón perdido de Bután, un monje amigo, pensando que era una broma estupenda, al pasar junto a mí echó un puñado de *tsampa* (harina de cebada tostada) sobre el teclado. La sangre se me heló en las venas y, mirándolo con enojo, le espeté: «¡Seguramente te parecerá muy divertido!» Al ver que estaba enfadado de verdad, se detuvo y comentó lacónicamente: «Un instante de cólera puede destruir años de paciencia». Lo que había hecho no era muy inteligente, pero tenía razón en el fondo de la cuestión, porque mi cólera era más perjudicial que su tontería.

En otra ocasión, en Nepal, una persona que había estafado una suma considerable a nuestro monasterio vino a verme y empezó a darme lecciones de moral. Me dijo que valía más meditar sobre la compasión que construir monasterios, que por supuesto nunca había pretendido otra cosa que no fuera ayudarnos, etc. Al final, se me hincharon las narices y, tan enfadado que me temblaba la voz, lo conminé a que se marchara ayudándolo un poco con el gesto. En aquel momento, estaba convencido de que mi cólera estaba absolutamente justificada. Hasta unas horas más tarde no me di cuenta de hasta qué punto la cólera es una emoción negativa, que destruye por completo nuestra lucidez y nuestra paz interior para convertirnos en auténticas marionetas.

El sublime intercambio de felicidad y sufrimiento

Además de los métodos que ya hemos expuesto, como mirar la fuente de los pensamientos y expulsar la emoción viva, existen otros muy sencillos, relativamente fáciles de poner en práctica en todo momento y lugar. Se basan sobre todo en el incremento de la compasión, emoción positiva por excelencia puesto que ofrece alivio a los que sufren y, precisamente por ello, reduce la importancia de nuestros males.

Podemos utilizar la fuerza del deseo. Existe una forma de meditación inspiradora que consiste en intercambiar el sufrimiento de los demás por la felicidad propia. Dilgo Khyentsé Rimpoché la enseñaba así:

> Empezad por engendrar un poderoso sentimiento de calor humano, de sensibilidad y de compasión hacia todos los seres vivos. Después imaginad seres que padecen sufrimientos similares a los vuestros, o peores aún. Respirando, considerad que, en el momento que espiráis, les enviáis con vuestro aliento toda vuestra felicidad, vuestra vitalidad, vuestra buena suerte, vuestra salud, etc., en forma de un néctar blanco, fresco y luminoso. Y recitad la siguiente plegaria: «Que reciban este néctar que les doy sin reservas». Visualizad que absorben totalmente ese néctar, el cual alivia su dolor y colma sus necesidades. Si su vida corre el peligro de ser breve, imaginad que se la prolonga; si están enfermos, pensad que se curan; si son pobres y menesterosos, imaginad que obtienen lo que necesitan; si son desdichados, que encuentran la felicidad.
>
> Al inspirar, considerad que recibís, en forma de una masa oscura, todas las enfermedades, todas las ofuscaciones y todos los venenos mentales de esos seres. Imaginad que ese intercambio los alivia de sus tormentos. Pensad que sus sufrimientos llegan hasta vosotros con facilidad, al igual que la bruma transportada por el viento envuelve una montaña. Cuando recibáis todo el peso de sus sufrimientos, sentid una gran alegría y combinadla con la experiencia de la vacuidad, es decir, con la comprensión de que todo es impermanente y carece de solidez.
>
> Luego repetid el mismo ejercicio para la infinidad de los seres: les enviáis vuestra felicidad y asumís sus sufrimientos.

> Podéis realizar esta práctica en cualquier momento y en toda circunstancia, y aplicarla a todas las actividades de la vida cotidiana hasta que se convierta en una segunda naturaleza.[11]

Resulta difícil empezar a poner en práctica estas instrucciones cuando uno se ve repentinamente enfrentado al sufrimiento. Por consiguiente, conviene familiarizarse primero con él, a fin de estar en condiciones de aplicarlas cuando se presenten circunstancias desfavorables. Mediante tal intercambio, nuestro tormento nos abre a los demás en lugar de aislarnos. Podemos enriquecer la visualización descrita anteriormente con variantes que ofrece Khyentsé Rimpoché:

> Algunas veces, al espirar, visualizad que vuestro corazón es una brillante esfera luminosa de donde emanan rayos de luz blanca que llevan vuestra felicidad a todos los seres, en todas direcciones. Inspirad sus errores y sus tormentos en forma de una densa nube negra. Esa nube oscura penetra en vuestro corazón, donde se disuelve sin dejar rastro en la luz blanca.
>
> En otros momentos, imaginad que vuestro cuerpo se multiplica en una infinidad de formas que se dirigen a todos los puntos del universo, asumen los sufrimientos de todos los seres que encuentran y les dan felicidad a cambio.
>
> Imaginad que vuestro cuerpo se transforma en ropa para los que tienen frío, en comida para los hambrientos o en refugio para los indigentes. Visualizad también que os convertís en la Gema de los Deseos, una deslumbrante gema un poco más grande que vuestro cuerpo y de un magnífico azul zafiro, que provee naturalmente a las necesidades de cualquiera que expresa un deseo o recita una plegaria.

Una práctica de este tipo no debe llevarnos en ningún caso a descuidar nuestro bienestar, sino a permitirnos transformar nuestra reacción ante el sufrimiento otorgándole un valor nuevo. Además, esta actitud incrementa considerablemente el entusiasmo para obrar buscando el bien de los demás. No basta con convertir las dificultades en el objeto teórico de nuestra práctica espiritual, pues, como dicen: «¿En qué podría beneficiar al enfermo leer un tratado médico?» Lo que importa es obtener un resultado convincente. Constatar que se ha logrado no dejará de aportar una alegría estable y profunda.

De la misma manera, también es posible asumir la violencia de las emociones destructivas que afligen a los demás:

> Comenzad estando animados por la motivación de domeñar vuestras emociones negativas para ayudar mejor a los demás. A continuación, considerad una emoción que sea particularmente fuerte en vosotros, la atracción y el apego compulsivos por una persona o un objeto, por ejemplo. Después evocad a una persona cercana y considerad que sus tormentos emocionales se suman a los vuestros. Sentid una profunda compasión hacia ella y ampliad ese sentimiento imaginando los deseos de todos los seres, incluidos los de vuestros enemigos, con los que cargáis, pensando: «Que, por este acto, todos los seres sean liberados del deseo y accedan a la Iluminación». Podéis efectuar esta misma meditación tomando como punto de apoyo la animosidad, el orgullo, la codicia, la ignorancia o cualquier otra emoción que trastorne y oscurezca la mente.

Cultivar la serenidad

En el capítulo sobre el sufrimiento, vimos el poder de la imaginería mental. Los métodos expuestos aquí hacen un amplio uso de ella. Cuando un poderoso sentimiento de deseo, de envidia, de orgullo, de agresividad o de codicia hostiga nuestra mente, evoquemos situaciones que, como bálsamos, transmitan paz. Transportémonos mentalmente a orillas de un lago tranquilo o a un lugar de retiro en la montaña, ante un paisaje inmenso. Imaginémonos sentados disfrutando de una gran placidez, con la mente vasta y límpida como un cielo sin nubes, serena como un mar a resguardo de los vientos.

Nuestras tempestades interiores amainan y la calma vuelve a nuestra mente. Aunque las heridas sean profundas, no afectan a la naturaleza última de la mente, pues, pese a las apariencias, también están desprovistas de existencia propia. Por eso *siempre* es posible disolverlas. Los que afirman que las fijaciones están grabadas en la mente, de modo semejante a como lo estarían en la piedra, simplemente no han dedicado *suficiente tiempo* a contemplar la naturaleza de la mente.

A fin de aliviar el sufrimiento, también podemos cultivar un *verdadero* desapego. El desapego no consiste en separarnos dolorosamente de lo que amamos, sino en suavizar la manera en que lo percibimos. Si miramos el objeto de nuestro apego con una simplicidad nueva, comprendemos que no es ese objeto lo que nos hace sufrir, sino la forma en que nos aferramos a él.

Así pues, cuando una obsesión se apodera de nuestra mente, imaginémonos en presencia de un sabio —el Buda, Sócrates, san Francisco de Asís o cualquier otro—, reproduzcamos mentalmente la armonía serena que leemos en su rostro, la paz de su mente, liberada de las emociones perturbadoras. Esta visión actuará como una onda benefactora que refresca la mente y le permite recuperar el descanso, su estado natural.

Un día, en el Tíbet, hacia la década de 1820, un bandido temido por su crueldad llegó ante la gruta del eremita Jigmé Gyalwai Nyougou con la intención de robarle sus escasas provisiones. Cuando entró en la gruta, se encontró en presencia de un anciano sereno que estaba meditando con los ojos cerrados y cuyo rostro, aureolado de cabellos blancos, irradiaba paz, amor y compasión. En el instante en que el malhechor vio al sabio, su agresividad se desvaneció y permaneció un momento contemplándolo con asombro y fascinación. Luego se retiró, no sin antes haberle pedido su bendición. A partir de entonces, cada vez que se le presentaba la oportunidad de hacer daño a alguien, el rostro sereno del anciano de cabellos blancos surgía en su mente y le hacía renunciar a su plan. Visualizar tales escenas no consiste en complacerse en la autosugestión, sino en ponerse en consonancia con la naturaleza intrínsecamente apacible que yace en lo más profundo de nosotros.

La fuerza de la experiencia

Una vez que hemos superado el instante de ceguera durante el cual es tan difícil actuar sobre una emoción poderosa y que nuestra mente se encuentra liberada de la carga emocional que tanto la ha perturbado, nos resulta difícil creer que una emoción haya podido dominarnos hasta ese extremo. Hay en ello una gran enseñanza: no subestimar jamás el poder de la mente, capaz de cristalizar vastos mundos de odio, de deseo, de exaltación y de tristeza. Las tribulaciones que padecemos contienen un valioso potencial de transformación, un tesoro de energía del que podemos extraer a manos llenas la fuerza viva que capacita para construir lo que la indiferencia o la apatía no permiten. Y cada dificultad puede ser la brazada de mimbre junto con la cual, tras haber sacudido el cesto interior del que ya no nos separamos, recogemos fácilmente todas las vicisitudes de la existencia.

18

Tiempo de oro, tiempo de plomo y tiempo de pacotilla

Aquellos a quienes torturan los calores del verano
languidecen tras el claro de luna otoñal
sin siquiera asustarse ante la idea
de que habrán pasado cien días de su vida para siempre.

BUDA SAKYAMUNI

Un día, en Nepal, me invitaron a un lugar sorprendente: un hotel de lujo construido al borde de un inmenso cañón. Por un lado, una naturaleza espléndida, la increíble belleza del Himalaya nevado, la inmensidad salvaje de ese desfiladero fascinante, como recortado en otro mundo; y por el otro, un lujo absolutamente vano. A media noche, el estrépito de una docena de truenos desgarró la oscuridad; la escena suscitaba una mezcla de fascinación por la belleza que desplegaba la naturaleza y de lasitud ante la inutilidad y la superficialidad del lugar donde nos hallábamos instalados. Aquella lasitud era el resultado de una reflexión sobre el despilfarro del tiempo.

El tiempo es muchas veces comparable a un fino polvo de oro que dejáramos caer distraídamente entre los dedos sin siquiera darnos cuenta. Bien utilizado, se convierte en la lanzadera que movemos entre los hilos de los días para tejer la tela de la vida. Es, pues, esencial para la búsqueda de la felicidad tomar conciencia de que el tiempo es nuestro bien más precioso. Sin causar perjuicio a nadie, hay que tener la fortaleza necesaria para no ceder a la vocecita que nos susurra que hagamos incesantes concesiones a las exigencias de la vida cotidiana. ¿Por qué dudar en hacer tabla rasa de lo superfluo? ¿Qué ventaja tiene consagrarse a lo superficial y a lo inútil? Como dice Séneca: «No es que dispongamos de muy poco tiempo, es más bien que perdemos mucho».[1]

La vida es corta. Si posponemos una y otra vez lo esencial para más adelante y nos dejamos atrapar por las presiones incoherentes de la sociedad, siempre perderemos. Los años o las horas que nos quedan por vivir son como una preciosa sustancia que se desmenuza fácilmente y no ofrece ninguna resistencia al despilfarro. Pese a su inmenso valor, el tiempo no sabe protegerse a sí mismo, como un niño que se deja llevar por cualquiera que lo coge de la mano.

Para el hombre activo, el tiempo de oro es el que permite crear, construir, realizar, dedicarse al bien de los demás y al desarrollo de su propia existencia. En cuanto al contemplativo, el tiempo le permite mirar con lucidez dentro de sí mismo para iluminar su mundo interior y encontrar la esencia de la vida. El tiempo de oro es el que, pese a la aparente inacción, permite disfrutar plenamente del momento presente. En la jornada de un eremita, cada instante es un tesoro. Incluso en un estado de absoluta relajación, libre de construcciones mentales, el tiempo del eremita nunca es un tiempo derrochado. Posee una riqueza y una densidad tales que el sabio prosigue su transformación interior, sin esfuerzo, como un río que fluye majestuosamente hacia el mar de la Iluminación. En el silencio de su retiro, se convierte en «una flauta en cuyo corazón el murmullo de las horas se transforma en música».[2]

El desocupado habla de «matar el tiempo». ¡Qué expresión tan terrible! En este caso, el tiempo no es más que una larga línea recta y monótona. Es el tiempo de plomo, que cae sobre el ocioso como un fardo y abruma a quien no soporta la espera, el retraso, el aburrimiento, la soledad, la contrariedad y a veces ni siquiera la existencia. Cada instante que pasa agrava su reclusión. Para otros, el tiempo no es más que la cuenta atrás hacia una muerte que temen, o que desean cuando están cansados de vivir. «El tiempo que no llegaban a matar acabó por matarlos.»[3]

Recuerdo una visita por el sur de Francia con un grupo de monjes del monasterio donde vivo en Nepal. Unos jubilados jugaban a la petanca en una plaza. Me percaté de que uno de los monjes tenía lágrimas en los ojos. Se volvió hacia mí y dijo: «Juegan... ¡como niños! En nuestro país, los ancianos que ya no trabajan, cuando se acerca la muerte, consagran su tiempo a la meditación y la oración».

Percibir el tiempo como una experiencia penosa e insípida, sentir que, al final del día, al final de un año y al final de la vida, no hemos hecho nada pone de manifiesto la poca conciencia que tenemos del potencial de realización de que somos portadores.

MÁS ALLÁ DEL ABURRIMIENTO Y DE LA SOLEDAD

Según Pascal Bruckner: «Por más que desagrade a los cruzados de la chispa, no hay revolución contra el aburrimiento: hay huidas, estrategias de desviación, pero el déspota gris resiste con terquedad».[4] Ésa es, sin duda, la suerte de los que dependen por entero de las distracciones, para quienes la vida no es más que una gran diversión y que se aburren en cuanto el espectáculo se interrumpe. Si no, salvo en caso de ser un bebé adulto, ¿por qué iba alguien a aburrirse? El aburrimiento es el mal de aquellos para los que el tiempo no tiene valor.

A la inversa, quien percibe el inestimable valor del tiempo, aprovecha cada instante de tregua en las actividades cotidianas y los estímulos exteriores para saborear con deleite la serenidad del instante. No conoce el aburrimiento, esa sequía de la mente.

Lo mismo ocurre con la soledad. Quien se aísla de los seres y del universo para encerrarse en la burbuja del ego se sentirá solo en medio de una multitud. Pero a quien percibe la interdependencia de todos los fenómenos no puede afectarle la soledad; el eremita, por ejemplo, sabe estar en armonía con todo el universo.

Para el hombre distraído, el tiempo no es sino una musiquilla que desgrana sus notas en el desorden de la mente. Esto es el tiempo de pacotilla. Séneca dice al respecto:

> No ha vivido mucho, ha existido mucho tiempo. ¿Llegarías a considerar que ha navegado mucho un hombre al que una terrible tempestad hubiera impedido salir del puerto, hubiera llevado después de aquí para allá y, a capricho de los vientos furiosos y contrarios, hubiera hecho girar en redondo? No ha navegado mucho, ha sido muy zarandeado.[5]

No entendemos por distracción la relajación serena de un paseo por la montaña, sino las actividades vanas y los interminables parloteos interiores que, lejos de iluminar la mente, la conducen a un caos agotador. Esa distracción dispersa la mente sin proporcionarle descanso; hace que se pierda por atajos y caminos sin salida. Saber vivir el tiempo no significa que haya que tener siempre prisa ni estar obsesionado con el control horario. En toda circunstancia, tanto si nos encontramos en un estado de relajación como de concentración, de tranquilidad como de actividad intensa, debemos apreciar el tiempo en su justo valor.

Recuperar el tiempo de oro

¿Cómo aceptamos no dedicar siquiera unos breves instantes al día a la introspección contemplativa? ¿Tan endurecidos, insensibilizados y hastiados estamos? ¿Son suficientes unas cuantas actividades respetables, brillantes conversaciones y fútiles diversiones para colmarnos? En el mejor de los casos, pueden ocultar la fugacidad de los días, pero ¿es la solución adecuada cerrar los ojos ante el desmoronamiento de nuestra vida y abrirlos temerosamente poco antes de morir? ¿No es preferible mantenerlos desde ahora bien abiertos para preguntarnos cómo dar sentido a nuestra vida? Quitémonos la máscara de los convencionalismos, de los compromisos con nuestros semejantes, en ese juego en el que participamos desde hace demasiado tiempo. Miremos en nuestro interior, ¡hay tantas cosas que hacer y la tarea es tan apasionante!

¿No merece la pena dedicar cada día un momento a cultivar un pensamiento altruista, a observar el funcionamiento de la mente para descubrir cómo surge la vanidad, la envidia, el despecho o, por el contrario, el amor, la satisfacción, la tolerancia? No lo dudemos: esa investigación nos enseñará mil veces más que una hora dedicada a la lectura de las noticias locales o los resultados deportivos. Se trata de utilizar el tiempo de forma adecuada, no de desentenderse del mundo. Por lo demás, no debe preocuparnos llegar a tal extremo en una época en que las distracciones están omnipresentes y el acceso a la información generalizada hasta la saturación. Más bien nos hallamos estancados en el extremo opuesto: el grado cero de la contemplación. No nos reservamos ni una hora de reflexión por cada cien de diversión. Como mucho, unos instantes cuando conmociones afectivas o profesionales nos hacen «cuestionar las cosas». Pero ¿cómo y durante cuánto tiempo? ¿Aprovechamos realmente esas ocasiones para mirar de frente los fundamentos de esas frágiles certezas, la naturaleza efímera de los sentimientos y de los apegos? Con gran frecuencia, nos limitamos a esperar que «pase el mal momento» y buscamos con avidez las distracciones apropiadas para «pensar en otra cosa». Los actores y el decorado cambian, pero la obra continúa.

¿Por qué no sentarnos a orillas de un lago, en el claro de un bosque, en la cima de una colina o en una habitación tranquila, a fin de examinar lo que somos en lo más profundo de nosotros? Examinemos claramente, primero de todo, lo que más cuenta en la vida para nosotros; después, establezcamos prioridades entre lo que es esencial y las demás actividades que invaden nuestro tiempo. También podemos aprovechar determinados períodos de la vida activa para encontrarnos con nosotros mismos y dirigir la mente hacia el interior. Como escribe Tendzin Palmo, una monja inglesa que pasó muchos años retirada: «La gente afirma que no tiene tiempo para meditar. ¡No es cierto! Puedes meditar mientras esperas que hierva el agua del café, mientras te lavas, en el transporte público. Hay que acostumbrarse a estar presente».[6]

Tenemos los días contados; desde que nacemos, cada instante, cada paso que damos nos acerca a la muerte. El eremita tibetano Patrul Rimpoché nos lo recuerda de un modo poético:

Vuestra vida se aleja como el sol poniente,
la muerte se acerca como las sombras de la noche.

Lejos de desesperarnos, una constatación lúcida de la naturaleza de las cosas debe, por el contrario, inspirarnos para vivir plenamente cada día que pasa. Sin haber examinado nuestra vida, damos por hecho que no tenemos elección y que es más sencillo dejar que las actividades se sucedan y se agolpen, como siempre han hecho y continuarán haciendo. Ahora bien, si nosotros no abandonamos las distracciones y las actividades estériles e incesantes del mundo, no serán ellas las que nos abandonen a nosotros; de hecho, incluso ocuparán cada vez más espacio en nuestra vida. Khyentsé Rimpoché decía:

> Movidos por las más vanas consideraciones, nos lanzamos a hacer cosas, competimos con los demás y no vacilamos en mentir y en engañar a todo el mundo, añadiendo así el peso de nuestros actos negativos a la futilidad de nuestros objetivos. Y es más, al final nunca estamos satisfechos: nuestras riquezas nunca son bastante elevadas, nuestra alimentación no es bastante buena y nuestros placeres no son bastante intensos.[7]

Si dejamos la vida espiritual para mañana, el aplazamiento se repetirá todos los días, y el tiempo apremia. Cada paso que doy, cada mirada que dirijo al mundo, cada «tic» y cada «tac» del reloj me acercan a la muerte. Ésta puede llegar en un instante, sin que pueda hacer nada para evitarlo. Pues, si bien la muerte es segura, el momento de su llegada es imprevisible. Como decía Nagarjuna en el siglo II de nuestra era:

Si esta vida que el viento de mil males azota
es todavía más frágil que una burbuja sobre el agua,
es un milagro, después de haber dormido,
inspirando y espirando, despertarse activo.[8]

En concreto, para vivir más armoniosamente nuestra relación con el tiempo, debemos cultivar cierto número de cualidades. La vigilancia permite estar atento al paso del tiempo, no dejar que se escape sin siquiera darnos cuenta. La motivación correcta es lo que embellece el tiempo y le da su valor; la diligencia, lo que permite utilizarlo adecuadamente, y la libertad interior evita que sea monopolizado por emociones perturbadoras. De este modo, cada día, cada hora, cada segundo son como flechas que vuelan hacia su blanco. El momento idóneo para empezar es *ahora*.

19

Cautivado por la marea del tiempo

Una buena vida se caracteriza por un enfrascamiento total en lo que se hace.

MIHALY CSIKSZENTMIHALY[1]

¿Quién no ha estado alguna vez profundamente enfrascado en un acto, una experiencia o una sensación? Es lo que el psicólogo Mihaly Csikszentmihaly, profesor de la Universidad de Chicago, llama el «fluir». En la década de 1960, a Csikszentmihaly, que estudiaba el proceso de la creatividad, le sorprendió el hecho de que, cuando la ejecución de un cuadro iba bien, el artista estaba completamente enfrascado en su obra y seguía trabajando hasta acabarla, olvidando el cansancio, el hambre y la incomodidad. Luego, una vez terminada la creación, su interés decaía rápidamente. Había vivido una experiencia de «fluir», durante la cual el hecho de estar sumergido en lo que se hace cuenta más que el resultado de la acción.

Intrigado por este fenómeno, Csikszentmihaly interrogó a un gran número de artistas, alpinistas, jugadores de ajedrez, cirujanos, escritores y trabajadores manuales para los que el puro placer del acto constituía la motivación principal. Está claro que, para un escalador que ha escalado repetidas veces la misma pared, el hecho de encontrarse en la cima cuenta menos que el placer de escalar. Lo mismo le ocurre al que navega por una bahía en un velero sin un destino preciso, toca un instrumento o practica un juego de paciencia. En esos momentos, «estamos totalmente implicados en la actividad en sí. El sentimiento del yo se desintegra. No notamos que pasa el tiempo. Las acciones, los movimientos y los pensamientos se encadenan de forma natural, como cuando se interpreta jazz. Todo el ser está comprometido y utilizamos sus capacidades al máximo».[2] Diane Roffe-Steinrotter, medalla de oro en los Juegos Olímpicos de invierno de 1994, afirmó que no conservaba ningún recuerdo de la prueba de descenso, salvo que estaba totalmente relajada: «Tenía la impresión de que era una cascada».[3]

Entrar en estado de fluir depende mucho del grado de atención que se concede a la experiencia vivida. Así pues, William James tenía razón al declarar: «Mi experiencia es aquello a lo que acepto prestar atención».[4] Para entrar en el fluir, es preciso que la tarea atraiga toda nuestra atención y constituya un reto que esté a la altura de nuestras aptitudes: si es demasiado difícil, se impone la tensión y luego la ansiedad; si es demasiado fácil, nos relajamos y no tardamos en aburrirnos. En la experiencia del fluir, se establece una corriente entre la acción, el medio exterior y el pensamiento. En la mayoría de los casos, ese fluir se percibe como una experiencia muy satisfactoria, a veces como un éxtasis. Se encuentra en el extremo opuesto del aburrimiento y de la depresión, aunque también de la excitación y de la distracción. Es interesante señalar asimismo que, mientras ésta dura, la conciencia de uno mismo se borra. Sólo queda la vigilancia del sujeto, que se confunde con la acción y no se observa a sí mismo.

Por poner un ejemplo personal, yo he sentido eso con frecuencia haciendo de intérprete para maestros tibetanos. El traductor debe prestar primero toda su atención al discurso, que dura de cinco a diez minutos, luego traducirlo oralmente, y así una y otra vez, sin interrupción, hasta el final de la enseñanza, que dura varias horas. Me di cuenta de que la mejor manera de realizar esta tarea era sumergirme en un estado muy similar a lo que Csikszentmihaly llama el fluir. Mientras el enseñante habla, dejo mi mente en un estado de total disponibilidad, tan libre de pensamientos como una hoja de papel en blanco, atento pero sin tensión; después intento reproducir en mi propia lengua lo que he oído, igual que se trasvasa el contenido de una jarra que acaba de ser llenada. Para ello, basta con recordar el punto de partida y el hilo de la enseñanza; de este modo, generalmente los detalles se encadenan sin esfuerzo. La mente está a la vez concentrada y relajada. Así es posible reproducir con bastante fidelidad una enseñanza larga y compleja. Si unos pensamientos o un suceso exterior interrumpen el fluir de la traducción, la magia se rompe y puede resultar difícil retomar el hilo. Cuando sucede esto, no se me escapan sólo unos detalles; me quedo en blanco y durante unos instantes no me viene nada a la mente. Es mejor no tomar notas precisamente para mantener la experiencia del fluir, que permite traducir con la mayor fidelidad posible. Cuando todo va bien, ese fluir produce una sensación de alegría serena; la conciencia del yo, como persona que se observa, está casi ausente, se olvida el cansancio y el tiempo pasa de forma imperceptible, como el curso de un río cuyo movimiento no distinguimos desde lejos.

Según Mihaly Csikszentmihaly, también podemos vivir ese fluir realizando tareas corrientes, como planchar ropa o trabajando en una cadena de montaje. Todo depende de la forma en que vivimos la experiencia del tiempo que pasa. A la inversa, en ausencia de fluir, casi todas las actividades resultan fastidiosas, incluso insoportables. Csikszentmihaly observó que algunas personas entran con más facilidad que otras en la experiencia del fluir. Por lo general, dichas personas «están interesadas por las cosas de la vida, sienten curiosidad por ellas, son perseverantes y poco egocéntricas, disposiciones que permiten estar motivado por gratificaciones interiores».

Tomar en consideración la experiencia del fluir ha permitido en numerosos casos mejorar las condiciones de trabajo en las fábricas (especialmente en la Volvo de Suecia), la disposición de las salas y de los objetos en los museos (a fin de que los visitantes las recorran sin cansarse, atraídos por lo que viene a continuación), y sobre todo la pedagogía en las escuelas, como ha ocurrido por ejemplo, en la Key School de Indianápolis, en Estados Unidos.[5] En esta escuela se incita a los niños a enfrascarse tanto tiempo como quieran, y al ritmo adecuado para cada uno, en un tema que les atraiga. De este modo estudian en estado de fluir. Se interesan más por sus estudios y disfrutan aprendiendo.

Es interesante señalar que, en el extremo opuesto del fluir, durante el cual el sentimiento del yo desaparece, el egocentrismo es uno de los síntomas principales de la depresión. Según el psicólogo norteamericano Martin Seligman, «una persona deprimida piensa demasiado en cómo se siente [...]. Cuando siente tristeza, se complace en ella, la proyecta hacia el futuro y hacia todas sus actividades, con lo cual, lo único que consigue es que aumente. "Mantenerse en contacto con las sensaciones", preconizan los defensores del sentimiento de la importancia del yo en nuestra sociedad. Los jóvenes han asimilado ese mensaje y creen en él, de suerte que hemos producido una generación de narcisistas cuya principal preocupación —cosa nada sorprendente— es saber cómo se sienten».[6] Pero pasarse el tiempo prestando atención a las menores reacciones del yo, tratarlo con toda clase de miramientos y obedecer en todo momento a sus deseos es una receta segura para sentirse insatisfecho.

Conviene asimismo distinguir la experiencia del fluir de la del placer. El placer es fácil y no exige ninguna aptitud particular. No hay nada más sencillo que comerse un pastel de chocolate o tomar el sol. La experiencia del fluir exige un esfuerzo y no es necesariamente cómoda. Según Csikszentmihaly: «El placer es una potente fuente de motivación, pero no engendra el cambio; es una fuerza conservadora que nos incita a satisfacer necesidades existentes, a obtener bienestar y relajación... El sentimiento de gratificación, en cambio, no siempre es placentero y en ocasiones puede resultar muy estresante. El alpinista se expone a helarse de frío, a acabar totalmente exhausto, a caer en una grieta sin fondo, y sin embargo, no querría estar en ninguna otra parte. Puede ser muy agradable beber un cóctel bajo una palmera a orillas de un mar azul turquesa, pero eso no es comparable a la embriaguez que siente el escalador en la cima nevada de una montaña».[7]

Según Seligman: «Al principio puede resultar difícil renunciar a los placeres fáciles para entregarse a una actividad más gratificante. Lo gratificante produce la experiencia del fluir, pero requiere cierta aptitud y esfuerzos y comporta el riesgo del fracaso. Con los placeres no sucede lo mismo: mirar una telenovela, masturbarse, comer un paquete de palomitas o aspirar un perfume no exige ningún esfuerzo ni ser experto en nada, y no conlleva ningún riesgo de fracasar. Creer que podemos tomar atajos para alcanzar una satisfacción profunda y dispensarnos de desarrollar nuestras cualidades y virtudes es una insensatez. Ese tipo de actitud produce legiones de personas depresivas que, rodeadas de riquezas, mueren de hambre espiritualmente».[8]

CONCEDER TODO SU VALOR AL FLUIR

La experiencia del fluir nos anima a persistir en una actividad concreta y a no abandonarla. Como es lógico, en algunos casos también puede crear hábito, incluso dependencia. El fluir, efectivamente, no afecta sólo a las actividades constructivas y positivas. El jugador está tan fascinado por la ruleta o la máquina tragaperras que no se da cuenta de que el tiempo pasa, incluso aunque esté perdiendo su fortuna. Lo mismo le sucede al cazador que persigue una presa y al criminal que ejecuta meticulosamente su plan. Por satisfactorio que sea cultivar la experiencia del fluir, ésta no deja de ser un instrumento. Para que favorezca a largo plazo una mejor calidad de vida, debe estar impregnada de cualidades humanas, como el altruismo y la sabiduría. El valor del fluir depende de la motivación que se tenga. Ésta puede ser negativa en el caso de un ladrón, neutra cuando se trata de una actividad corriente (bordar, por ejemplo) o positiva cuando se participa en una operación de salvamento o se medita sobre el amor y la compasión.

Según Csikszentmihaly, «la mayor contribución de la experiencia del fluir es conceder valor a la experiencia del momento presente».[9] Por consiguiente, resulta muy valiosa para apreciar cada instante de la existencia y aprovecharlo de la manera más constructiva posible. Así evitamos malgastar el tiempo en una indiferencia sombría. El maestro budista vietnamita Thich Nhat Hanh propone a sus discípulos un ejercicio de «marcha atenta»:

> Caminar simplemente por el placer de caminar, con libertad y firmeza, sin apresurarnos. Estamos presentes en cada uno de nuestros pasos. Cuando deseamos hablar, nos detenemos y prestamos toda nuestra atención a la persona que está frente a nosotros, a nuestras palabras y a las que escuchamos [...]. Deteneos, mirad a vuestro alrededor y ved lo maravillosa que es la vida: los árboles, las nubes blancas, el cielo infinito. Escuchad a los pájaros, saboread la brisa ligera. Caminemos como una persona libre y sintamos que nuestros pasos se vuelven más ligeros a medida que caminamos. Apreciemos todos los pasos que damos.[10]

Pero también podemos ejercitarnos en formas de fluir cada vez más sobrias hasta llegar, sin el apoyo de una actividad exterior, a permanecer sin esfuerzo en un estado de constante vigilancia. La contemplación de la naturaleza de la mente, por ejemplo, es una experiencia profunda y fértil que combina la relajación y el fluir. La relajación en forma de calma interior; el fluir en forma de una presencia mental clara y despierta, atenta pero sin tensión. La perfecta lucidez de la mente es una de las principales cualidades que distinguen este estado del fluir corriente. Esta lucidez no exige del sujeto que se observe a sí mismo; también en este caso, la desaparición del yo es total. Dicha desaparición no impide el conocimiento directo de la naturaleza de la mente, la «presencia pura». Tal experiencia es una fuente de paz interior y de apertura al mundo y a los demás. Finalmente, la experiencia del fluir contemplativo abarca toda nuestra percepción del universo y su interdependencia. Podríamos decir que el ser «iluminado» permanece siempre en un estado de fluidez altruista y serena.

20

Una sociología de la felicidad

El paralítico que todos (pre)decían que sería desdichado sostiene la moral de quienes se relacionan con él, mientras que la élite intelectual, destinada a hacer una espléndida carrera, se hunde en un malestar inconmensurable. Sin embargo, «lo tiene todo para ser feliz». El enunciado raya en la necedad. ¿Acaso la felicidad se hace como un bollo? Una pizca de salud, dos cucharadas de...

ALEXANDRE JOLLIEN[1]

Como hemos visto, uno de los objetivos de esta obra es determinar las condiciones que favorecen la felicidad y las que la obstaculizan. ¿Y qué nos enseñan los estudios de psicología social dedicados a los factores que influyen en la calidad de nuestra existencia? Ya hemos señalado que, en el transcurso del siglo XX, la psicología y la psiquiatría se han ocupado sobre todo de describir y de tratar los trastornos psicológicos y las enfermedades mentales. Éstas han sido identificadas y explicadas con precisión y muchas de ellas ahora pueden curarse. Pero, al mismo tiempo, la ciencia se ha interrogado poco sobre la posibilidad de pasar de una situación «normal» a un estado de mayor bienestar y satisfacción. Ahora las cosas han cambiado, ya que las ciencias cognitivas y la «psicología positiva» están experimentando un auge considerable.

¿Nacemos con predisposiciones variables a la felicidad y a la desgracia? ¿Cómo interactúan las condiciones exteriores con la experiencia interior? ¿Hasta qué punto es posible modificar nuestros rasgos caracteriales y engendrar un sentimiento de satisfacción duradero? ¿Cuáles son los factores mentales que contribuyen a esa transformación? Son preguntas que, desde hace una treintena de años, incitan a hacer considerables esfuerzos de investigación. Cientos de miles de sujetos han sido estudiados en setenta países y se ha publicado un gran número de resultados. A continuación resumiremos las conclusiones extraídas de varios artículos que sintetizan la cuestión.[2] Ruut Veenhoven, por ejemplo, ha contabilizado y comparado no menos de 2.475 publicaciones científicas sobre la felicidad.[3]

De estos trabajos se desprenden tres conclusiones principales. Primera: tenemos una predisposición genética a ser felices o desgraciados; alrededor del 50 por ciento de la tendencia a la felicidad se puede atribuir a los genes. Segunda: las condiciones exteriores y otros factores generales (posición social, educación, distracciones, riqueza, sexo, edad, etnia, etc.) tienen una influencia circunstancial, pero sólo explican entre el 10 y el 15 por ciento de las variaciones en la satisfacción de vida.[4] Tercera: se puede influir considerablemente en la experiencia de la felicidad y de la desgracia mediante la manera de ser y de pensar, mediante la forma de percibir los acontecimientos de la existencia y de actuar en consecuencia. Afortunadamente, pues, si la facultad de ser feliz fuera invariable, estudiar el fenómeno de la felicidad y tratar de ser más feliz no tendría ningún sentido.

Estas conclusiones tienen el mérito de disipar infinidad de ideas falsas sobre la felicidad. Muchos escritores y filósofos se han burlado de la idea de que la felicidad podía ser beneficiosa para la salud, de que los optimistas vivían más tiempo y más felices, y de que se podía «cultivar» la felicidad. No obstante, por más que desagrade a los apóstoles del esplín, que relegan la felicidad al rango de las tonterías inútiles, se trata de hechos demostrados.

La herencia de la felicidad

¿Nacemos predispuestos a la felicidad o a la desgracia? ¿Se impone la herencia genética a los demás factores psicológicos, sobre todo a los relacionados con los acontecimientos de la primera infancia, con el entorno y con la educación? Estos puntos han sido acaloradamente debatidos en los medios científicos. Una de las maneras de dar una respuesta consiste en estudiar a gemelos separados en el momento de nacer. Tienen exactamente el mismo genoma, pero son criados en condiciones a veces muy diferentes. ¿Hasta qué punto se parecerán psicológicamente? También se puede comparar el perfil psicológico de niños adoptados con el de sus padres biológicos y con el de sus padres adoptivos. Estos trabajos han revelado que, en lo que se refiere a la cólera, la depresión, la inteligencia, la satisfacción de vida, el alcoholismo, las neurosis y muchos otros factores, los verdaderos gemelos criados por separado presentan más rasgos psicológicos comunes que los falsos gemelos criados juntos. Su grado de semejanza es casi idéntico al de los verdaderos gemelos criados juntos. Asimismo, los hijos adoptados se parecen mucho más, psicológicamente, a sus padres biológicos (que no los han criado) que a sus padres adoptivos (con los que han crecido). El estudio de cientos de casos ha llevado a Tellegen y a sus colegas a afirmar que la felicidad posee una probabilidad de poder heredarse del 45 por ciento y que nuestros genes determinan alrededor del 50 por ciento de la varianza de todos los rasgos personales examinados.[5]

Según estos investigadores, los acontecimientos de la primera infancia ejercen un efecto menor en la personalidad adulta; en realidad, tienen una repercusión mucho menos importante que los genes. En la inmensa mayoría de los casos, y dejando a un lado situaciones extremas, como la pérdida de la madre antes de los siete años, ninguno de los acontecimientos de la infancia que se han analizado parece influir de manera significativa en los rasgos caracteriales del adulto.[6] Para Martin Seligman, presidente de la

Asociación Norteamericana de Psicología, estos estudios parecen hacer añicos el determinismo freudiano y el estrecho punto de vista del conductismo.[7]

Señalemos igualmente que las disposiciones para sentir emociones desagradables y emociones placenteras parecen estar gobernadas por genes diferentes. En el contexto de la psicología occidental, la emotividad desagradable comprende la cólera, la tristeza, la angustia, el miedo, la repugnancia, el desprecio y la vergüenza, mientras que la emotividad placentera comprende, entre otras cosas, la alegría, el placer, la satisfacción, el asombro, la gratitud, el afecto, el alivio, el interés, la elevación, el amor y el entusiasmo.[8] Ahora bien, la emotividad desagradable que sentimos depende en un 55 por ciento de los genes, mientras que la emotividad placentera sólo depende en un 40 por ciento.

Sin embargo, otros investigadores —y no de los menos importantes— consideran esta visión de las cosas exagerada y dogmática. Según ellos, los porcentajes citados (50 por ciento de la varianza de los rasgos personales debida a los genes) sólo representan un potencial cuya expresión depende de muchos otros factores. Una serie de experiencias muy interesantes ha demostrado que, cuando unas ratas portadoras de genes que predisponen a un comportamiento muy ansioso eran confiadas, durante la primera semana de vida, a madres particularmente atentas, que se ocupaban mucho de ellas, las lamían y estaban en contacto físico con ellas el máximo tiempo posible, el gen de la ansiedad no se manifestaba, y no lo hacía durante toda la vida.[9] Esto coincide, es cierto, con la visión del budismo, según la cual un niño pequeño necesita sobre todo afecto. Es indiscutible que el grado de amor y de ternura que se recibe en la primera infancia influye profundamente en la visión de la existencia. Se sabe que los niños víctimas de abusos sexuales están el doble de expuestos que los otros a sufrir de depresión cuando son adolescentes o adultos, y que numerosos criminales se vieron privados de amor y fueron maltratados durante su infancia.

Según Richard Davidson,[10] la mayoría de los gemelos estudiados en los trabajos que hemos mencionado suelen ser separados al nacer para ser adoptados cada uno por familias acomodadas, que han deseado durante mucho tiempo esa adopción y les prodigan las máximas atenciones. Probablemente, los resultados serían distintos si algunos de esos niños recibieran cariño de su familia adoptiva, mientras que sus respectivos gemelos viven con los niños de la calle o en una chabola.

Desde el punto de vista de la transformación personal, también es importante destacar que, entre los rasgos fuertemente vinculados a los genes, algunos parecen poco modificables (la orientación sexual y el peso medio, por ejemplo), mientras que otros pueden ser modificados de forma considerable por las condiciones de vida y por un entrenamiento mental.[11] Así sucede, sobre todo, con el miedo, el pesimismo y... la felicidad. En el capítulo titulado «La felicidad en el laboratorio», veremos también que el entrenamiento mental puede aumentar notablemente la aptitud para el altruismo, la compasión y la serenidad.

Las condiciones generales de la felicidad

Se han dedicado numerosas investigaciones a la felicidad definida como «calidad de vida» o, más precisamente, como «la apreciación subjetiva que tenemos de la calidad de nuestra vida». Los cuestionarios utilizados son sencillos y hacen a los individuos preguntas como: «¿Es usted muy feliz, feliz, medianamente feliz, desgraciado o muy desgraciado?» A continuación, los sujetos preguntados deben proporcionar información sobre su posición social y marital, su renta, su salud, los acontecimientos relevantes de su vida, etc. Después se analizan estadísticamente las correlaciones.

Los resultados muestran que en los países económicamente prósperos una proporción mayor de personas se declaran felices. No obstante, en dichos países, traspasado cierto umbral de riqueza, el nivel de satisfacción se estanca aunque la renta continúe aumentando. La relación educación/felicidad y renta/felicidad es claramente más sensible en los países pobres. Sin embargo, los estadísticos se han topado también con el problema de los «pobres felices», que son mucho más alegres y despreocupados que muchos ricos estresados. Un estudio realizado por Robert Biswas-Diener[12] entre los pobres de Calcuta que viven en la calle o en chabolas ha revelado que, en muchos ámbitos —vida familiar, amistad, moralidad, alimentación y alegría de vivir—, su grado de satisfacción es apenas inferior al de los estudiantes universitarios. En cambio, las personas que viven en la calle o en asilos en San Francisco, y generalmente carecen de vínculos sociales y afectivos, se declaran mucho más desgraciadas. Los sociólogos han intentado explicar este fenómeno por el hecho de que un elevado número de estos pobres han perdido la esperanza de ver progresar su posición social y financiera y, por lo tanto, no están ansiosos a este respecto. Además, se sienten satisfechos mucho más fácilmente cuando obtienen algo (comida, etc.). Según el budismo, se puede interpretar este dato de forma más amplia. Es indiscutible que los que no tienen casi nada se alegrarían mucho de tener más, pero, mientras puedan comer suficiente y la falta de riqueza no les obsesione, el hecho de poseer pocas cosas lleva aparejada una forma de libertad sin preocupaciones.

No se trata de una mera simplificación. Cuando yo vivía en un barrio antiguo de Delhi, donde imprimía textos tibetanos, me relacionaba con algunos *rikshaw-wallah*, esos hombres que se pasan el día pedaleando para transportar pasajeros amontonados en el asiento trasero de sus viejos triciclos. Las noches de invierno, se reúnen en pequeños grupos en la calle, alrededor de una hoguera hecha con cajas vacías y cartones. Charlan y ríen, y los que están dotados de buena voz entonan canciones populares. Después se duermen, acurrucados en el asiento de su triciclo. No tienen una vida fácil, ni mucho menos, pero no puedo evitar pensar que su bondad y su despreocupación les hace ser más felices que muchas víctimas del estrés que reina en una agencia de publicidad parisiense o en la Bolsa. También recuerdo a un viejo campesino butanés con el que había trabado amistad. Un día que le regalamos ropa nueva y mil rupias, se quedó desconcertado y nos dijo que no había tenido más de trescientas rupias (siete euros) juntas en toda su vida. Cuando el abad de mi monasterio, con el que yo viajaba, le preguntó si le preocupaba algo, se quedó un momento pensando y luego contestó:

—Sí, las sanguijuelas, cuando camino por el bosque en la estación de las lluvias.

—¿Y aparte de eso?

—Nada más.

No es el caso de los habitantes de las grandes ciudades, ¿verdad? Diógenes, desde su famoso tonel, le decía a Alejandro: «Yo soy más grande que tú, señor, porque he desdeñado más de lo que tú has poseído». Si bien la sencillez del campesino butanés no tiene, desde luego, la misma dimensión que la filosofía del sabio, es evidente que la felicidad y la satisfacción no son proporcionales a las posesiones. Sin duda la cosa cambia cuando no se dispone del mínimo vital, pero entonces se trata de una cuestión de supervivencia y no del volumen de las riquezas.

Volviendo a los estudios de psicología social, el sentimiento de felicidad es más elevado en los países que garantizan a sus habitantes más seguridad, autonomía y libertad, así como suficientes facilidades en materia de educación y de acceso a la información. La gente es notoriamente más feliz en los países en los que las libertades individuales están garantizadas y la democracia establecida. En realidad, no es de extrañar que los ciudadanos sean más felices en un clima de paz. Con independencia de las condiciones económicas, los que viven bajo un régimen militar son más desgraciados.

La felicidad aumenta con la implicación social y la participación en organizaciones benéficas, la práctica del deporte y de la música, y la pertenencia a un club que organice diversas actividades. Está estrechamente vinculada a la existencia y a la calidad de las relaciones personales. Las personas casadas o que viven en pareja son casi el doble de felices que los solteros, los viudos y los divorciados que viven solos.

La felicidad tiende a ser mayor en los que tienen un trabajo remunerado. De hecho, se constata un índice de enfermedades, depresiones, suicidios y alcoholismo notablemente más alto en los parados. Sin embargo, las mujeres que trabajan en el hogar no están más insatisfechas que las personas que desarrollan una actividad profesional. También es interesante señalar que la jubilación no hace la vida menos satisfactoria, sino que más bien la mejora. Las personas mayores perciben la vida como un poco menos placentera que los jóvenes, pero experimentan una satisfacción en conjunto más estable y sienten más emociones positivas. Así pues, la edad puede hacer acceder a una relativa sabiduría. La felicidad tiende a ser mayor en las personas que gozan de buenas condiciones físicas y están dotadas de una gran energía. No parece estar relacionada con el clima; contrariamente a algunas ideas preconcebidas, la gente no es más feliz en las regiones soleadas que en las regiones lluviosas (aparte de algunos casos patológicos de personas que padecen depresión a causa de las largas noches de invierno en las latitudes elevadas).

Las distracciones favorecen la satisfacción, sobre todo en las personas que no trabajan (jubilados, rentistas, parados). Las vacaciones tienen un gran efecto positivo en el bienestar, la calma y la salud. Se sabe, por ejemplo, que sólo el 3 por ciento de las personas que están de vacaciones se quejan de dolores de cabeza, mientras que entre las que trabajan se registra un 21 por ciento. Se observa la misma diferencia en lo relativo al cansancio, la irritabilidad y... el estreñimiento.[13] Señalemos que ver la televisión, por popular que sea esta actividad, produce un aumento mínimo del bienestar. En cuanto a los que la ven *mucho*, son menos felices que la media, probablemente porque no tienen gran cosa que hacer aparte de eso o porque la mediocridad y la violencia de los programas inducen un estado depresivo.

Veenhoven concluye: «Muchas de las correlaciones mencionadas anteriormente vinculan la felicidad media al "síndrome de la modernidad". [...] Cuanto más moderno es el país, más felices son sus ciudadanos [...]. Aunque la civilización conlleve ciertos problemas, proporciona más beneficios».[14] El 80 por ciento de los estadounidenses afirman ser felices, pero la situación dista de ser tan de color rosa como parece. Pese a la mejora de las condiciones exteriores, en los países desarrollados la depresión es ahora diez veces más frecuente que en 1960 y afecta a individuos cada vez más jóvenes. Hace cuarenta años, la edad media de las personas que padecían por primera vez una depresión grave era de veintinueve años, mientras que ahora es de catorce.[15] En Estados Unidos, la depresión bipolar (antes llamada maniacodepresiva) es la segunda causa de mortalidad entre las mujeres jóvenes y la tercera entre los hombres jóvenes.[16] En Suecia, el índice de suicidios entre los estudiantes ha aumentado el 260 por ciento desde la década de 1950.[17] Por otro lado, el suicidio es la causa del 2 por ciento de las muertes anuales en el mundo, lo que lo sitúa por delante de la guerra y de los homicidios.[18] Y todo ello pese al hecho de que las condiciones exteriores del bienestar —asistencia médica, poder adquisitivo, acceso a la educación y al ocio— no han dejado de mejorar. ¿Cómo se explica?

En opinión de Martin Seligman: «Una cultura que se construye sobre una estima propia excesiva tiende de manera exacerbada a erigirse en víctima de cualquier prejuicio y alienta el individualismo crónico, que sin duda ha contribuido a esta epidemia».[19] El budismo añade que sin duda también influye el hecho de dedicar la mayor parte del tiempo a actividades y objetivos exteriores que nunca se acaban, en lugar de aprender a disfrutar del momento presente, de la compañía de los seres queridos, de la serenidad de un paisaje y, sobre todo, del desarrollo de la paz interior, que confiere una cualidad distinta a cada momento de la existencia.

La excitación y el placer ocasionados por la multiplicación y la intensificación de las estimulaciones sensoriales, de las diversiones ruidosas, chispeantes, frenéticas y sensuales, no pueden reemplazar esa paz interior y la alegría de vivir que engendra. La finalidad de los excesos es zarandear nuestra apatía, pero la mayoría de las veces no hacen sino producir cansancio nervioso, además de una insatisfacción crónica. Así se llega a actitudes radicales, como la de un joven que estuvo ocho días en coma como consecuencia de un accidente de coche y al recuperarse le dijo a un amigo: «Iba a ciento sesenta por hora. Sabía que no pasaría, pero aceleré». Este radicalismo nace de la esperanza frustrada y, llevando todavía más lejos el absurdo, tal vez acabe por conducirnos a alguna parte o por destruirnos en «ninguna». Este hastío de la vida es fruto de una ignorancia total o de un desprecio de nuestra riqueza interior. De una negativa a mirarse uno mismo y a comprender que cultivando la serenidad para uno mismo y la bondad con los demás es como podremos respirar ese oxígeno que es la alegría de vivir.

Rasgos personales

No parece que la felicidad esté relacionada con la inteligencia, al menos tal como se mide con los tests de cociente intelectual, ni con el sexo y la etnia, ni tampoco con la belleza física. Sin embargo, la «inteligencia emocional» diferencia de manera significativa a las personas felices de las desgraciadas. Esta noción, introducida por Daniel Goleman,[20] es definida como la capacidad para percibir correctamente los sentimientos de los demás y tenerlos en cuenta, así como para identificar de forma lúcida y rápida nuestras propias emociones.

Según K. Magnus y sus colaboradores,[21] la felicidad corre paralela a la capacidad de afirmarse, a la extraversión y a la empatía. Las personas felices están, en general, abiertas al mundo; piensan que el individuo puede ejercer un control sobre sí mismo y sobre su vida, mientras que las personas desgraciadas tienen tendencia a creerse juguetes del destino. En realidad, parece ser que, cuanto más capaz es un individuo de controlar su entorno, más feliz es. Es interesante señalar que, en la vida cotidiana, los extravertidos viven más acontecimientos positivos que los introvertidos, y los individuos neuróticos tienen más experiencias negativas que las personas estables. Así pues, es posible que «estemos gafados» y «atraigamos los problemas», pero no hay que perder de vista que, a fin de cuentas, el temperamento extravertido o neurótico, optimista o pesimista, egoísta o altruista, es lo que hace que nos encontremos de manera repetida en situaciones similares. Una persona extravertida es socialmente más apta para combatir las circunstancias difíciles, mientras que la que no se siente a gusto consigo misma experimenta una ansiedad creciente que casi siempre se traduce en problemas afectivos y familiares, así como en fracaso social. Una persona me escribió: «Lo que llamamos "suerte" se ensaña conmigo con una violencia inaudita, deparándome todos los días un problema mayúsculo, incluso una catástrofe que me hunde cada vez un poco más. No puedo más, porque no sé si esto tendrá fin o desembocará en una destrucción total. Tengo miedo de no poder salir de esta situación».

Las personas que *practican* una religión son más felices y viven más tiempo; en Estados Unidos, siete años más que la media. ¿Por qué? Según los psicólogos, sin duda es a causa de una actitud más abierta y positiva hacia la existencia, de una cohesión social reforzada y de una ayuda mutua más dinámica. La religión ofrece un «marco» de pensamiento que permite vivir teniendo respuestas a las preguntas que nos hacemos y siempre comporta una dimensión moral, lo que lleva aparejado menos alcohol, tabaco y drogas. Los practicantes experimentan más emociones positivas y tienen menos posibilidades de encontrarse en paro, de divorciarse, de cometer crímenes o de suicidarse. La religión les da esperanza, el sentimiento de participar en algo más grande que ellos que les protege.

Añadiré que una dimensión espiritual ayuda a marcarse un objetivo en la existencia, estima los valores humanos, la caridad, la apertura, factores todos ellos que acercan más a la felicidad que al malestar. Evita que nos sintamos desengañados ante la idea de que no hay ninguna dirección que seguir, de que la vida no es sino el combate egoísta del «cada uno por sí mismo».

Suponemos a priori que la salud debería influir considerablemente en la felicidad y que es difícil ser feliz cuando se padece una enfermedad grave y se está hospitalizado. Pero resulta que no es así y que, incluso en tales condiciones, se recupera rápidamente el nivel de felicidad que se tenía antes de la enfermedad. Estudios realizados con enfermos de cáncer han demostrado que su nivel de felicidad era apenas inferior al del resto de la población.[22]

¿Cómo se explica que haya tan poca correlación (entre el 10 y el 15 por ciento) entre la riqueza, la salud, la belleza y la felicidad? Según E. Diener,[23] todo depende de los objetivos que nos marquemos en la existencia. Tener mucho dinero desempeña forzosamente un papel en la felicidad de quien se marca el enriquecimiento personal como principal objetivo, pero tendrá poca incidencia en quien conceda a la riqueza una importancia secundaria. Es de cajón, me dirá usted. De acuerdo, pero a veces hay que demostrar científicamente algunas perogrulladas para que resulten más creíbles.

Felicidad y longevidad

D. Danner y sus colaboradores[24] han estudiado la longevidad de un grupo de 178 religiosas católicas nacidas a principios del siglo XX. Vivieron en el mismo convento y fueron profesoras en el mismo colegio de la ciudad de Milwaukee, en Estados Unidos. Su caso es muy interesante, pues las condiciones exteriores de su vida son notablemente similares: el mismo desarrollo de su vida cotidiana, el mismo régimen alimentario, ni tabaco ni alcohol, posición social y económica semejante y, por último, igual acceso a la asistencia médica. Estos factores permiten eliminar en gran parte las variaciones debidas a las condiciones exteriores.

Los investigadores analizaron textos autobiográficos que estas religiosas habían escrito antes de pronunciar sus votos. Unos psicólogos que no sabían nada de ellas evaluaron los sentimientos positivos y negativos expresados en ellos. Unas mencionaban de forma repetida que eran «muy felices» o sentían «una gran alegría» ante la idea de ingresar en la vida monástica y de servir a los demás; otras manifestaban pocas emociones positivas o ninguna. Una vez clasificadas según el grado de alegría y de satisfacción expresado en sus breves autobiografías, los resultados fueron relacionados con su longevidad.

Resultó que el 90 por ciento de las monjas incluidas en la cuarta parte más feliz del grupo seguían con vida a la edad de ochenta y cinco años, mientras que sólo lo estaba el 34 por ciento de las pertenecientes a la cuarta parte menos feliz. Un análisis en profundidad de sus escritos permitió eliminar los otros factores que habrían podido explicar esta diferencia de longevidad: no se pudo establecer ningún vínculo entre la longevidad de las monjas y el grado de su fe, la sofisticación intelectual de sus escritos, la esperanza que depositaban en el futuro o cualquier otro parámetro contemplado. En resumen, parece ser que las monjas felices viven más tiempo que las monjas desgraciadas. Asimismo, un estudio realizado durante dos años con más de dos mil mexicanos de más de sesenta y cinco años que vivían en Estados Unidos, demostró que la mortalidad de las personas que manifestaban principalmente emociones negativas era *dos veces superior* a la de las personas de temperamento feliz que vivían emociones positivas.[25]

¿CUÁL ES LA CONCLUSIÓN?

Todas las correlaciones señaladas por la psicología social son innegables, pero en la mayoría de los casos no se tiene en cuenta si actúan como causas o como consecuencias. Sabemos que la amistad corre paralela con la felicidad, pero ¿somos felices porque tenemos muchos amigos o tenemos muchos amigos porque somos felices? ¿La extraversión, el optimismo y la confianza causan la felicidad o son manifestaciones de ella? ¿La felicidad favorece la longevidad o las personas dotadas de una gran vitalidad poseen también una naturaleza feliz? Esos estudios no dan una respuesta a tales preguntas. ¿Qué debemos pensar, entonces?

Pregunten con más precisión a esas mismas personas sobre sus razones para declararse «felices»: citan como factores que influyen de manera preponderante la familia, los amigos, una buena situación, una vida acomodada, una buena salud, la libertad de viajar, la participación en la vida social, el acceso a la cultura, a la información y al ocio, etc. En cambio, raramente mencionan un estado mental que se hayan forjado ellas mismas. Sin embargo, es absolutamente evidente que, aunque el conjunto de las condiciones de vida exteriores haga que lo tengamos «todo para ser felices», no siempre lo somos, ni mucho menos. Además, tal como dijimos al principio del libro, antes o después ese «todo» está condenado a descomponerse, y la felicidad con él. Ese «todo» no tiene ninguna estabilidad intrínseca y apostar demasiado por él conduce a amargos desengaños. De uno u otro modo, ese edificio exterior no puede sino derrumbarse. Basta para ello con que una o dos condiciones fallen. En tal caso, el exterior y el interior se derrumban al mismo tiempo. Apostar por esas condiciones engendra angustia, ya que, consciente o inconscientemente, nos preguntamos sin cesar: «¿Aguantará esto? ¿Hasta cuándo?» Empezamos a preguntarnos con esperanza y ansiedad si conseguiremos reunir las condiciones ideales, después tememos perderlas y, finalmente, sufrimos cuando desaparecen. El sentimiento de inseguridad se halla, pues, siempre presente.

Que la mejora de las condiciones exteriores se perciba como una mejora de la calidad de vida no tiene en sí nada de sorprendente. Es muy normal apreciar el hecho de ser libre y de gozar de buena salud. Todo individuo, esté eufórico o deprimido, prefiere trasladarse de París a Delhi en nueve horas de avión que en un año caminando. Sin embargo, esas estadísticas nos dicen muy poco acerca de las *condiciones interiores* de la felicidad y nada sobre la forma en que cada individuo puede desarrollarlas. El objetivo de esos estudios se limita a poner de relieve las *condiciones exteriores* que sería necesario mejorar a fin de crear «un bienestar mayor para el máximo número de personas», concepción que se acerca a la visión «utilitarista» de los filósofos ingleses Jeremy Bentham y Stuart Mill. Ese objetivo es muy deseable, pero la búsqueda de la felicidad no se reduce a semejante aritmética de las condiciones exteriores. Tales limitaciones no han escapado a los investigadores. R. Veenhoven afirma, por ejemplo, que «los determinantes de la felicidad se pueden buscar en dos niveles: las condiciones externas y los procesos internos. Si llegamos a identificar las circunstancias en las que la gente tiende a ser feliz, podremos intentar crear unas condiciones similares para todos. Si comprendemos los procesos mentales que la rigen, es posible que podamos enseñar a la gente a disfrutar viviendo».[26]

* * *

Felicidad interior bruta

«Los Estados contemporáneos no consideran que su papel sea hacer felices a los ciudadanos; se ocupan más bien de garantizar su seguridad y su propiedad.»

LUCA Y FRANCESCO CAVALLI-SFORZA[27]

Durante un Foro del Banco Mundial que se celebró en febrero de 2002 en Katmandú, en Nepal, el representante de Bután, reino himalayo de las dimensiones de Suiza, afirmó que, si bien el índice del Producto Interior Bruto (PIB) de su país no era muy elevado, en cambio el índice de la Felicidad Interior Bruta era más que satisfactorio. Su observación fue acogida con sonrisas divertidas en público, y entre bastidores se burlaron de él. Pero los mandamases de los países «superdesarrollados» no se imaginaban que los delegados butaneses sonreían con una mezcla de diversión y desolación. Se sabe que, si bien en Estados Unidos el poder adquisitivo ha aumentado un 16 por ciento en los treinta últimos años, el porcentaje de personas que declaran ser «muy felices» ha bajado del 36 al 29 por ciento.[28]

¿No es una singular muestra de falta de perspicacia pensar que la felicidad sigue el índice Dow Jones de Wall Street? Los butaneses mueven la cabeza con incredulidad cuando les hablan de personas que se suicidan porque han perdido parte de su fortuna en la Bolsa. ¿Morir a causa del dinero? Si sucede eso, es que no se ha vivido para gran cosa.

Buscar la felicidad en la simple mejora de las condiciones exteriores equivale a moler arena esperando extraer aceite.

Recordemos la historia del náufrago que llega a una playa desnudo y proclama: «Llevo toda mi fortuna conmigo», pues la felicidad está en uno mismo, no en las cifras de producción de las fábricas de automóviles. Así pues, no es de extrañar que nuestros amigos butaneses consideren zafios a quienes sólo tienen ojos para el crecimiento anual del PIB y se sienten unos desgraciados cuando baja unas décimas. Y no estaría mal que las eminencias del Banco Mundial, olvidando un poco su soberbia, examinaran más detenidamente las decisiones que Bután ha tomado tras maduras reflexiones, y no simplemente porque no tenía otra elección. Entre dichas decisiones figura la de dar prioridad a la preservación de la cultura y del entorno sobre el desarrollo industrial y turístico.

Bután es el único país del mundo donde la caza y la pesca están prohibidas en todo el territorio; los butaneses han renunciado, además, a talar árboles, todavía muy abundantes en sus bosques. Un gran contraste con los dos millones de cazadores franceses y con la avidez de los países que acaban destruyendo sus bosques después de haberlos reducido considerablemente, cuando no devastado, como en Brasil, Indonesia y Madagascar. Bután es considerado por algunos un país subdesarrollado (sólo hay tres pequeñas fábricas en todo el país), pero ¿desde qué punto de vista es subdesarrollado? Por supuesto, hay cierta pobreza, pero no miseria ni mendigos. Menos de un millón de habitantes dispersos en un paisaje sublime de quinientos kilómetros de largo, con una capital, Timbu, que cuenta con sólo treinta mil habitantes. En el resto del país, cada familia tiene sus tierras, ganado y un telar, con los que cubren prácticamente todas sus necesidades. Sólo hay dos grandes almacenes en todo el país, uno en la capital y el otro cerca de la frontera india. La educación y la sanidad son gratuitas. Como decía Maurice Strong, una persona que en su tiempo ayudó a Bután a ingresar en las Naciones Unidas: «Bután puede llegar a ser como cualquier otro país, pero ningún país puede volver a ser como Bután». Seguramente le gustaría preguntarme en un tono dubitativo: «Pero ¿está contenta de verdad esa gente?» Siéntese en la ladera de una colina y escuche los ruidos del valle. Oirá a la gente cantar en la época de la siembra, en la de la cosecha, mientras va de un sitio a otro. «¡Déjese de imágenes edulcoradas!», exclamará. ¿Imágenes edulcoradas? No, simplemente un reflejo del índice de la FIB (Felicidad Interior Bruta). ¿Quién canta en Francia? Cuando alguien canta en la calle, o es para pedir dinero o es porque le falta un tornillo. Si no, para oír cantar, hay que ir a una sala de espectáculos y pagar la entrada. Interesarse exclusivamente por el PIB no hace que a nadie le entren muchas ganas de cantar.

21

La felicidad en el laboratorio

No hay ninguna gran tarea difícil que no se pueda descomponer en pequeñas tareas fáciles.

PROVERBIO BUDISTA

A lo largo de estas páginas hemos intentado explorar las relaciones entre las condiciones exteriores y las condiciones interiores que influyen en la felicidad. Sin prejuzgar la naturaleza de la conciencia, una cuestión que nos llevaría demasiado lejos y sobre la cual hemos expuesto en otra obra el punto de vista del budismo,[1] es evidente que debemos interrogarnos sobre las relaciones entre la felicidad y el funcionamiento del cerebro. Sabemos que muchos de los trastornos mentales más graves, como la depresión o trastorno bipolar y la esquizofrenia, se deben a patologías del cerebro sobre las que el enfermo no tiene casi ningún control subjetivo y que sólo se pueden curar con tratamientos largos. También sabemos que, estimulando determinadas zonas del cerebro, se puede provocar instantáneamente en el sujeto una depresión, debido a la duración de la estimulación, o hacerle sentir un placer intenso.

SIN MIEDO Y SIN CÓLERA

Numerosos trabajos han demostrado que una doble estructura cerebral, la amígdala, que se encuentra situada en la superficie inferior de los lóbulos temporales derecho e izquierdo, se halla asociada a los sentimientos de miedo y cólera. Antonio Damasio, uno de los grandes especialistas en las relaciones entre las emociones y la estructura del cerebro, cuenta el caso de una mujer cuyas dos amígdalas estaban completamente calcificadas.[2] El comportamiento y la vida de esa mujer, casada y madre de dos hijos, parecían absolutamente normales a primera vista. Sin embargo, era incapaz de sentir miedo y de identificarlo en los demás. Aunque reconocía sin dificultad expresiones faciales que expresaban toda clase de emociones, cuando se le mostraba un rostro que manifestaba miedo, no sabía ponerle nombre a aquella expresión. Comprendía intelectualmente lo que podía significar una reacción de miedo ante un peligro inminente, pero no le sucedía nunca. La cólera parecía también casi ausente de su repertorio emocional. Experimentaba casi todo el tiempo emociones positivas, que manifestaba mediante una actitud excepcionalmente abierta y cálida hacia todos aquellos con los que se relacionaba.

En el extremo opuesto, Richard Davidson, director del laboratorio de neurociencias afectivas de la Universidad de Wisconsin, en Estados Unidos, cita el caso de un asesino en serie, Charles Whitman, que mató a varias personas desde lo alto de una torre situada en el campus de la Universidad de Texas antes de dispararse un tiro en la cabeza. Dejó una nota en la que decía que se sentía incapaz de soportar el odio que lo dominaba y pedía que examinaran su cerebro después de su muerte. La autopsia reveló un tumor que le comprimía la amígdala.[3] Está claro que nuestro mundo emocional puede verse considerablemente alterado por anomalías cerebrales.

Cabe preguntarse si, a la inversa, es posible modificar de forma duradera las configuraciones cerebrales practicando determinadas actividades físicas y cultivando diversos estados mentales mediante un entrenamiento de la mente.

La plasticidad del cerebro

Hace diez años, un dogma de las neurociencias establecía que el cerebro contiene todas sus neuronas en el momento del nacimiento y que las experiencias vividas no modifican esa cantidad. Los únicos cambios que podían producirse a lo largo de la vida eran alteraciones menores de los contactos sinápticos —las conexiones entre neuronas— y la muerte de las células debido al envejecimiento. Sin embargo, actualmente las neurociencias hablan más de neuroplasticidad, término que expresa la idea de que el cerebro evoluciona continuamente en función de las experiencias, ya sea mediante el establecimiento de nuevas conexiones entre neuronas, el refuerzo de conexiones existentes o la fabricación de nuevas neuronas. La práctica musical, que hace que un artista trabaje con su instrumento todos los días durante años, ofrece un ejemplo típico de neuroplasticidad. Las imágenes por resonancia magnética (IRM) han mostrado que en un violinista, por ejemplo, las regiones del cerebro que controlan los movimientos de la mano que ejecutan la digitación se desarrollan a lo largo del aprendizaje. Los músicos que comienzan su formación muy pronto y la prosiguen durante muchos años son los que presentan mayores modificaciones en el cerebro.[4] El estudio de jugadores de ajedrez y de atletas olímpicos ha revelado también profundas transformaciones de las capacidades cognitivas implicadas en su práctica.

La carta de la alegría y de la tristeza

Antes mencionamos que en el cerebro no hay un «centro de las emociones» propiamente dicho. Las emociones son fenómenos complejos asociados a procesos cognitivos que activan la interacción de varias regiones del cerebro. No es de esperar, pues, que haya un centro de la felicidad o de la desgracia. Sin embargo, trabajos realizados en el transcurso de los veinte últimos años, principalmente por Richard Davidson y sus colaboradores, han demostrado que, cuando la gente tiene en cuenta sentimientos como la alegría, el altruismo, el interés y el entusiasmo, y manifiesta una gran energía y vivacidad mental, presenta una importante actividad cerebral en el córtex prefrontal izquierdo. En cambio, aquellos en los que predominan estados mentales «negativos», como la depresión, el pesimismo o la ansiedad, y que tienen tendencia a replegarse sobre sí mismos, presentan una actividad más importante del córtex prefrontal derecho.[5]

Además, cuando comparamos los niveles de actividad del córtex prefrontal izquierdo y derecho en sujetos en reposo, es decir, que permanecen en un estado mental neutro, vemos que su relación varía considerablemente de una persona a otra y refleja con bastante fidelidad su temperamento. Las personas cuyo lado izquierdo suele ser más activo que el derecho sienten mayoritariamente emociones placenteras. A la inversa, aquellas cuyo córtex prefrontal derecho es más activo sienten con más frecuencia emociones negativas. Sabemos también que los sujetos cuyo córtex prefrontal izquierdo está dañado (como consecuencia de un accidente o de una enfermedad) son muy vulnerables a la depresión, con toda probabilidad porque el lado derecho ha dejado de estar compensado por el izquierdo.

Estas características son relativamente estables y se manifiestan desde la primera infancia. Un estudio realizado con cerca de cuatrocientos niños de dos años y medio demostró que aquellos que, introducidos en una habitación donde había otros niños, juguetes y adultos, permanecían pegados a su madre y se mostraban reacios a hablar con los desconocidos tenían una actividad derecha predominante. En cambio, los que iban inmediatamente a jugar con los otros niños, hablaban fácilmente y sin temor tenían una actividad izquierda más elevada.[6] Así pues, encontramos en el cerebro la firma de los temperamentos extravertido e introvertido, la huella de caracteres felices o desgraciados.

Estos descubrimientos tienen profundas implicaciones en el equilibrio emocional: cada uno de nosotros posee una relación personal derecha-izquierda que refleja la actividad de las zonas prefrontales. Podemos calificar esta relación de punto de equilibrio emocional, una media en torno a la cual fluctúan nuestros estados de ánimo cotidianos. Todos tenemos la capacidad de cambiar de humor y de modificar así esa relación. Cuanto más se inclina hacia la izquierda, mejor es nuestro estado de ánimo. En la mayoría de las personas se detectan, por ejemplo, ligeras alteraciones en esa relación cuando se les pide que evoquen recuerdos agradables, o cuando miran secuencias de películas divertidas o que suscitan una alegría empática.

La pregunta que cabe hacerse la formula Daniel Goleman, escritor y periodista científico del *New York Times*, en su obra titulada *Emociones destructivas*:[7] «¿En qué medida podemos formar el cerebro para que funcione de manera constructiva, para que sustituya la avidez por la satisfacción, la agitación por la calma, el odio por la compasión? Los medicamentos son la principal respuesta de Occidente a las emociones perturbadoras y, para bien y para mal, no cabe duda alguna de que los antidepresivos han ayudado a millones de personas. Pero ¿puede alguien, mediante su propio esfuerzo, conseguir cambios positivos y duraderos en el funcionamiento de su cerebro?»

Eso es precisamente lo que se han propuesto estudiar Richard Davidson y su equipo en el laboratorio E.M. Keck de imaginería mental y de estudio del comportamiento de las funciones cerebrales, en la Universidad de Wisconsin, en Madison, con ayuda de los instrumentos más modernos y precisos.

Un encuentro señalado

Estas preguntas surgieron durante las cinco apasionantes jornadas de diálogo sobre las «emociones destructivas» en las que participaron en el año 2000, en Dharamsala, en la India, el Dalai Lama y un pequeño grupo de científicos, entre ellos Richard Davidson, Francisco Varela, Paul Ekman y otras personas, entre las que yo también me contaba. Era la décima sesión de una serie de encuentros memorables organizados por el Instituto Mind and Life, que desde 1985, por iniciativa del añorado especialista en ciencias cognitivas Francisco Varela y del hombre de negocios norteamericano Adam Engle, ha reunido regularmente en torno al Dalai Lama a científicos de alto nivel.[8]

Tras este encuentro, se pusieron en marcha varios programas de investigación para estudiar a individuos que se han consagrado durante una veintena de años al desarrollo sistemático de la compasión, del altruismo y de la paz interior. Hasta la fecha, cinco practicantes de la meditación de la tradición budista tibetana (cuatro tibetanos y uno europeo) han sido examinados por Richard Davidson y Antoine Lutz, un discípulo de Francisco Varela que se ha incorporado al laboratorio de Madison. Este programa de investigación tiene unos objetivos prácticos: se trata de ver la meditación como un entrenamiento de la mente, como una respuesta práctica al eterno rompecabezas que constituye la gestión de las emociones destructivas. Las investigaciones están en curso y se publicarán artículos científicos cuando se hayan analizado suficientes datos. No obstante, los resultados preliminares, de los que se hace eco Daniel Goleman,[9] son enormemente prometedores.

El monje en el laboratorio

El primer sujeto estudiado fue Öser, un monje europeo que ha vivido y practicado desde hace treinta años en los monasterios himalayos junto a grandes maestros tibetanos, y en varias ocasiones ha pasado retirado del mundo largas temporadas que suman un total de tres años.

De acuerdo con Öser, se estableció un protocolo en el que se preveía que partiría de un estado mental neutro para entrar sucesivamente en varios estados específicos de meditación, los cuales implicaban estrategias de atención, cognitivas y afectivas diferentes. Se escogieron seis estados de meditación: la concentración en un solo punto, una meditación que Öser llamaba «presencia despierta», la visualización de imágenes, la compasión, una meditación sobre la fortaleza y otra sobre la devoción.

La *concentración* en un objeto de atención único exige abandonar decenas de pensamientos que atraviesan la mente y distraen. Para esta experiencia, Öser escogió simplemente un punto (un perno del aparato de IRM situado encima de él), posó su mirada en él y la mantuvo ahí, impidiendo que su mente se evadiera.

La *presencia despierta* es un estado mental absolutamente claro, abierto, vasto y alerta, libre de encadenamientos de pensamiento y desprovisto de toda actividad mental intencional. La mente no está concentrada en nada, pero permanece totalmente presente. Cuando aparecen algunos pensamientos, la persona que medita no intenta que su mente intervenga; se limita a dejar que dichos pensamientos se desvanezcan de manera natural.

La *visualización* consiste aquí en reconstruir, mediante la imaginación, la representación extremadamente precisa, hasta en los más mínimos detalles, de una deidad budista. Quien medita empieza por visualizar atentamente todos los detalles del rostro, del traje, de la postura, etc., examinándolos uno por uno. Por último, visualiza la divinidad entera y estabiliza dicha visualización.

La meditación sobre el *amor* y la *compasión* consiste en dirigir la atención a los sufrimientos de los seres animados, en pensar que todos aspiran a la felicidad y no quieren sufrir, y a continuación en adoptar una disposición mental en la que sólo exista compasión y amor por todos los seres, cercanos, desconocidos o enemigos, humanos y no humanos. Es una compasión incondicional, no calculada, sin exclusión. Engendramos ese amor hasta que toda la mente quede impregnada de él.

La *intrepidez, o fuerza interior*, consiste en engendrar una profunda confianza que nada puede quebrantar —decidida y firme—, un estado en el que, pase lo que pase, consideramos que no tenemos nada que ganar ni que perder.

En la meditación sobre la *devoción*, al igual que en las meditaciones precedentes, la evocación de las cualidades del maestro espiritual desempeña un papel preponderante. A medida que el recuerdo del maestro espiritual se vuelve cada vez más presente, la mente se deja invadir por un profundo aprecio y una gran gratitud hacia las cualidades humanas y espirituales que él encarna.

Estas diferentes meditaciones forman parte de los ejercicios espirituales que un practicante del budismo realiza durante muchos años, con el paso de los cuales estas meditaciones se hacen cada vez más estables y claras.

Empezaron por someter a Öser a unas pruebas con ayuda de la IRM funcional (IRMf), un sofisticado aparato que permite estudiar con gran precisión la localización de una actividad cerebral y seguirla en el tiempo. Öser hizo alternar períodos neutros de treinta segundos y períodos de sesenta segundos durante los que practicaba uno de los seis estados de meditación que hemos citado. Este proceso se repitió treinta veces con cada estado. Daniel Goleman señala: «El conjunto de las operaciones duró más de tres horas. La mayoría de los pacientes sale de la IRM —sobre todo después de haber permanecido tanto tiempo— con una expresión de alivio o de desfallecimiento. Sin embargo, Davidson tuvo la agradable sorpresa de ver a Öser terminar su extenuante programa con una amplia sonrisa y de oírle decir: "Ha sido como un minirretiro"».

A continuación, Öser hizo la misma serie de pruebas con un electroencefalógrafo (EEG). La mayoría de los EEG tienen treinta y dos electrodos, que se disponen sobre el cuero cabelludo para detectar la actividad eléctrica del cerebro. Esta vez, el cerebro de Öser fue estudiado con ayuda de un dispositivo provisto de doscientos cincuenta y seis receptores. Tan sólo tres o cuatro laboratorios en todo el mundo utilizan este aparato, que permite seguir la evolución de la actividad cerebral a la milésima de segundo, a la vez que localiza con precisión el origen de las señales.

Los primeros resultados

La llegada del Dalai Lama a Madison precipitó el análisis de los datos, que se llevó a cabo con toda celeridad; en veinticuatro horas se realizaron análisis preliminares que normalmente exigen siete días de trabajo, gracias a la movilización de los investigadores y los recursos informáticos de los otros veinte o treinta proyectos en curso en el laboratorio de Davidson.

La primera lectura de los datos de la IRMf que presentó Davidson al día siguiente, durante el encuentro con el Dalai Lama, ya dejaba entrever claramente que Öser había podido regular voluntariamente su actividad cerebral. En comparación, la mayoría de los sujetos sin experiencia a los que se les pide que realicen un ejercicio mental —concentrarse en un objeto o en un acontecimiento, visualizar una imagen, etc.— son incapaces de limitar su actividad mental a esa tarea. Cada distracción, cada actividad mental que no tiene nada que ver con el ejercicio al que supuestamente el sujeto dedica toda su atención, se traduce en los instrumentos en «ruidos» que interfieren en las señales producidas por el ejercicio en cuestión. Por lo demás, esos primeros análisis revelaban que cada nuevo estado y cada nueva meditación efectuada por Öser producían cambios notables y distintos de la señal de la IRMf. Esto es particularmente relevante, pues, con excepción de los casos más evidentes, como el paso de la vigilia al sueño, por ejemplo, transformaciones tan considerables de la actividad cerebral entre dos estados mentales son muy raras.

Si bien la mayor parte de los resultados de la IRMf todavía están sin descodificar, el análisis del EEG indicaba diferencias significativas entre los períodos de reposo y los períodos de meditación sobre la compasión. Unos años antes, había examinado la asimetría entre el córtex prefrontal derecho e izquierdo en un monje tibetano de avanzada edad, que había practicado toda su vida, varias horas al día, la meditación sobre la compasión. Davidson había observado que la predominancia de la actividad izquierda era más elevada en ese monje que en las ciento setenta y cinco personas «corrientes» examinadas hasta entonces.

En esta ocasión, las mediciones efectuadas con Öser se salían de nuevo de la curva de distribución que representaba los resultados de varios cientos de sujetos. Lo más sorprendente era el pronunciadísimo pico de la actividad eléctrica conocida con el nombre de gamma y localizada en la circunvolución frontal medio izquierdo. Las investigaciones de Davidson ya habían mostrado que esa parte del cerebro albergaba emociones positivas. Todos tenemos un punto de equilibrio base entre la actividad derecha e izquierda de ese área del cerebro, y generalmente las fluctuaciones de dicho equilibrio son escasas. Ahora bien, los datos extraídos de las experiencias con Öser eran impresionantes. Mientras empezaba a meditar sobre la compasión, se constató un notable aumento de la actividad prefrontal izquierda. Así pues, la compasión, el acto en sí de preocuparse por el bienestar de los demás, va de la mano de las otras emociones positivas, como la alegría y el entusiasmo. Esto corrobora las investigaciones de los psicólogos de las que hemos hablado y que han demostrado que, en el seno de una población, las personas más altruistas son también las que manifiestan sentirse más satisfechas de vivir.

Unos descubrimientos sin precedentes

El encuentro de Madison había sido organizado para informar al Dalai Lama del avance de los diferentes programas de investigación surgidos del debate sobre las emociones destructivas y sus posibles antídotos, que había tenido lugar el año anterior en Dharamsala. Los trabajos de Davidson constituían uno de esos programas; paralelamente, en otros laboratorios se habían realizado experiencias sobre otras dimensiones psicológicas de la meditación. Si los descubrimientos de Davidson sobre la compasión eran sorprendentes, unos resultados todavía más relevantes iban a ser presentados por Paul Ekman, uno de los más eminentes expertos en las ciencias de la emoción, que entonces dirigía el Laboratorio de Interacción Humana de la Universidad de California, en San Francisco. Ekman formaba parte del pequeño grupo de científicos presentes en Dharamsala y había observado a Öser en su laboratorio unos meses antes. En colaboración con este monje, llevó a cabo cuatro estudios, cada uno de los cuales, en palabras de Ekman, «ha revelado cosas que nunca habíamos visto hasta ahora». Algunos descubrimientos eran tan inéditos, reconoció Ekman, que él mismo todavía no estaba seguro de haberlo entendido todo. Para describir esas experiencias, en las que participé, resumiré a continuación el excelente relato que hace de ellas Daniel Goleman.[10]

En la primera experiencia se utilizaba un sistema de medición de las expresiones faciales que traducían diversas emociones. La preparación de este sistema es uno de los grandes éxitos de la carrera de Ekman. Se trata de una cinta de vídeo en la que aparecen, sucesiva y muy brevemente, una serie de rostros con diferentes expresiones. Se empieza viendo un rostro neutro y luego una expresión que sólo permanece en la pantalla una trigésima de segundo. Pasa tan deprisa que es posible no verla sólo con parpadear. La expresión emocional es seguida de nuevo por la expresión neutra, y así sucesivamente. El test consiste en identificar, durante esa trigésima de segundo, los signos faciales que se acaban de ver: cólera, miedo, repugnancia, sorpresa, tristeza o alegría.

La capacidad para reconocer expresiones fugaces indica una disposición inusual a la empatía y a la perspicacia. Las seis microemociones propuestas son universales, están biológicamente determinadas y se manifiestan de la misma forma en todo el mundo. Aunque existen grandes diferencias culturales en el control consciente de emociones como la repugnancia, estas expresiones ultrarrápidas pasan tan deprisa que escapan incluso a las barreras impuestas por los tabús culturales. Así pues, las microexpresiones abren una ventana única a la realidad emocional de una persona.

El estudio de miles de sujetos había enseñado a Ekman que los más dotados son también más abiertos, más concienzudos (fiables y eficientes a la vez) y sienten más curiosidad por las cosas en general. «Entonces pensé que muchos años de experiencia de la meditación [que exige tanto apertura mental como rigor] debían de favorecer una aptitud mejor para realizar este ejercicio», explicó Ekman.

Este eminente investigador hizo públicos entonces sus resultados: Öser y otro practicante de la meditación occidental experimentado al que había tenido oportunidad de observar habían batido todos los récords de reconocimiento de los signos emocionales.

Tanto uno como otro habían obtenido unos resultados muy superiores a los de los cinco mil sujetos previamente sometidos a la misma prueba. «Lo hacen mejor que los policías, los abogados, los psiquiatras, los agentes de aduanas, los jueces e incluso los agentes de los servicios secretos», grupo que hasta entonces había sido el más preciso. «Parece ser que uno de los beneficios que les ha aportado su formación es una mayor receptividad a estos sutiles signos del estado de ánimo de los demás», señaló Ekman.

Cuando le expusieron estos primeros resultados al Dalai Lama —que se había mostrado escéptico sobre las posibilidades de Ekman de averiguar algo con esta experiencia—, exclamó sorprendido: «¡Ah!, entonces la práctica del Dharma influye en este aspecto. Esto sí que es una novedad».

Luego, mientras se formulaban hipótesis sobre las razones de esta influencia de la práctica de la meditación, el Dalai Lama aventuró que dicha práctica podía implicar dos formas de aptitud. La primera sería un incremento de la velocidad de cognición, que facilitaría la percepción de estímulos rápidos en general. La segunda sería una mayor receptividad a las emociones de los demás, que facilitaría su lectura. Ekman admitió que habría que disociar estas dos aptitudes a fin de interpretar mejor su descubrimiento, pero añadió que no le era posible hacerlo únicamente a partir de esos resultados.

¿Sobresaltarse o no sobresaltarse?

El sobresalto, uno de los reflejos más primitivos del repertorio de las respuestas corporales humanas, consiste en una cascada de espasmos musculares muy rápidos en respuesta a un ruido fuerte e inesperado o a una visión repentina y sorprendente. En todas las personas, los mismos cinco músculos faciales se contraen instantáneamente, sobre todo alrededor de los ojos. El sobresalto comienza dos décimas de segundo después de oír el sonido y termina alrededor de medio segundo después que dicho sonido. El conjunto no dura, pues, más que un tercio de segundo. Estas etapas son invariablemente las mismas; estamos hechos así.

Como todos los reflejos, el sobresalto responde a la actividad del tronco cerebral, la parte más primitiva, reptiliana del cerebro, y escapa a la regulación voluntaria. Que la ciencia sepa, ningún acto intencionado puede alterar el mecanismo que lo controla.

Ekman se había interesado en el sobresalto porque su intensidad revela la importancia de las emociones negativas susceptibles de ser sentidas, especialmente el miedo, la cólera, la tristeza y la repugnancia. Cuanto más fuertemente se sobresalta una persona, más tendencia tiene a experimentar emociones negativas; no hay, en cambio, ninguna relación entre el sobresalto y las emociones positivas, como la alegría.

Para poner a prueba el sobresalto de Öser, Ekman lo llevó hasta el otro extremo de la bahía de San Francisco, al laboratorio de psicofisiología de su colega Robert Levenson, de la Universidad de Berkeley. Allí registraron los movimientos corporales, el pulso, la sudoración y la temperatura de la piel de Öser. Filmaron las expresiones de su rostro a fin de captar todas sus reacciones fisiológicas al oír un ruido inesperado. Escogieron el umbral máximo de tolerancia humana, una detonación muy potente, el equivalente a un disparo o un gran petardo que estallara junto al oído.

Después explicaron a Öser que vería en una pantalla una cuenta atrás de diez a uno, al final de la cual oiría un fuerte ruido. Le pidieron que intentara reprimir el inevitable estremecimiento hasta el punto, si era posible, de que resultara imperceptible. Se trata de un ejercicio que algunas personas son capaces de realizar mejor que otras, pero nadie logra nunca evitarlo del todo, ni siquiera haciendo intensos esfuerzos para contener los espasmos musculares. De los cientos de sujetos que Ekman y Robert Levenson habían sometido a esta prueba, ninguno lo había conseguido nunca. Anteriores investigaciones habían demostrado que ni siquiera los tiradores de élite de la policía, que disparan todos los días, pueden evitar sobresaltarse.

Pero Öser lo hizo.

Ekman le explicó al Dalai Lama: «Cuando Öser intenta reprimir el sobresalto, prácticamente lo elimina. Nunca habíamos visto a nadie capaz de hacer eso. Y ningún otro investigador tampoco. Es un éxito espectacular. No tenemos ni idea de las características anatómicas que le permiten reprimir el reflejo de sobresaltarse».

Durante estas pruebas, Öser había practicado dos tipos de meditación: la concentración en un solo objeto y la presencia despierta, estudiadas mediante IRMf en Madison. Para el monje, el mejor efecto se conseguía con la meditación de la presencia despierta: «En ese estado, no he intentado controlar el sobresalto, sino que la detonación me ha parecido más débil, como si la oyera desde lejos». En realidad, de todas estas experiencias, de la que Öser esperaba los mejores resultados era de ésta. Ekman contó que, aunque se habían producido algunos ligeros cambios en la fisiología del sujeto, ni un solo músculo de su rostro se había movido, cosa que Öser relacionó con el hecho de que la detonación no había alterado su mente. En realidad, como él explicó: «Si consigues mantenerte en ese estado, la detonación parece un suceso insignificante que no deja ninguna huella, como el paso de un pájaro por el cielo».

A pesar de que ninguno de los músculos faciales de Öser se había estremecido estando en presencia despierta, sus parámetros fisiológicos (pulso, sudoración, presión arterial) habían experimentado el incremento que acompaña habitualmente al sobresalto. Esto significa que el cuerpo reacciona, registra los efectos de la detonación, pero que la mente está alejada, que el sonido no produce en ella ningún impacto emocional. Dado que la magnitud del sobresalto es proporcional a la intensidad con que el sujeto vive las emociones penosas, el resultado de Öser permite imaginar un elevado nivel de ecuanimidad emocional. Precisamente el tipo de ecuanimidad que los textos antiguos describen como uno de los frutos de la práctica meditativa.

Ekman, un tanto pensativo, le hizo el siguiente comentario al Dalai Lama: «Yo creía que era una apuesta perdida, que era altamente improbable que alguien pudiera suprimir a voluntad un reflejo tan ancestral, tan rápido. Pero, con lo que sabemos de la meditación, parecía que valía la pena intentarlo». Es lo mínimo que se puede decir.

Se realizaron también algunas experiencias sobre la fisiología del enfrentamiento con personas agresivas y la reacción ante escenas dolorosas mostradas en una película. Ekman concluyó su exposición destacando que todos los estudios realizados con Öser habían dado unos resultados que él no había visto nunca en treinta y cinco años de investigación.

¿Qué hacer con todo esto?

Para los especialistas en ciencias cognitivas, el propósito de estas investigaciones no es demostrar el carácter extraordinario de algunos individuos aislados, sino más bien cuestionar los presupuestos relativos a la influencia del entrenamiento mental en el desarrollo de emociones constructivas. Lo importante, señala Öser, es que ese proceso esté al alcance de toda persona que muestre la suficiente determinación.

Cabe preguntarse cuánto tiempo de práctica necesita el cerebro para efectuar semejante cambio, en particular en un ejercicio tan sutil como la meditación. Cuantas más horas se dediquen a practicarla, mayor es la transformación. Por ejemplo, en el momento de hacer el examen de ingreso en el Conservatorio Nacional Superior de Música, los violinistas de alto nivel tienen alrededor de diez mil horas de práctica. La mayoría de las personas que meditan que son actualmente los sujetos de los estudios de Richard Davidson y Antoine Lutz han superado el nivel equivalente a diez mil horas de meditación. La mayor parte de su entrenamiento ha sido realizado durante retiros intensivos, a los que se suman años de práctica diaria. Es legítimo pensar, pues, que la meditación puede inducir también profundas transformaciones en el cerebro. Desde el punto de vista de las ciencias cognitivas, podríamos describir la meditación como un esfuerzo sistemático de centrar la atención y las facultades mentales y emocionales que la acompañan.

Entonces, si es posible que algunas personas que meditan entrenen la mente de manera que consigan controlar sus emociones destructivas, ¿podrían integrarse algunos aspectos prácticos, no religiosos, de ese tipo de entrenamiento en la educación de los niños? O incluso, ¿sería posible proponer esta técnica de asunción emocional a los adultos, busquen o no espiritualidad? Una de las posibles consecuencias de este programa científico sería incitar a la gente a controlar mejor sus emociones destructivas entrenándose en algunos de estos métodos de ejercicio mental.

Cuando Daniel Goleman le preguntó al Dalai Lama qué esperaba de estas experiencias, éste respondió: «Ejercitando la mente, la gente puede volverse más apacible, sobre todo los ciclotímicos. Eso es lo que indican estos trabajos sobre el entrenamiento de la mente según el budismo. Y ése es mi objetivo principal. Mi intención no es promover el budismo, sino la forma en que la tradición budista puede contribuir al bien de la sociedad. Huelga decir que, como budistas, rezamos continuamente por todos los seres. Pero somos seres humanos corrientes y lo mejor que podemos hacer es cultivar nuestra propia mente».

22

La ética, ¿ciencia de la felicidad?

No es posible vivir feliz si no se lleva una vida bella, justa y virtuosa, ni llevar una vida bella, justa y virtuosa sin ser feliz.

EPICURO[1]

Los diccionarios definen la ética como «ciencia de la moral, arte de dirigir la conducta» *(Robert)* o como la «ciencia que considera objetos inmediatos los juicios de valor sobre los actos calificados de buenos o malos» *(Lalande)*. Ahí radica toda la cuestión. ¿Cuáles son los criterios que permiten calificar un acto de bueno o de malo? Para el budismo, un acto es esencialmente malo si engendra nuestro sufrimiento o el de los demás, y bueno si engendra nuestro bienestar verdadero o el de los demás. En relación con los demás, la motivación —altruista o malévola— es lo que caracteriza un acto. Porque hacer sufrir a los demás es también provocar nuestro propio sufrimiento, de manera inmediata o a más largo plazo, mientras que aportar felicidad a los demás es, a fin de cuentas, la mejor forma de garantizar la nuestra. A través del mecanismo de las leyes de causa y efecto, lo que el budismo llama el karma —las leyes que rigen las consecuencias de nuestros actos—, la ética se encuentra, pues, íntimamente vinculada a la felicidad y al sufrimiento. Es la problemática que plantean Luca y Francesco Cavalli-Sforza: «La ética nació como ciencia de la felicidad. Para ser feliz, ¿es preferible ocuparse de los demás o pensar exclusivamente en uno mismo?»[2]

Las religiones monoteístas se basan en los mandamientos divinos; algunos filósofos, en conceptos —el Bien, el Mal, la Responsabilidad o el Deber— que consideran absolutos y universales. Otros adoptan un punto de vista utilitarista que podemos resumir así: el mayor bien de la mayoría. En cuanto a los comités de ética contemporáneos, utilizan lo mejor que pueden la razón y los conocimientos científicos disponibles a fin de resolver los diferentes dilemas suscitados por los avances de la investigación, en genética, por ejemplo.

Así pues, según el budismo, la finalidad de la ética es liberarse del sufrimiento, del *samsara*, y adquirir la capacidad de ayudar a los demás a liberarse también de él. Para ello, es conveniente regular nuestra conducta para conciliar equitativamente nuestro propio deseo de bienestar con el de los demás, partiendo del principio de que nuestros actos deben contribuir simultáneamente a nuestra felicidad y a la de todos los seres vivos y evitar causarles daño. En consecuencia, debemos renunciar a todo placer egoísta —al que no podríamos dar el nombre de felicidad—, que sólo podemos obtener *en detrimento* de los demás. En cambio, es conveniente realizar un acto que contribuya a la felicidad, aunque en el momento lo percibamos como desagradable. Es indudable que, al final, contribuirá a nuestra felicidad verdadera, es decir, a la satisfacción de haber actuado de acuerdo con nuestra naturaleza profunda.

De entrada constatamos que, según esta perspectiva, una ética deshumanizada, levantada sobre fundamentos abstractos, no tiene mucha utilidad. Para que la ética siga siendo humana, debe reflejar la aspiración más profunda de todo ser vivo —tanto del hombre como del animal—, a saber: alcanzar el bienestar y evitar el sufrimiento. Este deseo es independiente de cualquier filosofía y de cualquier cultura: es el denominador común de todos los seres sensibles. Según el filósofo Han de Wit: «Ese deseo humano, universal, no se basa en opiniones o ideas, ni en el juicio moral que decreta que es bueno sentirlo [...]. Para el budismo, la existencia de tal deseo no hace falta demostrarla, depende de la experiencia, vive en nosotros. Es la fuerza apacible que poseen todos los seres vivos.

No sólo los seres humanos, sino también los animales, al margen de la moral».[3]

No se trata de definir aquí el Bien y el Mal en un sentido absoluto, sino de tomar conciencia de la felicidad y del sufrimiento que producimos, tanto de hecho como de palabra y de pensamiento. Hay dos factores determinantes: la motivación y el resultado de nuestros actos. Nos hallamos lejos de controlar la evolución de los acontecimientos exteriores, pero, cualesquiera que sean las circunstancias, *siempre* podemos tener una motivación altruista.[4]

La forma que adopta una acción no es sino una fachada. Si nos atuviéramos únicamente a la apariencia de los actos, sería imposible distinguir, por ejemplo, entre una mentira destinada a procurar un beneficio y otra proferida para perjudicar. Si un asesino te pregunta dónde se esconde la persona a la que está persiguiendo, evidentemente no es el momento de decir la verdad. Lo mismo ocurre con la violencia. Si una madre empuja brutalmente a su hijo hacia el otro lado de la calle para impedir que un coche lo atropelle, su acto sólo es violento en apariencia, pues le ha evitado morir. En cambio, si alguien te aborda con una amplia sonrisa y te colma de cumplidos con la única finalidad de timarte, su conducta sólo es no violenta en apariencia, ya que en realidad está actuando con mala intención.

La cuestión fundamental, por supuesto, sigue siendo: ¿con qué criterios hay que determinar lo que es felicidad para los demás y lo que es sufrimiento? ¿Vamos a darle una botella a un borracho porque a él le proporciona «felicidad», o a privarle de ella para que no acorte su vida? Aquí es donde, además de la *motivación altruista*, entra en juego la *sabiduría*. Lo esencial de este libro consiste en diferenciar la felicidad verdadera del placer y de las otras falsificaciones de la plenitud. La sabiduría es precisamente lo que permite distinguir los pensamientos y los actos que contribuyen a alcanzar la felicidad auténtica de los que la destruyen. Ahora bien, la sabiduría depende de la *experiencia*, no de dogmas. Es ella la que, unida a una motivación altruista, permite juzgar, caso por caso, si una decisión es oportuna.

Todo ello no excluye en absoluto la presencia de normas de conducta y de leyes. Éstas son indispensables como expresión de la sabiduría acumulada en el pasado y están justificadas, pues determinados actos son casi siempre perjudiciales: robar, matar, mentir. Pero son simplemente líneas directrices. La sabiduría altruista es lo que permite reconocer la *excepción necesaria*. El robo es reprensible en general, puesto que suele estar motivado por la avidez y priva injustamente a alguien de sus bienes, causándole daño. Sin embargo, cuando en época de hambruna, por compasión, se roba comida a un rico avaro cuyos graneros están llenos a rebosar para dársela a los que se mueren de hambre delante de su puerta, el robo deja de ser reprensible y pasa a ser deseable. La ley permanece intacta, pero la sabiduría compasiva ha permitido la excepción, la cual, según un conocido proverbio, más que destruir la regla, la confirma. Lo único que se ha transgredido —y que se debe transgredir— es una concepción rígida, cobarde, indiferente y cínica de una regla descarnada que se desentiende del sufrimiento envolviéndose en la dignidad de una justicia inhumana. Por consiguiente, cuando el sufrimiento engendrado por el hecho de no actuar es mayor que el causado por la acción, ésta debe ser ejecutada. Si no, olvidaríamos la razón de ser incluso de la regla, que es proteger a los seres del sufrimiento.

En la vida cotidiana, examinar la motivación casi siempre permite reconocer el valor ético de una toma de postura. En Estados Unidos, por ejemplo, la industria pornográfica reivindica a gritos la libertad de expresión a fin de evitar que le impongan cualquier clase de restricción de acceso a los sitios de Internet, que debido a ello están totalmente abiertos para los niños. Aunque los medios empleados, como la defensa de las leyes sobre la libertad y la creación artística, en apariencia son nobles, la motivación que subyace —ganar dinero— y el resultado —el enriquecimiento de los productores y la desestabilización psicológica de los niños— no pueden ser razonablemente considerados altruistas. Dudo de que uno solo de esos mercaderes de pornografía piense, en su fuero interno, que beneficia a los niños que acceden a sus sitios de Internet.

Para cumplir su contrato, el altruismo debe, por lo tanto, liberarse de la ceguera e iluminarse de una sabiduría libre de odio, de avidez y de parcialidad. La ética, al igual que la felicidad, es incompatible con las emociones destructivas y debe ser enriquecida por el amor, la compasión y las demás cualidades que reflejan la naturaleza profunda de nuestra mente. Uno de los significados de la palabra virtud es «coraje», «valentía». En este caso, se trata de la valentía y el coraje en la lucha contra las emociones destructivas engendradas por el egocentrismo y de la necesidad de desembarazarse del sentimiento de la importancia de uno mismo, de la ilusión del ego.

El punto de vista del otro

Los preceptos éticos que propone el budismo constituyen, pues, puntos de referencia, llamamientos al altruismo y a una actitud constructiva para con uno mismo, consejos similares a los de un médico. Ponen de relieve las consecuencias de nuestros actos y nos incitan a evitar los que provocan el sufrimiento a corto o largo plazo. Para no perder nunca de vista la situación del otro, hay que empezar por ponerse en su lugar. Como observa Jean-Jacques Rousseau: «El rico siente poca compasión por el pobre porque es incapaz de imaginarse siendo pobre». El pescador, como hemos visto, inflige una cruel tortura al pez porque es incapaz de imaginarse siendo un pez. Por esa razón, la ética budista exige que empecemos por conceder importancia al punto de vista del otro, luego que lo amemos como a nosotros mismos y, por último, que le concedamos toda la importancia, pues al fin y al cabo nosotros somos un solo ser, mientras que los demás son innumerables.

¿Mil inocentes o uno solo?

Hay un dilema clásico que nos ayuda a comprender mejor la postura pragmática del budismo. André Comte-Sponville lo resume así: «Si para salvar a la humanidad hubiera que condenar a un inocente (torturar a un niño, dice Dostoievski),[5] ¿habría que resignarse a hacerlo? No, responden los filósofos. No valdría la pena, o más bien hacerlo sería una ignominia. "Pues, si la justicia desaparece —escribe Kant—, el hecho de que vivan hombres en la Tierra carece de valor"».[6] Y Comte-Sponville prosigue: «El utilitarismo llega aquí a su límite. Si la justicia no fuera más que un contrato útil [...], una maximización del bienestar colectivo [...], podría ser justo, para la felicidad de casi todos, sacrificar a algunos, sin su acuerdo y aunque fueran absolutamente inocentes y estuvieran indefensos. Pero eso es lo que la justicia prohíbe, o debe prohibir. Rawls,[7] partiendo de Kant, tiene razón en este punto: la justicia vale más y es preferible que el bienestar o la eficacia, y no puede, aunque sea por la felicidad de la mayoría, ser sacrificada en nombre de éstos».[8]

Pero sólo se sacrificaría la justicia si se estableciera que la decisión de sacrificar a un niño para salvar mil es, *en principio*, aceptable. Y no se trata de *aceptarla*, sino de evitar concretamente el máximo sufrimiento posible. Entre dos soluciones *tan inaceptables la una como la otra*, no se trata de erigir la «felicidad de la mayoría» en dogma, de considerar al niño inocente un simple *medio* para salvar la vida de los demás, menospreciando su propio derecho a la vida, sino, ante una situación real, inevitable, de elegir el *mal menor* en términos de sufrimiento.

Un verdadero altruista no vacilaría en dar su vida y en morir en lugar del niño, pero, si lo ponen entre la espada y la pared y *debe* tomar una decisión en unos segundos, ¿qué hará? ¿Qué debe hacer? ¿Dejar que muera una persona o que mueran mil? Si decide salvar a mil personas tan inocentes como el niño, tal vez la Justicia abstracta y descarnada —la que hacía decir a Voltaire: «La vida de un hombre vale tanto como la vida de un millón de hombres»— sea sacrificada, pero se evita un montón de sufrimiento. Esa decisión no ha rasgado el tejido de la justicia para los tiempos futuros; no ha comprometido a largo plazo la salud moral de la humanidad, en la medida en que quien ha tomado esa decisión dramática no ha *aceptado* en su fuero interno *en ningún momento*, ni siquiera durante una fracción de segundo, sacrificar al niño. Entre dos rechazos, ha escogido *rechazar la muerte de un millar en vez de la de uno solo*.

¿Debería haber cerrado los ojos? ¿Debería haberse negado a realizar una elección trágica? Pero, absteniéndose de actuar para dejar que el azar decida en su lugar sobre la muerte de una o de mil personas, lo que hace es anteponer su «buena conciencia» a su responsabilidad para con los que están a un paso de la muerte: tanto el niño como los habitantes de la ciudad. En realidad, envolviéndose en la falsa dignidad de una justicia dogmática y gloriosa, su no intervención cuesta la vida a mil personas. Se puede considerar, asimismo, que no actuar es una condena tácita de los mil ciudadanos.

En un caso como éste, resulta fácil mezclar abstracción y sentimentalismo. La abstracción absolutista, cuando no razonamos en términos de experiencia vivida. El sentimentalismo, desde el momento que nos representamos de forma realista al niño inocente que va a ser ejecutado (cosa que es en sí misma *intolerable e inaceptable*), mientras que el resto de la ciudad es considerado una entidad abstracta, cuando también está compuesta de inocentes de carne y hueso. Basta *invertir la pregunta*: «¿Es aceptable sacrificar a miles de inocentes para salvar a uno?» Porque es justo eso lo que implícitamente acabamos de aceptar estableciendo que «la justicia debe prohibir que se sacrifique a un inocente para salvar a la mayoría».

La novela de William Styron titulada *La decisión de Sophie* ofrece un ejemplo todavía más trágico, en la medida en que, lejos de ser un razonamiento teórico, se trata de una situación real en la que uno puede imaginarse a sí mismo. Un oficial nazi ordena a Sophie, la protagonista de la novela de Styron, que escoja a uno de sus dos hijos para que muera en la cámara de gas. Si lo hace, el otro se salvará; si se niega a tomar esa decisión, los dos niños morirán.

Según Kant y Rawls, la madre debería atrincherarse en la no actuación y dejar que sus dos hijos mueran para no sacrificar la justicia.[9] Si uno se imagina en el lugar de Sophie, no puede sino permanecer mudo de dolor: preferiría que el mundo entero desapareciese, incluido uno mismo, antes que tener que tomar una decisión tan desgarradora. Pero ¿es ésa la solución? Se trata de una decisión imposible, una decisión que ella no puede aceptar. Sin embargo, no es necesario que la acepte. Su gesto puede no ser el sacrificio de uno, sino la salvación del otro. ¿No sería preferible, en el momento decisivo, cerrar los ojos y señalar a un niño a ciegas? ¿Sería eso sacrificar la justicia y representar el papel de verdugo, o simplemente salvar una vida? Tal decisión no establecería un precedente, no constituiría una falta de amor o de respeto hacia la vida de uno de los dos niños; sería simplemente un acto de compasión desesperada, un último impulso hacia la vida en el seno del horror.

Así pues, aunque por regla general todos los casos de moral no se plantean en situaciones tan dramáticas, una ética no descarnada debe tomar en consideración, con una gran perspicacia y una compasión incondicional, todos los aspectos de una situación dada. Dicha ética constituye un reto constante, pues exige una motivación absolutamente imparcial y altruista, así como un deseo inquebrantable de poner remedio a los sufrimientos de los seres. Es la más difícil de poner en práctica, ya que evita recurrir de modo automático y ciego a la letra de las leyes y los códigos morales. Por esa razón, presenta también los mayores riesgos de desviaciones y manipulaciones. De hecho, una ética de este tenor implica una flexibilidad que la pone en peligro. Si el egocentrismo y las visiones partidarias la salpican, se halla expuesta a ser utilizada con fines negativos y contrarios a sus objetivos iniciales. De ahí la necesidad, para todos los seres y más en particular para los que imparten justicia, de desarrollar la sabiduría indispensable para su función y el sentimiento de la responsabilidad universal.

El budismo y las grandes corrientes de la ética

Sería pretencioso por mi parte tratar de esbozar en unas páginas un retrato de la historia de la ética, pero puede resultar útil comparar brevemente la visión del budismo con ciertos puntos relevantes de la ética occidental. De un modo general, podemos distinguir en ella dos aspectos: las leyes divinas y los grandes principios filosóficos.

Las leyes divinas atañen a las religiones monoteístas. Los mandamientos de la cristiandad, el *halaká* de la Torá judía, la *sharia* islámica (y también, en el sur de Asia, las leyes de Manu que rigen la India politeísta hindú). El sentido de la mayoría de estos mandamientos y reglas cae por su propio peso (no matar, no robar, etc.); unos son contrarios a una ciencia de la felicidad (la ley del talión: ojo por ojo, diente por diente); otros la destruyen por completo imponiendo la ejecución de los blasfemos y de los renegados, o la lapidación de las mujeres adúlteras, que pagan con su vida una decisión personal que causa poco o ningún daño a los demás. Otros, por último, preconizan una jerarquización extrema de la sociedad en castas, sistema que confina el amor y la ayuda mutua al interior de la propia casta. En todos los casos, para el creyente, las voluntades divinas son misteriosas, los mandamientos no se discuten y hay que plegarse a ellos. Pero, cada vez que excluimos de la ética el amor, la compasión y el perdón, la privamos de su esencia.

La idealización del Bien y del Mal

En materia de ética —y, como hemos visto, de felicidad—, los filósofos y los humanistas mantienen opiniones con frecuencia muy divergentes. Éticas del Bien en sí mismo, del bienestar de la mayoría, del respeto absoluto del individuo, de la Razón, del Deber, del Contrato Social, etc. Pese a la diversidad de estos puntos de vista —diversidad que refleja la ausencia de criterios fundamentales reconocidos por todos—, es posible distinguir dos orientaciones principales: la ética que reposa sobre grandes principios abstractos y la ética pragmática basada, como es el caso del budismo, en la experiencia vivida.

Veamos brevemente dos ejemplos pertenecientes a la primera orientación: Platón y Kant. Para Platón, existe un Bien en sí mismo que es el fundamento natural de toda ética. Platón considera que ese Bien reside en el universo perfecto e inaccesible de las Ideas puras, del que el mundo corriente es un pálido e imperfecto reflejo. Acercándose al Bien (sin alcanzarlo jamás), el hombre es cada vez más feliz.

Immanuel Kant, por su parte, se refiere al sentido del Deber que ha de resolver de manera absoluta todas las cuestiones morales. Rechaza la idea de que hay que actuar por el bien de los demás, motivados por un altruismo alimentado de simpatía y compasión. Para él, esos sentimientos humanos no son fiables. Recurre más bien a una adhesión a principios morales universales e imparciales. Preconiza la necesidad de una intención pura, cuyo criterio de verificación es la satisfacción de obrar de conformidad con la ley moral, aunque ésta obligue a actuar contra los intereses e inclinaciones propios. El Bien es un deber que tiene que conducir a la felicidad de la humanidad entera, sin que la felicidad sea un objetivo en sí: «Esta distinción entre el principio de la felicidad y el de la moralidad no es, sin embargo, [...] una oposición inmediata, y la razón pura práctica no exige que renunciemos a toda aspiración a la felicidad, sino sólo que, cuando se trata de deber, no tomemos ésta en consideración».[10]

Esto lleva a Kant a afirmar: «¿No pensamos que sea de la más extrema necesidad elaborar de una vez por todas una filosofía moral pura que estuviera completamente expurgada de todo lo que no puede sino ser empírico y que pertenece a la antropología?»[11] El Deber se encuentra encerrado en su exigencia de universalidad y, en consecuencia, se desentiende de los casos particulares.

Generalmente, estas diferentes nociones de un Bien absoluto equivalen a creer en la existencia de entidades trascendentes (Dios, las Ideas, el Bien en sí) que existen por sí solas, independientemente del mundo de los fenómenos transitorios. Sitúan el bien y la felicidad fuera de nosotros, un movimiento necesario en la medida en que consideran que la naturaleza humana es imperfecta, incluso fundamentalmente mala, y que, en consecuencia, el bien verdadero no puede encontrarse en ella.

La visión del budismo, como hemos visto, es totalmente distinta: el mal no es una fuerza demoniaca exterior a nosotros, ni el bien un principio absoluto independiente de nosotros. Todo sucede en nuestra mente. El amor y la compasión son los reflejos de la naturaleza profunda de todo ser vivo, lo que hemos llamado la «naturaleza de Buda» o la «bondad original».

¿Como podrían existir tales entidades —el Bien en sí y el Deber— por sí solas? ¿Qué relaciones podrían mantener con el mundo efímero? Para el budismo, la noción de un Bien absoluto es una construcción mental. Por lo demás, ¿qué sentido tiene un bien situado fuera de nosotros? Por supuesto, el budismo no es el único que se ha hecho esta pregunta. Aristóteles señalaba que «si afirmamos del bien [...] que existe separado y subsiste por sí solo, es evidente que para el hombre sería irrealizable e imposible de conseguir».[12] Y continúa diciendo: «Resulta muy difícil precisar de qué utilidad le sería a un carpintero o un tejedor el conocimiento de ese bien en sí [...]. Tampoco es de este modo como el médico considera la salud: sólo dedica su atención a la salud del hombre o, mejor aún, de tal hombre en particular. Pues sólo trata a individuos».

La ética utilitarista

Según Jeremy Bentham, filósofo inglés de los siglos XVIII-XIX y fundador del utilitarismo moral: «La máxima felicidad para el mayor número de personas es el fundamento de la moral y de las leyes».[13] Bentham y su discípulo John Stuart Mill piensan que, puesto que la felicidad, considerada principalmente desde la perspectiva del placer, es el fin último de todas las actividades humanas, se convierte en el criterio último para juzgar la legitimidad de nuestros actos. Para Bentham, la justicia no debe impartirse en nombre de Dios o del rey, sino principalmente teniendo en cuenta las relaciones humanas, ya que el valor de una acción se mide por sus consecuencias en términos de utilidad o de nocividad. Así pues, él valora estas consecuencias observando las repercusiones que tienen en los miembros de la sociedad. Intenta «calcular» el placer atribuyendo valores positivos o negativos a cada una de nuestras actividades cotidianas —descanso, diversión, placeres sensuales—, así como a las contrariedades —cansancio, incomodidad, enfermedad, soledad, etc.— y a las condiciones y los acontecimientos que tienen una influencia determinante en nuestra existencia, como el trabajo, las relaciones afectivas, la vida familiar, la amistad, el duelo, etc. A continuación, suma los placeres y resta las penalidades teniendo en cuenta su intensidad, su duración y su posibilidad de ampliarse a los demás y de ser compartidos con ellos. De este modo obtiene una relación placer-padecimiento que supuestamente traduce nuestro grado de felicidad. Aunque reconoce la necesidad de tener en cuenta las diferencias individuales —temperamento, salud, inteligencia, etc.—, insiste en establecer criterios aplicables a todos.

En cuanto a Stuart Mil, insatisfecho de esta aritmética del placer, se inclina más por tomar en consideración la noción de «calidad de vida», en la que incluye los placeres intelectuales, la imaginación, la creatividad, los valores morales, etc. En uno de los capítulos anteriores («Sociología de la felicidad») vimos que es precisamente ese criterio de «calidad de vida» el que los sociólogos contemporáneos han mantenido en su estudio de la felicidad.

Stuart Mill se erige ante todo en defensor de la libertad individual frente al grupo dominante consagrado a la única tarea de imponer sus creencias y sus costumbres. En *Sobre la libertad*, escribe: «La única libertad que merece tal nombre es la de buscar nuestro propio bien a nuestra manera, mientras no intentemos privar a los demás del suyo u obstaculizar sus esfuerzos por obtenerlo».[14] En la delicada relación entre libertad individual y gobierno de los hombres, Mill insiste con frecuencia en la razón que preside la intervención de este último en la vida privada: «El único objeto que autoriza a los hombres, individual o colectivamente, a interferir en la libertad de acción de uno de sus semejantes es la protección de sí mismo. La única razón legítima que puede tener una comunidad para emplear la fuerza contra uno de sus miembros es impedirle perjudicar a los demás».[15] A fin de asegurar «la felicidad de la mayoría», Mill habla en repetidas ocasiones de la necesidad de instaurar la libertad en todos los terrenos, no sólo el económico y el político, sino también el personal, único garante de la felicidad individual y colectiva.

Estos dos enfoques presentan la ventaja de hallarse en gran parte libres de los dogmas y de intentar evaluar lo más objetivamente posible la situación personal de cada individuo en relación con el conjunto de la sociedad y con las instancias jurídicas que la gobiernan. En este sentido, se acercan al budismo, que también preconiza una ética pragmática basada en una visión compasiva de la naturaleza humana y de los medios que permiten evitar el sufrimiento.

Pero el utilitarismo basa su análisis en una evaluación vaga y, en resumidas cuentas, arbitraria de los placeres y los pesares, estimación que asocia los deseos superficiales y a veces malsanos, como en el caso de una obsesión, con la búsqueda de la felicidad, mientras que el budismo recurre a una práctica de transformación personal para que el agente moral adquiera sabiduría, lo que le permite adoptar una motivación más altruista y beneficiarse de una mayor claridad mental para perfeccionar su juicio. No obstante, el mayor fallo del sistema utilitarista es, una vez más, que confunde placeres y felicidad, o más exactamente que reduce la segunda a los primeros.

CONDENA, CASTIGO Y REHABILITACIÓN

Jeremy Bentham proponía también sustituir las formas de sanción tradicional por una legalidad basada en el análisis de las consecuencias de los actos en términos de felicidad y de sufrimiento.

Una propuesta que no deja de presentar cierta similitud con el budismo, como demuestra la conversación entre el Dalai Lama y unos juristas en Suramérica. El Dalai Lama les había planteado el problema siguiente: «Dos hombres han cometido el mismo delito y merecen quince años de prisión. Uno está solo en la vida; el otro tiene cuatro hijos a su cargo, huérfanos de madre. ¿Tendrán en cuenta el hecho de que, en un caso, cuatro niños van a verse privados de su padre durante quince años?» Los jueces respondieron que era imposible tener en cuenta ese tipo de diferencia, pues los fundamentos de la justicia se tambalearían. Sin embargo, ese ejemplo muestra que, si tomamos en consideración la situación personal de los inculpados, constatamos que la misma condena tiene consecuencias muy distintas en lo que respecta a los sufrimientos derivados de ella. Por supuesto, si definimos la justicia en términos de castigo, es fundamentalmente injusto que dos criminales no sean condenados a la misma pena por el mismo delito. Pero ¿cómo es posible no contemplar las repercusiones específicas de las decisiones que tomamos?

Por lo demás, también podemos considerar la ética una disciplina médica: un conjunto de indicaciones que permiten prevenir los males provocados por las emociones negativas y curar a los que se encuentran afectados por ellas. Desde ese punto de vista, el encarcelamiento de un criminal se puede considerar más una hospitalización que una condena irrevocable. Debe ser encarcelado para impedir que perjudique a otros y mientras continúe siendo perjudicial para la sociedad. Sin embargo, en vez de estimar que un criminal no puede cambiar en su fuero interno, el budismo piensa que la bondad del hombre permanece intacta en el fondo de su ser, incluso cuando se encuentra terriblemente pervertida en la superficie. No se trata de ignorar de forma ingenua hasta qué punto esa naturaleza bondadosa puede ser enterrada bajo el odio, la avidez y la crueldad, sino de comprender que su simple presencia siempre le permite resurgir.

Tampoco habría que plantearse un castigo que constituyera una *venganza* (el más extremo de los cuales es la pena de muerte).

En el capítulo que trata del odio, hemos visto que la venganza es una desviación de la justicia, pues su intención principal no es sólo proteger al inocente, sino hacer sufrir al culpable. En ese caso, un acto cuya motivación primera es infligir sufrimiento, o matar (la pena capital), no puede ser considerado ético.

LOS LÍMITES DEL UTILITARISMO

El utilitarismo preconiza una maximización de la suma global de los placeres disponibles para una comunidad dada, pero, al no disponer de criterios sencillos para valorar la felicidad, aquellos en los que se basa tienden fácilmente a ser arbitrarios e incluso absurdos. Aplicado ciegamente, este principio de maximización puede conducir, de hecho, a sacrificar a determinados miembros de la sociedad. Aristóteles, por ejemplo, estaba a favor de la esclavitud porque, en el caso de que no hubiera esclavos, todos los intelectuales deberían trabajar y no podrían dedicarse a las actividades más elevadas y dignas. Esto constituye una desviación *anticipada* del utilitarismo. Para el budismo, un razonamiento tan falaz es inconcebible, ya que exige ponerse constantemente en el lugar del otro, y haciéndolo, ninguna persona sensata puede considerar satisfactoria la condición de esclavo.

En la India, en los siglos VI-V a. de C., prevalecía también una forma de esclavitud impuesta y legislada por la casta. Los intocables y los aborígenes *(adivasi)* eran los siervos de la antigua India. Sin embargo, el Buda rechazó esta jerarquización extrema y estableció que en el seno de la comunidad budista el intocable era igual que el brahmán. El budismo no tardó en iniciar en el sur de Asia una revolución social, aboliendo las diferencias de posición a fin de permitir a todo individuo el acceso a la libertad y a la felicidad. Pero volvamos al utilitarismo del siglo XIX.

Una de las principales críticas del utilitarismo la formuló el filósofo norteamericano John Rawls, quien rechaza la doctrina de la felicidad colectiva como justificación última de nuestros actos y opone a ella el respeto al carácter inviolable de los derechos de la persona y el principio de igual libertad y de cooperación equitativa.

Según J. Rawls, una acción no puede ser *buena* si no es ante todo justa. Desde el punto de vista del budismo, estas dos nociones están intrínsecamente unidas. ¿De qué serviría una justicia que fuese «mala»? Por el contrario, una acción considerada justa según una ética *dogmática* puede ser mala en la *realidad*. Es lo que sucede con el lamentable rechazo de Kant a aceptar la mentira que permitiría salvar una vida humana. Según él, toda mentira, independientemente de la motivación, constituye una injusticia para con la humanidad entera, pues permitirnos mentir supondría destruir la credibilidad de toda palabra en general. No se puede estar más alejado de la realidad. Pero eso no es todo. Kant añade que también es bueno para uno abstenerse de decir una mentira «bienintencionada», pues ello evita la posibilidad de ser perseguido por la justicia: «Si, por ejemplo, con una mentira has impedido actuar a alguien que tenía intenciones criminales, desde un punto de vista jurídico eres responsable de todas las consecuencias derivadas de ello. Pero, si te has atenido estrictamente a la verdad, la justicia pública no puede hacerte nada sean cuales sean las consecuencias imprevistas».[16] ¿Cómo confiar en una ética formulada por alguien en quien la cobardía se suma a la insensibilidad?

Al defender la prioridad de lo justo sobre el bien, Rawls, presuponiendo que el hombre es fundamentalmente egoísta y sólo puede funcionar calculando lo que le será más favorable, idealiza lo justo y desprecia el bien: «Nadie hace bien consintiendo una pérdida duradera de satisfacción para sí mismo a fin de aumentar la suma [de bienestar] total. A falta de instintos altruistas, sólidos y duraderos, un ser racional no puede aceptar una estructura de base simplemente porque maximiza la suma algebraica de las ventajas, sin tener en cuenta efectos permanentes que puede producir sobre sus propios derechos, sus propios intereses básicos».[17]

Que el individualismo exacerbado, surgido de un poderoso apego al «yo», esté omnipresente en las sociedades modernas, sea, pero extraer de ello principios éticos y proponerlos al mundo como ideales es más una muestra de constatación de fracaso que de fuente de inspiración para regular la propia conducta a fin de convertirse en un ser mejor.

Uno puede ser un excelente pianista, matemático, jardinero o científico al tiempo que posee un carácter irascible y celoso, pero tan sólo en Occidente se puede considerar un gran moralista a alguien que posee un ego desmesurado. Ése era precisamente el caso de Rawls, quien, aunque en Estados Unidos se le tenía por el filósofo más importante de la segunda mitad del siglo XX, guardaba todos los recortes de prensa y anotaba todas las conversaciones y conferencias en las que se mencionaba su obra fundadora, titulada *Teoría de la justicia*. Según el budismo, es inconcebible que un pensador o un filósofo que manifiesta defectos muy corrientes esté capacitado para proponer al mundo un sistema ético fiable. No hay más que recordar la exigencia budista de la adecuación entre la persona y su enseñanza. Una ética exclusivamente construida por el intelecto, y que no sirve para hacer referencia constantemente a una auténtica sabiduría personal, carece de fundamentos sólidos.

¿Una ética en crisis?

La historia ha demostrado que los ideales utópicos y los dogmas que invocan el Bien y el Mal han conducido, en el transcurso de los siglos, a la intolerancia, a las persecuciones religiosas y a los regímenes totalitarios. Según la caricaturesca fórmula repetida de diferentes modos por los defensores de esos ideales: «En nombre del Bien absoluto, vamos a haceros seres felices. Pero, si os negáis, sintiéndolo mucho tendremos que eliminaros».

Ante la imposibilidad de aferrarse a leyes absolutas, el hombre moderno, alejado de los mandamientos divinos, desanimado por la idea de que el hombre es fundamentalmente malo, empujado a una ética fluctuante basada en las teorías antagónicas de numerosos filósofos y moralistas, se encuentra desamparado. Según Han de

Wit: «Ese fiasco ha hecho nacer un derrotismo moral en el propio seno de la cultura occidental moderna».[18]

En cuanto a la ética budista de la felicidad, rechaza esos modelos estereotipados para dirigir su esquife por el flujo incesante de fenómenos desplegados en mil formas que debemos tener imperativamente en cuenta. Tan sólo mediante esa constante exigencia de sabiduría y de compasión podemos llegar a ser de verdad responsables y herederos de la felicidad.

23

Como el torrente que corre hacia el mar... La felicidad en presencia de la muerte

Recuerda que existen dos tipos de locos: los que no saben que van a morir y los que olvidan que están vivos.

PATRICK DECLERK[1]

La muerte, tan lejana y tan cercana. Lejana, porque siempre imaginamos que llegará más adelante; cercana, porque puede sorprendernos en cualquier momento. Si bien la muerte es segura, su hora es imprevisible. Cuando se presenta, ninguna elocuencia puede convencerla de que espere, ningún poder puede hacerla retroceder, ninguna riqueza es capaz de sobornarla, ninguna belleza puede seducirla:

Como el torrente que corre hacia el mar,
como el sol y la luna que se deslizan hacia los montes de poniente,
como los días y las noches, las horas, los instantes que escapan,
la vida humana transcurre inexorablemente.[2]

Para quienes han sabido extraer la quintaesencia de la existencia, la muerte no es la decadencia final, sino el término sereno de una vida bien vivida: una muerte bella es el desenlace de una vida bella. «La felicidad de vivir es lo que hace la gloria de morir», escribe Victor Hugo.[3]

Pensar en la muerte para enriquecer cada instante de la vida

¿Cómo es posible enfrentarse a la muerte sin dar la espalda a la vida? ¿Cómo es posible pensar en ella sin desesperarse o asustarse, sin dejar de sentir placer y alegría? Etty Hillesum escribe: «Excluyendo la muerte de nuestra vida, no vivimos plenamente, y acogiendo la muerte en el corazón de nuestra vida, nos desarrollamos y enriquecemos nuestra vida».[4] De hecho, la manera de afrontar la muerte influye de forma considerable en la calidad de vida. Algunos están aterrados, otros prefieren fingir que no existe, otros la contemplan para apreciar mejor cada instante que pasa y reconocer lo que merece la pena ser vivido. Les sirve de recordatorio para espolear su diligencia y no dilapidar el tiempo en vanas distracciones. Aunque iguales ante la obligación de hacerle frente, cada cual tiene su manera de prepararse para ello:

> Al principio —escribía en el siglo XI el sabio tibetano Gampopa—, hay que sufrir la persecución del miedo a la muerte como un ciervo que escapa de una trampa. A medio camino, no hay que tener nada que lamentar, como el campesino que ha trabajado sus tierras con esmero. Al final, hay que sentirse feliz como alguien que ha realizado una gran tarea.

Vale más, efectivamente, saber aprovechar el miedo que inspira que fingir que no existe. No se trata de vivir obsesionados por la muerte, sino de ser conscientes de la fragilidad de la existencia, a fin de evitar no conceder todo su valor al tiempo que nos queda por vivir. Con gran frecuencia, la muerte se presenta sin avisar: nos encontramos, rebosantes de salud, saboreando una buena comida con unos amigos frente a un espléndido paisaje, y resulta que estamos viviendo los últimos instantes de nuestra vida; dejamos allí a nuestros allegados, las conversaciones interrumpidas, los platos medio llenos, los proyectos inacabados.

¿No tener nada que lamentar? Quien ha sacado el máximo del extraordinario potencial que le ha ofrecido la vida humana, ¿por qué va a lamentar algo? Haya o no inclemencias, el campesino que ha arado, sembrado y cosechado no lamenta nada; ha hecho todo lo que ha podido. Sólo podemos reprocharnos lo que hemos descuidado. Quien ha aprovechado cada instante de su vida para convertirse en un ser mejor y contribuir a la felicidad de los demás puede legítimamente morir en paz.

«Y YO YA NO ESTARÉ, Y YA NO HABRÁ NADA»

¿Es la muerte algo semejante a una llama que se apaga, a una gota de agua que la tierra seca absorbe? Si lo es, no tiene, tal como afirmaba Epicuro, ninguna relación con la felicidad: «El mal más aterrador, la muerte, no tiene nada que ver con nosotros, pues, cuando nosotros estamos aquí, la muerte no está, y cuando la muerte está aquí, nosotros ya no estamos».[5] Pero si la aventura no acaba aquí, la muerte es simplemente un paso. Si, como lo ve el budismo, nuestra conciencia ha vivido y vivirá innumerables estados de existencia, al acercarse la muerte no conviene preguntarse simplemente si uno va a sufrir más o menos, sino cómo prepararse para ese momento decisivo.

En cualquier caso, más vale pasar sereno los últimos meses o los últimos instantes de la vida que angustiado. ¿Qué sentido tiene torturarse con la idea de dejar tras de sí a los seres queridos y las posesiones y vivir obsesionado con la destrucción del cuerpo? Como explica Sogyal Rimpoché: «La muerte representa la última e inevitable destrucción de aquello a lo que más apegados estamos: nosotros mismos. Vemos, pues, la gran ayuda que pueden ofrecer las enseñanzas sobre el sin ego y la naturaleza de la mente». Así pues, ante la proximidad de la muerte conviene adoptar una actitud serena, altruista, sin apegos, De esta manera, evitamos convertir la muerte tanto en una tortura mental como en una prueba física.

No obstante, no hay que esperar al último suspiro para prepararse, pues no es ése el momento idóneo para pensar en adentrarse en un camino espiritual. «¿No te da vergüenza —decía Séneca— reservarte el resto de la vida y consagrar a la sabiduría sólo la época de la vida que ya no sirve para nada? ¡No es momento de ponerse a vivir justo cuando hay que dejar de hacerlo!»[6] Hay que adentrarse ahora, cuando uno está sano de cuerpo y de mente. Escuchemos a Dilgo Khyentsé Rimpoché:

> La flor de la juventud nos colma de sano vigor y queremos gozar intensamente de la vida. Con un entusiasmo inquebrantable, nos afanamos en incrementar nuestra fortuna y nuestro poder. Algunos no vacilan en perjudicar los intereses de los demás para lograr sus fines. Pero, en el instante de la muerte, comprenderemos lo vanas que eran todas esas actividades febriles. Desgraciadamente, será demasiado tarde para volver atrás. En el momento de la muerte no sirve nada, salvo la experiencia espiritual que hayamos adquirido a lo largo de la vida. ¡Rápido! Practiquemos antes de que la vejez nos prive de nuestras facultades físicas e intelectuales.[7]

La muerte de los demás

¿Cómo vivir la muerte de los demás? Si bien, desde una perspectiva materialista, la muerte de un ser querido es un trauma a veces irremediable, también es posible verla de un modo nada morboso, pues una «buena muerte» no tiene que ser necesariamente dramática. En el Occidente contemporáneo, la gente tiene demasiada tendencia a apartar la vista ante la muerte. La ocultan, la escamotean, la presentan de un modo aséptico. Puesto que ningún medio material permite zafarse de ese momento inevitable, prefieren retirar la muerte del campo de la conciencia. Por esa razón, cuando se produce, al no estar preparados resulta más chocante. Mientras tanto, la vida se agota de día en día y, si no somos capaces de dar sentido a cada instante de la existencia, ésta queda reducida a tiempo que se nos escapa.

En la Europa del Antiguo Régimen, toda la familia se reunía alrededor del moribundo, los sacerdotes administraban los sacramentos, se escuchaban las últimas disposiciones del que iba a morir. Todavía ahora, en el Tíbet, por ejemplo, lo más habitual es morir en familia y con los amigos. Esto también permite a los niños percibir la muerte como algo que forma parte de modo natural de la vida. Si un maestro espiritual está junto a la cabecera del moribundo, éste muere sereno y sus allegados se sienten reconfortados. Si, además, el moribundo es un practicante experimentado, nadie se preocupará por él. Es frecuente ver a la gente regresar alegre de una cremación. «¡Qué bien ha ido!», dicen. El embajador de Estados Unidos en Nepal me comentaba, al finalizar la cremación de una amiga monja norteamericana que había muerto en Katmandú, que nunca había participado en un funeral tan apacible.

Morir más deprisa

También está el caso de los que, abrumados por el dolor o desbordados por la depresión, no quieren continuar sufriendo en este «valle de lágrimas». Dejar de existir les parece la única solución. Mientras que el sabio insatisfecho de la vida corriente decide retirarse del mundo, aquellos a los que la visión de un horizonte encapotado deja paralizados deciden, de forma impulsiva o tras haberlo meditado detenidamente, retirarse de la existencia. Como todos los seres, el que se suicida busca la felicidad, pero desesperadamente, poniendo fin a su angustia presente. De ese modo, destruye la posibilidad de convertir en realidad el potencial de transformación que todos poseemos. Según el budismo, el suicida no resuelve nada, pues no hace sino desplazar el problema a una nueva vida: no querer seguir existiendo es una añagaza.

La muerte del sabio

En cuanto al sabio, goza de una libertad absolutamente particular: al estar preparado para morir, aprecia en todo instante la riqueza de la vida. Vive cada día como si fuera el único; ese día se convierte de manera natural en el más valioso de su existencia. Cuando enciende el fuego, se pregunta: «¿Volveré a encender este fuego mañana por la mañana?» Sabe que no tiene tiempo que perder, que el tiempo es precioso y que sería vano derrocharlo en tonterías. Cuando llega de verdad el día de la muerte, muere sereno, sin tristeza ni pesar, sin conservar apego por lo que queda tras de sí. Abandona esta vida como el águila que se eleva en el cielo. Escuchemos cantar al eremita Milarepa:

> *Asustado por la muerte, iba a las montañas.*
> *A fuerza de meditar sobre su hora incierta,*
> *tomé el inmortal bastión de lo Inmutable.*
> *¡Ahora mi miedo a la muerte está superado con creces!*

24

Un camino

Debemos ser el cambio que queremos en el mundo.

MAHATMA GANDHI

A veces hay que sentirse con alma de explorador y arder en deseos de hacer cosas que merecen la pena, vivir una existencia tal que en el momento de la muerte no haya nada que lamentar. Aprendamos a ser libres. El punto central de la práctica espiritual es controlar la mente; por eso se dice: «La finalidad del ascetismo es el control de la mente. Aparte de para eso, ¿para qué sirve el ascetismo?»[1] Recordemos que la palabra significa «ejercicio» y que se trata de un entrenamiento de la mente.

La intención que debe conducirnos por un camino espiritual es transformarnos con vistas a ayudar a los demás a liberarse del sufrimiento. En un primer momento, eso nos lleva a constatar nuestra propia impotencia. Después aparece el deseo de perfeccionarse para poner remedio a ello. La invulnerabilidad respecto a las circunstancias exteriores, nacida de la libertad interior, se convierte en nuestra armadura en la batalla contra el sufrimiento de los demás.

Una vez que nos hemos adentrado en una vía espiritual y que la practicamos con perseverancia, lo que de verdad cuenta es percatarse, al cabo de unos meses o de unos años, de que nada es ya como antes y, sobre todo, de que nos hemos vuelto incapaces de perjudicar a sabiendas a los demás. Y de que el orgullo, la envidia y la confusión mental ya no son dueños y señores de nuestra mente. Si una práctica, una ascesis, aunque sea sincera y asidua, no nos convierten en un ser mejor y no contribuyen en nada a la felicidad de los demás, ¿de qué sirven? Es importante, pues, formularse esta pregunta repetidas veces y analizar la situación con lucidez. ¿En qué punto nos encontramos? ¿En el de estancamiento, el de derrumbamiento o el de avance? Una vez establecida en uno mismo la armonía, será mucho más fácil hacer que reine en el círculo de nuestros allegados antes de extender poco a poco su influencia a toda nuestra actividad en la sociedad.

No existe un método único, un solo remedio o un solo alimento para avanzar sin obstáculos hacia la liberación del sufrimiento. La diversidad de los medios refleja la diversidad de los seres. Cada cual se pone en marcha a partir del punto en que se encuentra, con una naturaleza, unas disposiciones personales, una arquitectura intelectual, unas creencias diferentes... Y cada cual puede encontrar un método que se adapte a él para trabajar sobre el pensamiento y liberarse progresivamente del yugo de las emociones perjudiciales, antes de percibir finalmente la naturaleza última de la mente.

Algunos se preguntan si no sería un lujo pretender que se desvanezcan los tormentos interiores para alcanzar la Iluminación, cuando tantos seres padecen hambre, marginación, guerras y toda clase de calamidades. ¿No podríamos empezar ya a aliviar sus sufrimientos? En tal caso, los eruditos también deberían interrumpir sus investigaciones para trabajar atendiendo los casos urgentes. ¿Y qué utilidad tiene pasarse cinco años construyendo un hospital? Los trabajos de electricidad y de fontanería no curan a nadie. Sería preferible salir a la calle, montar unas tiendas de campaña y empezar de inmediato a curar a los enfermos. ¿De qué sirve estudiar, aprender, hacerse experto en el campo que sea? Lo mismo sucede con el camino de la Iluminación: no puede ser arbitrario. El conocimiento y el amor, la compasión y la felicidad de los que goza el sabio no han surgido de la nada, como una flor que brotara en medio del cielo. «Sería un error —decía Aristóteles— dejar en manos del azar lo más grande y lo más bello que existe.»[2]

Entender, reflexionar, meditar

Como todo aprendizaje, la práctica de una vía espiritual comprende varias etapas. Primero hay que recibir una enseñanza y luego asimilarla. Un niño no nace con la ciencia infusa. A continuación, hay que evitar que ese saber se quede en letra muerta, como bonitos libros que apenas se consultan, hay que reflexionar profundamente en su sentido. El Buda decía a los que lo escuchaban: «No aceptéis mis enseñanzas por simple respeto hacia mí; examinadlas de la misma forma que se somete a prueba el oro con la piedra de toque y en el crisol».

Pero no podemos conformarnos con una simple comprensión intelectual. Ni dejando la receta del médico en la mesilla de noche ni aprendiéndonosla de memoria nos curaremos. Es necesario integrar lo que hemos comprendido, a fin de que esa comprensión se mezcle íntimamente con la corriente de nuestra mente. En este estadio, ya no se trata de teorías, sino de transformación personal. Por lo demás, ése es, como hemos visto, el significado de la palabra «meditación»: *familiarizarse con una nueva manera de ser*. Podemos familiarizarnos con toda clase de cualidades positivas —bondad, paciencia, tolerancia...— y desarrollarlas cada vez más gracias a la meditación.

Durante ésta, practicada primero en sesiones breves pero regulares, suscitamos en nosotros mismos una cualidad determinada y dejamos que impregne todo nuestro ser hasta que se convierta en una segunda naturaleza. También podemos meditar para adquirir la calma interior estabilizando la mente mediante la concentración en un objeto: una flor, una sensación, una idea, una representación del Buda. Al principio, la mente está fluctuante, pero aprendemos a amansarla, igual que conduciríamos a una mariposa a la flor de la concentración cada vez que levantara el vuelo. El objetivo no es hacer de la mente un buen alumno que se aburre, sino volverla flexible, maleable, fuerte, lúcida, vigilante, en resumen, convertirla en un instrumento de transformación interior mejor, en lugar de abandonarla a su suerte de niño mimado que se muestra reacio a aprender.

Por último, podemos meditar de manera no conceptual sobre la propia naturaleza de la mente, observando directamente la conciencia pura como una simple presencia despierta, una vez calmados los pensamientos, o contemplando la naturaleza de los pensamientos que atraviesan la mente.

Hay muchas otras formas de meditar, pero, pese a su variedad, todas tienen en común que operan en nosotros un largo proceso de transformación. La meditación difiere de la simple reflexión intelectual en que implica una experiencia repetida del mismo análisis introspectivo, del mismo esfuerzo de transformación o de la misma contemplación. No se trata sólo de experimentar un simple destello de comprensión, sino de acceder a una *nueva percepción* de la realidad y de la naturaleza de la mente, de desarrollar nuevas cualidades hasta que éstas formen parte integrante de nuestro ser. La meditación necesita, más que empuje intelectual, determinación, humildad, sinceridad y paciencia.

La meditación va seguida de la acción, es decir, de su aplicación en la vida cotidiana. ¿De qué sirve una «bella meditación» si no se traduce en una mejora del ser en su totalidad, que se pone así al servicio de los demás? «¿Se convertirá mi corazón en un árbol cargado de frutos que podré coger y repartir?», cantaba Jalil Gibran.[3] Una vez que las flores de la paciencia, de la fuerza interior, de la serenidad, del amor y de la compasión han madurado, hay que ofrecer sus frutos a los seres.

Como un ciervo herido...

Pero, para alcanzar esa madurez, hace falta tiempo y unas condiciones propicias. Para favorecer el desarrollo de una meditación y de una transformación de uno mismo, que a primera vista son frágiles, a veces es necesario sumirse en un profundo recogimiento, que se consigue más fácilmente en la soledad tranquila de un lugar retirado. Entonces nos comportamos como un ciervo herido que se esconde en el bosque mientras se curan sus heridas. En este caso, las heridas son las de la ignorancia, la animosidad, los celos... En el torbellino de la vida cotidiana, con frecuencia nos vemos zarandeados o despojados, incluso nos sentimos demasiado débiles para realizar los ejercicios que nos permitirían recobrar fuerzas.

Retirarse en soledad no es desinteresarse de la suerte de los demás, al contrario. Distanciarse un poco del ajetreo del mundo permite ver las cosas desde una perspectiva nueva, más vasta y serena, y por lo tanto comprender mejor la dinámica de la felicidad y del sufrimiento. Encontrando nosotros mismos la paz interior, nos volvemos capaces de compartirla con los demás.

Esos períodos de soledad sólo tienen valor en la medida en que la comprensión y la fuerza adquiridas de este modo «aguantan el golpe» cuando se hallan expuestas a los vientos de la existencia. Y eso debe suceder tanto en la adversidad, que puede producir desánimo, como en el éxito, que a menudo nos incita a la arrogancia y a la pereza. No es fácil, pues nuestros hábitos y tendencias son tenaces. Parecen esos rollos de papel que intentamos estirar y que se enrollan de nuevo en cuanto los soltamos. Hace falta paciencia. No es sorprendente, pues, que algunos eremitas se pasen años conquistando sus venenos mentales y descubriendo la naturaleza última de su mente.

Pero eso no significa que el eremita permanece al margen de la sociedad, pues va hasta la propia fuente de los comportamientos humanos. Un eremita no se dedica a la contemplación porque no se le haya ocurrido otra cosa que hacer ni porque haya sido rechazado por la sociedad; se consagra a dilucidar los mecanismos de la felicidad y del sufrimiento con la idea de que no sólo podrá extraer de ellos un bien para sí mismo, sino sobre todo hacer que se beneficien los demás.

En las sociedades modernas, no sería muy razonable esperar que un elevado número de hombres y mujeres dediquen meses o años a la vida contemplativa. Sin embargo, no hay nadie que no pueda dedicar unos momentos al día, y de vez en cuando unos días, a permanecer en calma para ver con claridad el interior de su cabeza y su manera de percibir el mundo. Se trata de algo tan necesario como el descanso para quien está agotado, o como una gran bocanada de aire puro para quien ha respirado durante mucho tiempo el aire contaminado de una gran ciudad.

AL FINAL DEL CAMINO

Todo el mundo (o casi) muestra interés por la felicidad. Pero ¿quién muestra interés por la Iluminación? Parece una palabra muy exótica, vaga y lejana. Sin embargo, la única felicidad verdadera es la que acompaña la erradicación de la ignorancia y, por lo tanto, del sufrimiento. El budismo llama Iluminación a un estado de libertad última que lleva aparejado un conocimiento perfecto de la naturaleza de la mente y de la del mundo de los fenómenos. El viajero ha despertado del sueño letárgico de la ignorancia y las deformaciones de la psique han dejado paso a una visión correcta de la realidad. La separación entre un sujeto y un objeto dotados de existencia propia se ha desvanecido en la comprensión de la interdependencia de los fenómenos. Por consiguiente, se trata de un estado de no dualidad, más allá de las construcciones del intelecto, invulnerable a los pensamientos perturbadores. El sabio ha tomado conciencia del hecho de que el yo individual y las apariencias del mundo fenoménico no tienen ninguna realidad intrínseca. Se percata de que todos los seres poseen la capacidad de emanciparse de la ignorancia y de la desdicha, pero no lo saben. ¿Cómo no va a sentir, entonces, una compasión infinita y espontánea por todos aquellos que, engañados por los sortilegios de la ignorancia, vagan por los tormentos del *samsara*?

Aunque ese estado pueda parecer muy alejado de nuestras preocupaciones corrientes, sin duda no está fuera de nuestro alcance. Todo el problema reside en el hecho de que está tan cerca que no lo vemos, al igual que el ojo no ve sus propios párpados.

Encontramos algo de esta noción budista en Ludwig Wittgenstein: «Los aspectos de las cosas más importantes para nosotros están ocultos debido a su simplicidad y su familiaridad».[4] La Iluminación, efectivamente, está cerca en el sentido de que todos poseemos el potencial que constituye nuestra naturaleza verdadera. Contrariamente a lo que escribió Rilke («Todos morimos en alguna parte de lo inacabado»),[5] el budismo dice que todos *nacemos en lo acabado*, ya que cada ser contiene en sí mismo un tesoro que no exige sino ser desvelado. Pero eso no es algo que se hace solo. La leche es el origen de la mantequilla, pero no produce mantequilla si nos limitamos a abandonarla a su suerte; hay que batir la nata. Las cualidades de la Iluminación se manifiestan al término de la larga transformación que constituye el camino espiritual.

Eso no significa, sin embargo, que haya que sufrir un martirio hasta que un día lejano e improbable accedamos de pronto a la placidez de la tierra prometida. En realidad, cada etapa es un avance hacia la plenitud y la satisfacción profunda. El viaje espiritual equivale a viajar de un valle a otro: el paso por cada puerto muestra un paisaje más espléndido que el anterior.

Más allá de la felicidad y del sufrimiento

En el seno de la Iluminación, más allá de la esperanza y de la duda, la palabra «felicidad» ya no tiene ningún sentido. Las sombras de los conceptos se han desvanecido al salir el sol de la no dualidad. Desde el punto de vista de la verdad absoluta, ni la felicidad ni el sufrimiento tienen existencia real. Pertenecen a la verdad relativa que percibe nuestra mente mientras permanece bajo el dominio de la confusión. Quien ha descubierto la naturaleza última de las cosas es como el navegante que aborda una isla toda de oro fino; aunque busque piedras corrientes, no las encontrará. Como explica Dilgo Khyentsé Rimpoché: «Al igual que las nubes que se forman en el cielo permanecen cierto tiempo en él y luego se disuelven en el vacío del espacio, los pensamientos ilusorios surgen, duran un momento y después se desvanecen en la vacuidad de la mente. De hecho, no ha pasado realmente nada».[6]

Escuchemos a Shabkar, eremita y bardo vagabundo del Tíbet, cantar a la Iluminación y la compasión:

Pacificado y distendido en este estado de libertad,
alcanzo la inmensidad de la dimensión absoluta,
incondicionada, más allá de los conceptos.
La mente devuelta a sí misma,
amplia como el espacio, transparente y serena,
las ataduras dolorosas y venenosas
del trabajo mental
se deshacen por sí solas.

Cuando permanezco en ese estado,
cielo inmenso y límpido,
experimento una felicidad más allá de la palabra,
del pensamiento o de la expresión.

Contemplando con mirada sabia,
más infinita aún que el cielo entero,
los fenómenos del samsara *y del* nirvana
se tornan espectáculos fascinantes.
En esa dimensión de luz,
el esfuerzo es inútil,
todo sucede por sí solo,
naturalmente, serenamente.
¡Alegría absoluta!

La compasión por los seres,
mis madres de antaño, surgió del fondo de mí;
no son vanas palabras:
en lo sucesivo me consagraré al bien de los demás.[7]

ÚLTIMA DECLARACIÓN DE UN TESTIGO DE LA DEFENSA

Puedo afirmar sin ostentación que soy un hombre feliz porque es un simple hecho, de la misma manera que puedo decir que sé leer o que gozo de buena salud. Si hubiera sido siempre feliz por haber caído cuando era pequeño dentro de un caldero con una poción mágica, esta declaración no tendría ningún interés. Pero no ha sido siempre así. De pequeño y de adolescente, era un buen chico, me esforzaba en estudiar, me gustaba la naturaleza, tocaba un instrumento, practicaba esquí y vela, era aficionado a la ornitología y a la fotografía. Quería a mi familia y a mis amigos. Pero nunca se me habría ocurrido decir que era *feliz*. La felicidad no formaba parte de mi vocabulario. Era consciente de un potencial que pensaba que estaba presente en mí, como un tesoro oculto, y lo suponía en los demás. Pero la naturaleza de ese potencial era muy vaga y yo no tenía muchas ideas sobre la forma de concretarla. La felicidad que siento ahora en cada instante de la existencia, podría decirse que sean cuales sean las circunstancias, se ha construido con el tiempo en unas condiciones favorables a la comprensión de las causas de la felicidad y del sufrimiento.

En mi caso, el encuentro con seres a la vez sabios y bienaventurados ha sido determinante, pues la fuerza del ejemplo es más elocuente que cualquier otro discurso. Ella me mostraba lo que es posible realizar y me probaba que podemos llegar a ser libres y felices de forma duradera, siempre y cuando sepamos hacerlo. Cuando me encuentro entre amigos, comparto con alegría su existencia. Cuando estoy solo, en mi lugar de retiro o en otro sitio, cada instante que pasa es una delicia. Me esfuerzo en contribuir cuanto puedo a servir a los que se encuentran en dificultades, consagrando una parte cada vez mayor de mi tiempo a proyectos humanitarios en el Tíbet. Cuando emprendo un proyecto en la vida activa, si se ve coronado por el éxito, me alegro; si, después de haber hecho cuanto he podido, por cualquier razón fracasa, no veo por qué tendría que preocuparme. Hasta el día de hoy, he tenido la suerte de que no me falte de comer y de disponer de un techo; considero mis posesiones instrumentos y no miro ninguna como indispensable. Si no tuviera ordenador portátil, dejaría de escribir, y si no tuviera cámara de fotos, dejaría de compartir imágenes, pero eso no restaría ni un ápice de calidad a cada instante de mi vida. Para mí, lo esencial es la inmensa fortuna de haber encontrado a mis maestros espirituales y recibido sus enseñanzas. Eso me ha proporcionado materia de sobra para meditar hasta el fin de mis días. Cuando leo en diferentes obras que la felicidad y la sabiduría son inaccesibles, simplemente me parece una lástima que alguien se prive y prive a los demás de cualidades que han sido verificadas en repetidas ocasiones por la experiencia vivida.

Monasterio de Shechen, Nepal, junio de 2003

Mientras el espacio dure,
y mientras haya seres,
ojalá pueda permanecer también yo
para aliviar el sufrimiento del mundo.

SHANTIDEVA

Notas y citas bibliográficas

1. Luca y Francesco Cavalli-Sforza, *La Science du bonheur*, Odile Jacob, París, 1998. [Ed. en cast.: *La ciencia de la felicidad*, Grijalbo, Barcelona, 1998.]

Capítulo 1

1. Jean-Jacques Rousseau, *Émile ou l'éducation*, 1762. [Varias eds. en cast., entre ellas: *Emilio o la educación*, Edicomunicación, Barcelona, 2002.]

2. Pascal Bruckner, *L'Express Magazine* (23 mayo 2002).

3. Henri Bergson, «Remarques finales», en *Les deux sources de la morale et de la religion*, PUF, París, 7.ª ed., 1997, p. 319. [Ed. en cast.: *Las dos fuentes de la moral y de la religión*, Tecnos, Madrid, 1996.]

4. Ruut Veenhoven, «Progrès dans la compréhension du bonheur», *Revue québécoise de psychologie*, 18 (1997), 29-79.

5. André Burguière, «Le bonheur», *Le Nouvel Observateur* (1988), 24.

6. Robert Misrahi, *Le Bonheur, essai sur la joie*, Hatier (Optiques), París, 1994.

7. André Comte-Sponville, *Le Bonheur, désespérément*, Pleins Feux, Nantes, 2000. [Ed. en cast.: *La felicidad, desesperadamente*, Paidós Ibérica, Barcelona, 2003.]

8. San Agustín, *Confesiones*, X, 23.

9. Aristóteles, *Éthique à Nicomaque* (I, 4), trad. de J. Voilquin, Garnier-Flammarion, París, 1961. [Varias eds. en cast., entre ellas: *Ética a Nicómaco*, trad. de J. Marías y M. Araujo, Centro de Estudios Políticos y Constitucionales, Madrid, 1994.]

10. Katherine Mansfield, *Bliss & Other Stories*, Ayer, 1977. [Ed. en cast.: *Cuentos completos*, Alba, Barcelona, 1999.]

11. Georges Bernanos, *Journal d'une curé de campagne*, Plon, París, 1951. [Varias eds. en cast., entre ellas: *Diario de un cura rural*, Encuentro Ediciones, Madrid, 1999.]

12. Etty Hillesum, *Une vie bouleversée, Journal 1941-1943*, Le Seuil (Points), París, 1995.

13. W. Tatarkiewicz, *Analysis of Happiness*, Martinus Nijhoff, The Hague PWN, Polish Scientific Publishers, Varsovia, 1976.

14. Véase *Killers don't cry*. Este insólito documental de Clifford Bestall fue emitido en 2003 por la cadena France 2.

15. *Fleet Maul, Prison as a path*, sacado del sitio www.hkfstaff@visionet.org. Fleet era discípulo de un maestro tibetano que fue a visitarlo a la cárcel y le impartió sus enseñanzas.

16. Jean-Paul Sartre, *La Nausée*, Gallimard, París, 1954. [Varias eds. en cast., entre ellas: *La náusea*, trad. de A. Bernárdez, Editorial Sol 90, Barcelona, 2003.]

17. Véase Andrew Solomon, *Le Démon intérieur, anatomie de la dépression*, trad. del inglés de C. Richetin, Albin Michel, París, 2002. [Ed. en cast.: *El demonio de la depresión*, Ediciones B, Barcelona, 2002.]

18. Rabindranath Tagore, *Stray Birds*, The Macmillan Company, LXXV, Nueva York, 1916. [Ed. en cast.: *Los pájaros perdidos*, Edicomunicación, Barcelona, 1987.]

19. Nicolas de Chamfort, *Maximes*, Gallimard, París. [Ed. en cast.: *Máximas, pensamientos, caracteres y anécdotas*, Península, Barcelona, 1999.]

20. Stendhal, carta a su hermana, Pauline Beyle, en *Correspondance*, Gallimard, París, 1963-1968.

21. Etty Hillesum, *Une vie bouleversée*, op. cit.

Capítulo 2

1. Epicuro, «Lettre à Ménécée», en *Lettres et Maximes*, trad. de M. Conche, Épiméthée, París, 4.ª ed., 1995. [Ed. en cast.: *Carta a Meneceo* y *Máximas capitales*, Alhambra, Madrid, 1985.]

2. Aristóteles, *Ética a Nicómaco*, I, 5, op. cit.

3. Palabras recogidas por Véronique Grousset en un reportaje sobre la felicidad publicado en *Le Figaro Magazine* (10 septiembre 1998), 123.

4. Chögyam Trungpa, *Au-delà du matérialisme spirituel*, Le Seuil (Points Sagesses), París, 1976. [Ed. en cast.: *Más allá del materialismo espiritual*, Edhasa, Barcelona, 1999.]

5. Pascal Bruckner, *L'Euphorie perpétuelle*, Grasset, París, 2000. [Ed. en cast.: *La euforia perpetua: sobre el deber de ser feliz*, Tusquets, Barcelona, 2001.]

6. Ibíd., p. 19.

7. Dominique Noguez, *Les Plaisirs de la vie*, Payot et Rivages, París, 2000, p. 11.

8. San Agustín, *La vida feliz*.

9. André Comte-Sponville, *La felicidad, desesperadamente*, op. cit.

10. Pascal Bruckner, *La euforia perpetua*, op. cit.

11. Immanuel Kant, *Critique de la raison pure*, trad. de Tremesaygues y Pacaud, PUF, París, 1971. [Varias eds. en cast., entre ellas: *Crítica de la razón pura*, Tecnos, Madrid, 2002.]

12. Immanuel Kant, *Critique de la raison pratique*, trad. de F. Picavet, PUF, París, 1971. [Varias eds. en cast., entre ellas: *Crítica de la razón práctica*, trad. de R. Rodríguez Aramayo, Alianza, Madrid, 2004.]

13. Romain Rolland, *Jean-Christophe*, Albin Michel, París, 1952, vol. VIII.

14. Shantideva, *La Marche vers l'Éveil*, Padmakara, Saint-Léon-sur-Vézère, 1991, VII. [Ed. en cast.: *La marcha hacia la luz*, Miraguano, Madrid, 1993.]

15. Ibíd., VII.

Capítulo 3

1. Dalai Lama, conferencia pronunciada en Coimbra (Portugal) el 26 de noviembre de 2001. Traducción del tibetano al francés de M. Ricard.

2. Marco Aurelio, *Pensées*, Société d'Éditions, París, 1953, V, 19.

3. B. Alan Wallace, *Buddhism with an Attitude*, Ithaca, Nueva York, 2001.

4. Charlotte Brontë, *Villette*, en Charlotte Emily Brontë, *Complete Novels*, Random House Value Publishing, Nueva York, 1995. [Ed. en cast.: *Villette*, Rialp, Madrid, 2002.]

5. Pascal Bruckner, *La euforia perpetua*, op. cit.

6. Christophe André, *Vivre heureux. Psychologie du bonheur*, Odile Jacob, París, 2003. [Ed. en cast.: *El placer de vivir: psicología de la felicidad*, Kairós, Barcelona, 2004.]

7. Alain, *Propos sur le bonheur*, Gallimard (Folio essais), París, 1998. [Ed. en cast.: *Mira a lo lejos: 66 escritos sobre la felicidad*, trad. de E. Manzano, RBA Libros, Barcelona, 2003.]

Capítulo 4

1. Dilgo Khyentsé, *Les Cent Conseils de Padampa Sanguié*, Padmakara, Saint-Léon-sur-Vézère, 2001.

2. Barbey d'Aurevilly, citado en Christophe André, *El placer de vivir*, op. cit.

3. Poema en tibetano, extraído de un manuscrito original conservado en Shophong, en Amdo, y traducido al francés por M. Ricard: *Les plaisirs ressemblent à des coquelicots,/ à peine saisis, déjà détruits;/ à des flocons de neige tombant sur une rivière,/ éclairs blancs à jamais évanouis.*

4. Alain, *Mira a lo lejos*, op. cit.

5. Christian Boiron, *La Source du bonheur*, Albin Michel (Espaces libres), París, 2000.

6. Ibíd.

7. Séneca, *De la brièveté de la vie*, XVI, 3, trad. de C. Lazam, Rivages, París, 1990. [Varias eds. en cast., entre ellas: *De la brevedad de la vida*, Edaf, Madrid, 1997.]

8. P. Brickman, D. Coates y R. Janoff-Bulman, «Lottery winners and accident victims: Is happiness relative?», *Journal of Personality and Social Psychology*, 36 (1978), 917-927.

9. M. Argyle, «Causes and correlates of happiness», en D. Kahneman, E. Diener y N. Schwarz, eds., *Well-being, the Foundation of Hedonic Psychology*, Russel Sage Foundation, 18, Nueva York, 2002, pp. 353-373.

10. Christophe André, *El placer de vivir*, op. cit.

11. Paul Ekman, *Emotions Revealed*, Times Press, Nueva York, 2003.

12. Las características de los diferentes tipos de sonrisa y de expresión facial han sido estudiadas por Paul Ekman, y las de la voz, por Sophie Scott y Andrew Calder. Véase Ekman, *Emotions Revealed*, op. cit.

13. Pierre Corneille, Discours à l'Académie, 2 de enero de 1685.

14. Dalai Lama, conferencia pública pronunciada en Coimbra (Portugal) el 26 de noviembre de 2001. Traducción del tibetano al francés de M. Ricard.

15. G.C. Whiteneck y otros, «Rocky Mountain spinal cord injury system», *Report to the National Institute of Handicapped Research*, 1985, 29-33.

16. K. Chwalisz, «Autonomic arousal feedback and emotional experience: Evidence from the spinal cord injured», *Journal of Personality and Social Psychology*, vol. 54 (1988), 820-828.

Capítulo 5

1. Resumen de Robert Godet, *Le Jardin des cinq saisons*, Julliard, París, 1956.

2. Jean-Cassien Billier, *Le Bonheur, La question philosophique*, Ellipse, París, 1997.

3. Arthur Schopenhauer, *Le Monde comme volonté et comme représentation*, traducción al francés de Burdeau-Roos, PUF, París, 1978. [Varias eds. en cast., entre ellas: *El mundo como voluntad y representación*, trad. de R. Rodríguez Aramayo, Fondo de Cultura Económica, Madrid 2003, y Círculo de Lectores 2004, Barcelona.] «La felicidad es siempre negativa, no tiene nada positivo; por consiguiente, ninguna satisfacción, ninguna alegría puede ser duradera; en el fondo no es sino la cesación de un dolor o de una privación, y lo que venga a reemplazar estos últimos será, indefectiblemente, o un nuevo pesar o cierta languidez, una espera sin objeto, el tedio.»

4. Alain, *Mira a lo lejos*, op. cit.

5. Andrew Solomon, *El demonio de la depresión*, op. cit.

6. Conferencia pronunciada en Oporto, Portugal, en noviembre de 2001.

7. Guy Corneau, *La Guérison du coeur*, Robert Laffont, París, 2000.

8. Luca y Francesco Cavalli-Sforza, *La ciencia de la felicidad*, op. cit.

9. Traducido del inglés al francés por G.H. Mullin, *Selected Works of the Dalaï Lama VII, Songs of Spiritual Change*, Snow Lion, Ithaca, 1985.

10. Dalai Lama, *L'Art de la compassion*, Robert Laffont, París, 2002. [Ed. en cast.: *El arte de la compasión: la práctica de la sabiduría en la vida diaria*, Grijalbo, Barcelona, 2002.]

11. Este tipo de investigación, denominada «metaanálisis», consiste en englobar mediante métodos estadísticos los resultados de varios estudios independientes. Véase Ephrem Fernandez y Dennis C. Turk, «The utility of cognitive coping strategies for altering pain perception: a metaanalysis», *Pain*, 38 (1989), 123-135. Agradecemos al profesor Stephen Kosslyn, de la Universidad de Harvard, que nos haya informado acerca de la existencia de estos artículos.

12. Lisa K. Mannix, Rohit S. Chadurkar, Lisa A. Rubicki, Diane L. Tusek y Glen D. Solomon, «Effect of guided imagery on quality of life for patients with chronic tension-type headache», *Headache*, 39 (1999), 326-334. Se han utilizado las mismas técnicas para reducir los síntomas postoperatorios, los dolores intensos debidos al cáncer y las náuseas provocadas por la quimioterapia.

13. Congreso Anual sobre el Cáncer, París, 1999.

14. Ani Patchèn, *Et que rien ne te fasse peur*, NiL Éditions, París, 2001.

15. Tendzin Tcheudrak, *Le Palais des arcs-en-ciel*, declaraciones recogidas por G. van Grassdorff, Albin Michel, París, 1998. [Ed. en cast.: Tenzin Choedrak, *El palacio del arco iris: conversaciones con Gilles van Grasdorff*, Circe, Barcelona, 1999.] Palden Gyatso, *Le Feu sous la neige*, Actes Sud, 2000. [Ed. en cast.: *Fuego bajo la nieve: memorias de un monje tibetano*, Ediciones B, Barcelona, 2001.]

16. «Entretiens avec le Dalaï-lama sur la conscience, les émotions et la santé», en *Quand l'esprit dialogue avec le corps*, bajo la dirección de Daniel Goleman, Trédaniel, París, 1997. [Ed. en cast.: *La salud emocional: conversaciones con el Dalai Lama sobre la salud, las emociones y la mente*, Kairós, Barcelona, 1997.]

17. Tenzin Kunchap también describe cómo fue torturado en repetidas ocasiones: «Las porras eléctricas son unos objetos terroríficos, de más de treinta centímetros de largo y con una especie de pinza en la punta. Los cables enrollados al final están conectados a un botón, y cuando lo pulsan, la porra emite una descarga insoportable, punzante, que te quema la piel. La pinza sirve para pellizcar la carne. Me dan temblores sólo de pensarlo. [...] Al cabo de dos horas, el guardián me conduce, tambaleante, a la celda. No cuento nada, me siento en un rincón y me quedo postrado. Los otros han comprendido: el gran juego ha comenzado. Durante los largos meses de mis encarcelamientos, las pesadillas habitaron mis noches, todas marcadas por sesiones de interrogatorio a cual más dura. [...] La crueldad de los interrogadores no tiene otro límite que nuestra capacidad para aguantar. Nos llevan hasta las puertas de la muerte y se detienen al acercarse el último suspiro. Tengo diecisiete años, pero camino encorvado como un viejo». *Le Moine rebelle*, Plon, París, 2000.

Capítulo 6

1. Robert Misrahi, *Le Bonheur, essai sur la joie*, Hatier (Optiques), París, 1994.

2. Arthur Schopenhauer, *El mundo como voluntad y representación*, op. cit.

3. Sigmund Freud, *Malaise dans la civilisation*, trad. de Odier, PUF, París, 1971. [Varias eds. en cast., entre ellas: *El malestar en la cultura y otros ensayos*, Alianza, Madrid, 2003.]

4. M. Seligman, *Authentic Happiness*, Free Press, Nueva York, 2002. [Ed. en cast.: *La auténtica felicidad*, Ediciones B, Barcelona, 2003.]

5. Dalai Lama y Howard Cutler, *L'Art du bonheur*, Robert Laffont, París, 1999. [Ed. en cast.: *El arte de la felicidad*, Mondadori, Barcelona, 2001.]

6. B. Alan Wallace, *Buddhism with an Attitude*, op. cit.

7. Pascal Bruckner, *La euforia perpetua*, op. cit.

8. Ibíd.

9. André Comte-Sponville, *La felicidad, desesperadamente*, op. cit.
10. Luca y Francesco Cavalli-Sforza, *La ciencia de la felicidad*, op. cit.

Capítulo 7

1. Chandrakirti, *Madhyamakalankara, entrada en el Camino Medio.* Chandrakirti (ss. VI-VII) es uno de los más célebres comentaristas indios de las palabras del Buda (s. V a. de C.) y del gran filósofo Nagarjuna (s. II d. de C.).

2. Han F. de Wit, *Le Lotus et la Rose*, trad. del holandés de C. Francken, Kunchap, Huy, 2002.

3. L. van Boven y otros, «Egocentric empathy gaps between owners and buyers: Misperception of the endowment effect», *Journal of Personality and Social Psychology*, 79 (2000), 66-76.

4. Paul Ekman, declaración personal. Véase también Dalai Lama y Daniel Goleman, *Émotions destructrices*, Laffont, París, 2003. [Ed. en cast.: *Emociones destructivas: cómo entenderlas y superarlas*, Kairós, Barcelona, 2003.]

5. Pascal Bruckner, *La euforia perpetua*, op. cit.

6. Nos remitiremos también a exposiciones más profundas en las que nos hemos inspirado, sobre todo las de David Galin en lo referente a la filosofía, las de Alan Wallace, al budismo, y las de Antonio Damasio, a la ciencia del cerebro. D. Galin, «The Concepts of Self, Person, and I, in Western Psychology and in Buddhism», en B. Alan Wallace, ed., *Buddhism & Science, Breaking New Ground*, Columbia University Press, Nueva York, 2003; B. Alan Wallace, *Science et Bouddhisme*, Calmann-Lévy, París, 1998; Antonio Damasio, *The Feeling of What Happens, Body and Emotions in the Making of Consciousness*, Harcourt, San Diego, 1999. [Ed. en cast.: *La sensación de lo que ocurre*, Debate, Barcelona, 2001.]

7. En tibetano, el «yo psicológico», la «persona» y el «yo sustancial» corresponden a los términos *nga*, *gang*, *zag* y *bdag*.

8. Véase David Galin, op. cit.

9. Han F. de Wit, *Le Lotus et la Rose*, op. cit.

10. Ibíd.

11. R. Descartes, *Méditations touchant la première pshilosophie*, VI, en Ch. Adam y P. Tannery, eds., *Oeuvres de Descartes*, Vrin, París, 1982, vol. IX. [Varias eds. en cast., entre ellas: *Discurso del método; Meditaciones metafísicas*, Espasa-Calpe, Madrid, 2004.]

12. C.S. Sherrington, *The Integrative Action of the Nervous System*, Cambridge University Press, 1906/1947, citado en D. Galin, op. cit.

13. David Galin, op. cit.

14. Buda Sakyamuni, *Rajsamadhi Sutra*.

15. Los actores utilizaban la boca de la máscara a modo de megáfono para hacer llegar su voz.

Capítulo 8

1. Se ha constatado asimismo que cada región del cerebro asociada a aspectos emocionales concretos también está asociada a aspectos cognitivos. Véase R.J. Davidson y W. Irwin, «The functional neuroanatomy of emotion and affective style», *Trends in Cognitive Science*, 3 (1999), 11-21; R.J. Davidson, «Cognitive neuroscience needs affective neuroscience (and viceversa)», *Cognition and Emotion*, 42 (2000), 89-92; A.R. Damasio, *Descarte's error*, Avon Books, Nueva York, 1994 [ed. en cast.: *El error de Descartes: la emoción, la razón y el cerebro humano*, Crítica, Barcelona, 2003]; y E.T. Rolls, *The Brain and Emotion*, Oxford University Press, Nueva York, 1999.

2. Para un análisis de los estados mentales que los psicólogos consideran emociones, véase Nico H. Fridja, «Emotions and Hedonic Experience», en D. Kahneman, E. Diener y N. Schwarz, eds., *Well-being, the Foundation of Hedonic Psychology*, Russel Sage Foundation, 18, Nueva York, 2002, p. 204.

3. Estas consideraciones están extraídas de *A Psychological and a Buddhist Approach to Well-Being*, de Paul Ekman, Richard Davidson, Matthieu Ricard y B. Alan Wallace. Véase también P. Ekman, W.V. Friesen y P. Ellsworth, *Emotion in the Human Face*, Pergamon, Nueva York, 1972, caps. 13-14.

4. Es el caso, por ejemplo, de R.J. Larson y T. Ketelaar, «Personality

and susceptibility to positive and negative emotional states», *Journal of Personality and Social Psychology*, 61 (1991), 132-140, así como de D. Watson, L.A. Clark y A. Tellegen, «Development and validation of brief measures of positive and negative affect: The PANAS scales», *Journal of Personality and Social Psychology*, 54 (1988), 1.063-1.070.

5. L. Cosmides y J. Tooby, «Evolutionary psychology and the emotions», en M.L. Lewis y J. Haviland-Jones, eds., *Handbook of Emotions*, Guilford Press, Nueva York, 2.ª ed., 2000, pp. 3-134. P. Ekman y W.V. Friesen, «The repertoire of nonverbal behavior: Categories, origins, usage, and coding», *Semiotica*, 1 (1969), 49-98. C. Izard, *The Face of Emotion*, Appleton-Century-Crofts, Nueva York, 1971.

6. R.J. Davidson, K. M. Putnam y C.L. Larson, «Dysfunction in the neural circuitry of emotion regulation — a possible prelude to violence», *Science*, 289 (2000), 591-594.

7. Véase en especial H.S. Friedman, *Hostility, Coping and Health*, American Psychological Association, Washington, 1992, así como J. Vahtera, M. Kivimaki, A. Uutela y J. Pentti, «Hostility and ill health: Role of psychosocial resources in two contexts of working life», *Journal of Psychosomatic Research*, 48 (2000), 89-98. No obstante, es preciso señalar que, en Occidente, ni la hostilidad ni la violencia se consideran emociones propiamente dichas, sino más bien rasgos caracteriales o de temperamento.

8. W. Barefoot y otros, «The health consequences of hostility», en Chesney y otros, eds., *Anger and Hostility in Cardiovascular and Behavioral Disorders*, McGraw Hill, Nueva York, 1985.

9. R.J. Davidson, D.C. Jackson y N.H. Kalin, «Emotion, plasticity, context and regulation: Perspectives from affective neuroscience», *Psychological Bulletin*, 126 (2000), 890-906, y P. Ekman, *Emotions Revealed*, op. cit.

10. Andrew Solomon, *El demonio de la depresión*, op. cit.

11. Aristóteles, *Ética a Nicómaco*, op. cit., IV, 5.

12. Sobre la reevaluación de las situaciones externas, véase R. Lazarus, *Emotion and Adaptation*, Oxford, Nueva York, 1991.

13. Sobre la regulación de la expresión de las emociones en el comportamiento, véase J.J. Gross, «The emerging field of emotion regula-

tion: An integrative review», *Review of General Psychology*, 2 (1999), 271-299.

14. Philip Dormer Stanhope, cuarto conde de Chesterfield. Carta a su hijo.

15. Resumen de Myers, 2001, op. cit.

16. Barbara Fredrickson, «Positive emotions», en *Handbook of Positive Psychology*, Oxford University Press, 35 (2002), 122.

17. Ibíd.

18. William James, *The Principles of Psychology*, Harvard University Press, Cambridge, 1890/1981.

Capítulo 9

1. Dolf Zillmann, «Mental control of angry aggression», en D. Wegner y P. Pennebaker, *Handbook of Mental Control*, Prentice Hall, Englewood Cliffs, 1993.

2. Véase Hokanson y otros, «The effect of status, type of frustration, and aggression on vascular process», *Journal of Abnormal and Social Psychology*, 65 (1962), 232-237.

3. C. Daniel Batson, Nadia Ahmad, David A. Lishner y Jo-Ann Tsang, «Empaty and altruism», en *Handbook of Positive Psychology*, Oxford University Press, 35 (2002), 485-497.

4. Sin utilizar términos técnicos, aquí nos situamos en el contexto del budismo tibetano. No obstante, la mayoría de los métodos que se emplean en las otras tradiciones del budismo pueden estar vinculados a uno u otro de estos tres. En el seno del budismo tibetano, estos tres métodos corresponden a los enfoques de los tres principales vehículos del budismo: el Theravada, el Mahayana y el Vajrayana.

5. Alain, *Mira a lo lejos*, op. cit.

6. Dilgo Khyentsé, *Le trésor du coeur des êtres éveillés*, Le Seuil (Points Sagesse), París, 1996, comentario del versículo 40. [Ed. en cast.: *El tesoro del corazón de los iluminados: la práctica de la visión*, Imagina, San Sebastián, 1999.]

7. Paul Ekman, *Emotions Revealed*, op. cit.

8. Alain, *Mira a lo lejos*, op. cit.

9. Dilgo Khyentsé, *El tesoro del corazón de los iluminados*, op. cit., comentario del versículo 33.

10. Paul Ekman, *Emotions Revealed*, op. cit.

11. Han F. de Wit, *Le Lotus et la Rose*, op. cit.

12. P. Ekman, R.J. Davidson, M. Ricard y B.A. Wallace, op. cit.

13. Chögyam Trungpa, *Más allá del materialismo espiritual*, op. cit.

14. Pierre Hadot, *Qu'est-ce que la philosophie antique?*, Gallimard (Folio essais), París, 1995.

15. Alain, *Mira a lo lejos*, op. cit.

Capítulo 10

1. Arthur Schopenhauer, op. cit.

2. M. Seligman, *La auténtica felicidad*, op. cit.

3. Nagarjuna, «Lettre à un ami», *Suhrlleka*, traducción del tibetano al francés.

4. Anatole France, *La Vie en fleur*, Gallimard París, 1983.

5. Stendhal, *Le Rouge et le Noir*, Gallimard (Bibliothèque de la Pléiade), vol. 1, Romans et Nouvelles, París, 1956. [Varias eds. en cast., entre ellas: *Rojo y negro*, trad. de C. Bergés, Alianza, Madrid, 2001.]

6. «Not practical», véase *El arte de la felicidad*, op. cit.

7. Christian Boiron, op. cit. El autor basa la experiencia de la felicidad y la desdicha en la anatomía del cerebro, según la distinción establecida por Marshall McLuhan y Henri Laborit. Para éstos, el cerebro reptiliano corresponde a las pulsiones y los instintos, el cerebro límbico a las costumbres y las convenciones, y el cerebro neocortical es responsable de las funciones de la inteligencia, la libertad y la creatividad. Esta división del cerebro en tres partes no es tan simple y clara como la consideraban dichos autores.

8. Alain, *Mira a lo lejos*, op. cit.

9. Véase K.C. Berridge, «Pleasure, pain, desire and dread: Hidden core processes of emotion», en D. Kahneman, E. Diener y N. Schwarz,

eds., *Well-being, the Foundation of Hedonic Psychology*, Russel Sage Foundation, Nueva York, 2002, pp. 525-558.

10. Sabemos que en el plano químico, las sensaciones de placer están relacionadas con la producción de dopamina. A medida que la experiencia de placer se repite, a intervalos cada vez más cortos, la cantidad de dopamina necesaria para provocar una sensación de placer aumenta. Desde un punto de vista subjetivo, es el mecanismo del «cansancio»: el placer se transforma en una sensación neutra o incluso desagradable. Cuando se pone en marcha un mecanismo de dependencia de lo que hasta entonces había producido placer, lo que interviene ya no es la molécula del placer, la dopamina, sino otras moléculas, principalmente glutamatos. El placer es sustituido por una sensación de necesidad. En ese estadio ya no tomamos una droga para repetir la experiencia de placer, que ya ha desaparecido, sino para aliviar el sufrimiento que produce su carencia.

Capítulo 11

1. Longchen Rabjam (1308-1363), uno de los principales representantes de la tradición Nyngma del budismo tibetano.

2. Alain, *Mira a lo lejos*, op. cit.

3. Henry David Thoreau, *Where I Lived and What I Lived For*, C.M. Simpson y A. Nevins, eds., The American Reader, Heath, D. C. Boston, 1941.

4. Después de haber escrito este capítulo, encontré la misma fórmula («el hombre sencillo no es un simple») en A. Comte-Sponville, *Petit traité des grandes vertus*, PUF, París, 1995. [Ed. en cast.: *Pequeño tratado de las grandes virtudes*, Espasa-Calpe, Madrid, 1998.]

5. Ibíd.

6. *Vie et enseignement de Patrul Rimpoché* [Vida y enseñanzas de Patrul Rimpoché], manuscrito no publicado. Traducido del tibetano al francés por Matthieu Ricard y Carisse Busquet, del Comité de Traducción Padmakara.

7. Shantideva, *La marcha hacia la luz*, op. cit.

8. Luca y Francesco Cavalli-Sforza, *La ciencia de la felicidad*, op. cit.

9. Dodrup Tenpai Nyima, *Le Goût unique*, Éditions Padmakara, Saint-Léon-sur-Vézère, 1998.

Capítulo 12

1. Dilgo Khyentsé, *El tesoro del corazón de los iluminados*, op. cit., comentario del versículo 50.

2. Dalai Lama, *Conseils du coeur*, Presses de la Renaissance, París, 2001. [Ed. en cast.: *Consejos del corazón*, Belacqua, Barcelona, 2002.]

3. Discurso pronunciado en 1993 en la Sorbona, con motivo de un encuentro de los galardonados con el Prix de la Mémoire.

4. Etty Hillesum, *Une vie bouleversée,* op. cit.

5. Bertrand Vergely, *La Souffrance, Recherche du sens perdu*, Gallimard (Folio), París, 1997.

6. Paul Lebeau, *Etty Hillesum, un itinéraire spirituel*, Albin Michel (Spiritualités vivantes), París, 2001. [Ed. en cast.: *Etty Hillesum, un itinerario espiritual*, Sal Terrae, Santander, 2004.]

7. Shantideva, *La marcha hacia la luz*, op. cit.

8. *Vie et enseignement de Patrul Rimpoché*, op. cit.

Capítulo 13

1. Platón, *Gorgias*, en *Oeuvres complètes*, Gallimard (Bibliothèque de la Pléiade), París. [Varias eds. en cast., entre ellas: *Diálogos: Gorgias, Fedón, El banquete*, Espasa-Calpe, Madrid, 2002.]

2. Informe divulgado en *Science in action*, un programa científico de la BBC, en 2001.

3. En *Le Nouvel Observateur*, especial «Le Bonheur», 1988, p. 35.

4. Véase E. Diener y M. Seligman, «M.E.P. Very happy people», *Psychological Science*, 13 (2002), 81-84.

5. Andrew Solomon, *El demonio de la depresión*, op. cit.

6. Ibíd.

7. M. Seligman, *La auténtica felicidad*, op. cit.

8. Jean-Jacques Rousseau, *Rêveries du promeneur solitaire*, Éditions Nationales, París, 1947, 6.º paseo. [Varias eds. en cast., entre ellas: *Las ensoñaciones del paseante solitario*, Alianza, Madrid, 1998.]

9. Elliot Sober es profesor de la Universidad de Wisconsin, en Estados Unidos. Véase su artículo «Kindness and cruelty in evolution», en *Visions of Compassion*, Richard J. Davidson y Anne Harrington, eds., Oxford University Press, 2002, pp. 54-57.

10. Han F. de Wit, *Le Lotus et la Rose*, op. cit.

11. G. Hardin, *The limits of Altruism: An Ecologist's View of Survival*, Indiana University Press, Bloomington, 1977.

12. C. Daniel Batson, «Why acting for the public good? Four answers», *Personality and Social Psychology Bulletin*, 20, núm. 5, 603-610.

13. C. Daniel Batson, Nadia Ahmad, David A. Lishner y Jo-Ann Tsang, «Empathy and altruism», op. cit.

14. C. Daniel Batson, Janine L. Dyck, J. Randall Brandt, Judy G. Batson, Anne L. Powell, M. Rosalie McMaster y Cari Griffitt, de la Universidad de Kansas, «Five studies testing two new egoistic alternatives to the empathy-altruism hypothesis», *Journal of Personality and Social Psychology*, 55 (1988), núm. 1, 52-57.

15. Nancy Eisenberg, «Empathy-related emotional responses, altruism and their socialization», en *Visions of Compassion*, op. cit., p. 139.

16. Conversación entre el padre Ceyrac y el autor, *Paris-Match*, 1999.

17. Shantideva, *La marcha hacia la luz*, op. cit. VIII.

Capítulo 14

1. Dilgo Khyentsé, *El tesoro del corazón de los iluminados*, op. cit., comentario del versículo 51.

2. Véase la excelente descripción de las diferentes concepciones de la humildad en A. Comte-Sponville, *Pequeño tratado de las grandes virtudes*, op. cit.

3. S.K. Singh, 1968, artículo no publicado, disponible en el sitio de Internet www.humboldt.com/jiva/humility.htlm.

4. Para un análisis psicológico contemporáneo, véase D.G. Myers, *The Inflated Self: Human Illusions and the Biblical Call for Hope*, Seabury, Nueva York, 1979, p. 38.

5. François de La Rochefoucauld, *Réflexions et Maximes*, Hatier, París. [Varias eds. en cast., entre ellas: *Máximas*, Edhasa, Barcelona, 1994.]

6. Véase T.E. Joiner y M. Perez (2000), *Threatened Egotism and Self-Reported Physical Aggression Among Undergraduates and their Roommates* (de próxima publicación).

7. J.J. Exline y R.F. Baumeister (2000), Case Western Reserve University. Datos no publicados, citados por J.P. Tangney, «Humility», en *Handbook of Positive Psychology*, Oxford University Press, 29 (2002), 411-419.

Capítulo 15

1. Montesquieu, *Cahiers*.

2. Voltaire, *Henriade*, IX.

3. Pascal Bruckner, *La euforia perpetua*, op. cit.

4. Svami Prajnanpad, *La Vérité du bonheur*, trad. de C. y D. Rounanoff, *Lettres à ses disciples*, vol. III, L'Originel, 1990, p. 58.

Capítulo 16

1. Alain, *Mira a lo lejos*, op. cit.

2. M. Seligman, *Apprendre l'optimisme*, traducción de L. Cohen, Intereditions, París, 1994.

3. L.G. Aspinwall y otros, «Understanding how optimism works: An examination of optimistics' adaptative moderation of belief and behavior», en *Optimism and Pessimism: Implications for Theory, Research and Pratice*, American Psychological Association, Washington D.C., 2001, pp. 217-238.

4. L.G. Aspinwall y otros, «Distinguishing optimism from denial: Optimistic beliefs predict attention to health threat», *Personality and Social Psychology Bulletin*, 22 (1996), 993-1003

5. Véase Seligman, *La auténtica felicidad*, op. cit., así como las referencias facilitadas en su obra.

6. T. Maruta y otros, «Optimism vs. Pessimists: Survival rate among medical patients over a 30-year period», *Mayo Clinic Proceedings*, 75 (2000), 140-143.

7. M. Seligman, *La auténtica felicidad*, op. cit.

8. M. Seligman, *Apprendre l'optimisme*, op. cit.

9. Alain, *Mira a lo lejos*, op. cit.

10. Ibíd.

11. Véase C.R. Snyder y otros, en C.R. Snyder y Shane J. Lopez, *Handbook of Positive Psychology*, Oxford University Press, 19 (2002), 257-276.

12. Véase Curry y otros, «The role of hope in student-athlete academic and sport achievement», *Journal of Personality and Social Psychology*, 73 (1997), 1.257-1.267.

13. Las referencias de los trabajos correspondientes están citadas en C.R. Snyder y otros, «Hope Theory», op. cit., pp. 264-265.

14. Véase en especial S. Greet y otros, «Psychological response to breast cancer and 15-year outcome», *Lancet* I (1991), 49-50, así como G.M. Reed y otros, «Realistic acceptance as a predictor of decreased survival time in gay men with AIDS», *Health Psychology*, 13, 299-307.

15. Véase Charles S. Carver y Michael F. Sheier, «Optimism», en C.R. Snyder y Shane J. Lopez, *Handbook of Positive Psychology*, Oxford University Press, 17 (2002), 231-243.

16. Véase C. S. Carver y otros, «Assessing coping strategies: A theorically based approach», *Journal of Personality and Social Psychology*, 56 (1989), 267-283, así como K.R. Fontaine y otros, «Optimism, perceived control over stress and coping», *European Journal of Personality*, 7 (1993), 267-281.

17. C. R. Snyder y otros, «Hope Theory», op. cit., p. 266.

18. Bo Lozoff, *Nous sommes tous dans une prison*, Cabédita, 1995.

Capítulo 17

1. Alain, *Mira a lo lejos*, op. cit.

2. Alphonse de Lamartine, *Méditations poétiques*, Première méditation, «L'isolement», Hachette, París, 1924.

3. Andrew Solomon, *El demonio de la depresión*, op. cit.

4. Ibíd.

5. Dilgo Khyentsé, *El tesoro del corazón de los iluminados*, op. cit., comentario del versículo 38.

6. Nicolas Boileau, Épître V à Guilleragues, citado en L. Prioreff, *Le Bonheur, Anthologie des textes philosophiques et littéraires*, Maisonneuve et Larose, París, 2000.

7. Dilgo Khyentsé Rimpoché, *Les Cent Conseils*, op. cit.

8. Dilgo Khyentsé, *El tesoro del corazón de los iluminados*, op. cit., comentario del versículo 62.

9. Este testimonio está extraído de la obra de Andrew Solomon, *El demonio de la depresión*, op. cit.

10. Shantideva, *La marcha hacia la luz*, op. cit., V.

11. Esta cita y las siguientes están extraídas de un comentario inédito de Dilgo Khyentsé Rimpoché sobre las *Trente-Sept Pratiques du Bodhisattva* de Guialsé Thogmé, traducidas del tibetano al francés por M. Ricard.

Capítulo 18

1. Séneca, *De la brevedad de la vida*, op. cit., I, 3.

2. Jalil Gibran, *Le Prophète*, Le Livre de poche, París, 1993. [Varias eds. en cast., entre ellas: *El profeta*, Urano, Barcelona, 2002.]

3. Según Herbert Spencer, *Definitions*: «Time: that which man is always trying to kill, but which ends in killing him».

4. Pascal Bruckner, *La euforia perpetua*, op. cit.

5. Séneca, *De la brevedad de la vida*, op. cit., VII, 10.

6. Vicki MacKenzie, *Un ermitage dans la neige*, traducido del inglés por C. Busquet, NiL Éditions, París, 1999. [Ed. en cast.: *Una cueva en la nieve*, RBA Libros, Barcelona, 2000.]

7. Dilgo Khyentsé, *Les Cent Conseils*, op. cit.

8. Nagarjuna, Suhrlleka, «Lettre à un ami» [Carta a un amigo], traducción del tibetano al francés.

Capítulo 19

1. J. Nakamura y M. Csikszentmihaly, «The Concept of Flow», en C.R. Snyder y Shane J. Lopez, *Handbook of Positive Psychology*, Oxford University Press, 7 (2002), 89-105.

2. M. Csikszentmihaly, «Go With the Flow», *Wired Magazine* (septiembre, 1996).

3. «Like a waterfall», *Newsweek* (28 febrero 1994), citado en Daniel Goleman, *L'Intelligence émotionnelle*, Robert Laffont, París, 2000. [Ed. en cast.: *Inteligencia emocional*, Kairós, Barcelona, 2002.]

4. William James, *The Principles of Psychology*, op. cit.

5. Véase S. Whalen, «Challenging play and the cultivation of talent. Lessons from the Key School's flow activities room», en N. Colangelo y S. Astouline, eds., *Talent Developpment III*, Gifted Psychology Press, A.Z. Scottdale, 1999, pp. 409-411.

6. M. Seligman, *La auténtica felicidad*, op. cit.

7. M. Csikszentmihaly, citado en Seligman, op. cit.

8. M. Seligman, *La auténtica felicidad*, op. cit.

9. J. Nakamura y M. Csikszentmihaly, «The Concept of Flow», op. cit., p. 102.

10. «Para alimentar nuestra alegría, guía para las prácticas y las actividades de plena conciencia», redactado por los monjes y las monjas del Plum Village.

Capítulo 20

1. Alexandre Jollien, *Le Métier d'homme*, Le Seuil, París, 2002.

2. Véase en especial M. Argyle, «Causes and correlates of happiness», art. cit.

3. R. Veenhoven, *Bibliography of Happiness*. RISBO, *Studies in Social and Cultural Transformation*, Erasmus University Rotterdam, Holanda, 1993. Véase asimismo el artículo del mismo autor «Progrès dans la compréhension du bonheur», *Revue Québécoise de Psychologie*, 18 (1997), 29-79, en el que se utilizan los recursos del Banco Mundial de Datos sobre la Felicidad (World Database of Happiness), situado en la Universidad Erasmus de Rotterdam (Departamento de Sociología). A una parte de estos datos se puede acceder a través del sitio www. Eur.nl/fsw/research/happiness.

4. Véase F.M. Andrews y otros, *Social Indicators of Well-Being*, Plenum, Nueva York, 1976, y E. Diener, «Subjective well-being», *Psychological Bulletin*, 96 (1984), 542-575.

5. Los principales trabajos son los de A. Tellegen y otros, «Personality similarity in twins reared apart and together», *Journal of Personality and Social Psychology*, 54 (1988), 1031-1039, y R. Plomin y otros, «The nature of nurture: Genetic influence on environmental measures», Behavioral and Brain Sciences, 14 (1991), 373-427.

6. Véase T. Bouchard y otros, «Genetic and rearing environmental influences on adult personality: An analysis of adopted twins reared apart», *Journal of Personality*, 68 (1990), 263-282, así como A. Clarke y otros, *Early Experience: Myth and Evidence*, Free Press, Nueva York, 1976.

7. M. Seligman, *La auténtica felicidad*, op. cit.

8. Para una lista detallada y un análisis de las emociones positivas y negativas, véase Paul Ekman, *Emotions Revealed*, op. cit.

9. D. Francis, J. Diorio, D. Liu y M.J. Meaney, «Nongenomic transmission across generations of maternal behavior and stress responses in the rat», *Science*, 286 (1999), 1.155-1.158.

10. Richard Davidson, comunicación personal.

11. Véase M. Seligman, *What you can change and what you can't*, Knopf, Nueva York, 1994.

12. R. Biswas-Diener y E. Diener, «Making the best of a bad situation: Satisfaction in the slums of Calcutta», en *Social Indicators Research*, 2002.

13. Véase M. Argyle, «Causes and correlates of happiness», art. cit., pp. 364-365.

14. R. Veenhoven, «Progrès dans la compréhension du bonheur», art. cit.

15. M. Seligman, *The Optimistic Child*, Houghton-Miffin, Nueva York, 1996.

16. Datos tomados del sitio de Internet del NIMH (National Institute of Mental Health) *Suicide Facts*, para 1996. Citado por Andrew Solomon, *El demonio de la depresión*, op. cit.

17. Andrew Solomon, *El demonio de la depresión*, op. cit.

18. OMS, World Health Report, 1999.

19. M. Seligman, *La auténtica felicidad*, op. cit.

20. Daniel Goleman, *Inteligencia emocional*, op. cit.

21. K. Magnus y otros, «Extraversion and neuroticism as predictors of objective life events: A longtidinal analysis», *Journal of Personality and Social Behavior*, 65 (1993), 1.046-1.053.

22. I.S. Breevelt y otros, F.S.A.M., «Undereporting by cancers patient: The case of response shift», *Social Science and Medicine*, 32 (1991), 981-987.

23. E. Diener y otros, «Resources, personal strivings, and subjective well-being: A nomothetic and idiographic approach», *Journal of Personality and Social Psychology*, 68 (1994), 926-935.

24. D. Danner y otros, «Positive emotions in early live and longevity: Finding from the nun study», *Journal of Personality and Social Psychology*, 80 (2001), 804-813.

25. G. Ostir y otros, «Emotional well-being predicts subsequent functional independence and survival», *Journal of the American Geriatrics Society*, 98 (2000), 473-478.

26. R. Veenhoven, «Progrès dans la compréhension du bonheur», art. cit.

27. Luca y Francesco Cavalli-Sforza, *La ciencia de la felicidad*, op. cit.

28. D. Leonhardt, «If richer isn't happier, what is?», *New York Times* (19 mayo 2001), B9-11, citado por Seligman en *La auténtica felicidad*, op. cit.

Capítulo 21

1. Matthieu Ricard y Trinh Xuan Thuan, *L'infini dans la paume de la main*, NiL/Fayard, París, 2001. [Ed. en cast.: *El infinito en la palma de la mano*, Urano, Barcelona, 2001.]

2. Véase Antonio Damasio, *La sensación de lo que ocurre*, op. cit.

3. Véase R.J. Davidson y otros, «Dysfonctional in the neural circuitry of emotion regulation — A possible prelude to violence», *Science*, 289 (2000), 591-594. Citado también en Dalai Lama y Daniel Goleman, *Emociones destructivas*, op. cit.

4. No obstante, no sabemos si esto se debe a un aumento de las conexiones sinápticas existentes o a la formación de nuevas neuronas. Véase en especial T. Elbert y otros, «Increased cortical representation of the fingers of the left hand in string players», *Science*, 270 (1995), 305-307.

5. Para un estudio de estos trabajos, véase R.J. Davidson, D.C. Jackson y N.H. Kalin, «Emotion, plasticity, context, and regulation: Perspectives from affective neuroscience», *Psychological Bulletin*, 126, núm. 6 (2000), 890-909.

6. R.J. Davidson y M. Rickman, «Behavioral inhibition and the emotional circuitry of the brain: Stability and plasticity during the early childhood years», en L.A. Schmidt y J. Schulkin, eds., *Extreme Fear and Shyness: Origins and Outcomes*, Oxford University Press, Nueva York, 1999, pp. 67-97.

7. Dalai Lama y Daniel Goleman, *Emociones destructivas*, op. cit.

8. El último encuentro Mind and Life, celebrado en octubre de 2002 bajo el lema «La materia y la vida», reunió en torno al Dalai Lama a Steven Chu, premio Nobel de física; Steve Landler, director de uno de los tres principales equipos que descodificaron el genoma humano; Luigi Luisi, eminente investigador en el terreno de la «síntesis de la vida»; Ursula Goodenough, especialista en la evolución; Michel Bitbol, filósofo de la ciencia y profesor de investigación en el CNRS; Arthur Zajonc, investigador de física cuántica y filósofo; Alan B. Wallace y el autor.

9. Daniel Goleman, *Emociones destructivas*, op. cit.

10. Ibíd., cap. 1.

Capítulo 22

1. Epicuro, *Maximes capitales*, traducción de J.-F. Balaudé, V, Le Livre de poche, París, 1994. [Ed. en cast.: *Carta a Meneceo* y *Máximas capitales*, Alhambra, Madrid, 1985.]

2. Luca y Francesco Cavalli-Sforza, *La ciencia de la felicidad*, op. cit.

3. Han F. de Wit, *Le Lotus et la Rose*, op. cit.

4. De este modo, el budismo lleva más lejos el principio kantiano de la reciprocidad, que sólo afecta a los seres racionales, para integrar en él toda forma de vida y aceptar, si es necesario, sacrificar la vida propia por el otro.

5. Dostoievski, *Les Frères Karamazov*, II, libro 5, cap. 4, Folio, París, 1990. [Varias eds. en cast., entre ellas: *Los hermanos Karamazov*, Debate, Barcelona, 2000.]

6. Immanuel Kant, *Doctrine du droit*, II, 1, Observación E, traducción de Philonenko.

7. John Rawls, *Théorie de la justice*, Le Seuil, París, 1987. [Ed. en cast.: *Teoría de la justicia*, Fondo de Cultura Económica, Madrid, 1997.]

8. André Comte-Sponville, *Pequeño tratado de las grandes virtudes*, op. cit.

9. William Styron, *Le Choix de Sophie*, Gallimard (Folio), París, 1995. [Ed. en cast.: *La decisión de Sophie*, Grijalbo, Barcelona, 1995.] En la novela, Sophie, atónita y horrorizada, señala a su hija, que sube al tren cuyos pasajeros están condenados a la cámara de gas. Jan, su hijo, se queda con ella, aunque también desaparecerá, poco después, en un campo de concentración. Sophie no superará jamás el hecho de haber tenido que tomar esa decisión.

10. I. Kant, *Critique de la raison pratique*, 1788, 1.ª parte, libro 1, cap. III, traducción de L. Ferry y H. Wismann, Gallimard (Bibliothèque de la Pléiade), París. [Varias eds. en cast., entre ellas: *Crítica de la razón práctica*, trad. de R. Rodríguez Aramayo, Alianza, Madrid, 2004.]

11. I. Kant, *Fondements de la métaphysique des moeurs*, Gallimard (Bibliothèque de la Pléiade, III), París. [Varias eds. en cast., entre ellas: *Fundamentación para una metafísica de las costumbres*, trad. de R. Rodríguez Aramayo, Alianza, Madrid, 2002.]

12. Aristóteles, *Ética a Nicómaco*, op. cit.

13. Jeremy Bentham, *The Principles of Morals and Legislation*, Prometheus Books, 1988.

14. John Stuart Mill, *De la liberté*, Gallimard (Folio), París, 1990. [Varias eds. en cast., entre ellas: *Sobre la libertad*, Alianza, Madrid, 1997.]

15. Ibíd.

16. I. Kant, *Fundamentación para una metafísica de las costumbres*, op. cit.

17. John Rawls, *Teoría de la justicia*, op. cit.

18. Han F. de Wit, *Le Lotus et la Rose*, op. cit.

Capítulo 23

1. Patrick Declerk, «Ehortations à moi-même», en «La Sagesse aujourd'hui», Le Nouvel Observateur, especial n.º 47 (abril-mayo, 2002), 73.

2. Padmasambhava, el maestro que introdujo el budismo en el Tíbet en los siglos VIII-IX. Traducción del tibetano al francés de M. Ricard.

3. Victor Hugo, *Odes et Ballades*, IV, IV, 1.

4. Etty Hillesum, *Une vie bouleversée*, op. cit.

5. Epicuro, *Carta a Meneceo*, op. cit.

6. Séneca, *De la brevedad de la vida*, op. cit., III, 5.

7. Dilgo Khyentsé, *Les Cent Conseils*, op. cit.

Capítulo 24

1. Shantideva, *La marcha hacia la luz*, op. cit.

2. Aristóteles, *Ética a Nicómaco*, op. cit., I, 6.

3. Jalil Gibran, *El profeta*, op. cit.

4. Ludwig Wittgenstein, *De la certitude*, traducción de J. Fauve, Gallimard (Idées), París, 1976. [Ed. en cast.: *Sobre la certeza*, Gedisa, Barcelona, 1987.]

5. Citado por Pascal Bruckner, *La euforia perpetua*, op. cit.

6. Dilgo Khyentsé, *El tesoro del corazón de los iluminados*, op. cit., comentario del versículo 33.

7. *Shabkar, autobiographie de un yogi tibétain*, traducción del tibetano de M. Ricard y C. Busquet, Albin Michel, París, 1998, vol. 2.